江苏高校优势学科建设工程资助项目（PADD）

特级教师教学艺术精萃系列

Classroom Teaching Art of Superfine Teachers

特级教师课堂教学艺术 小学卷

丛书主编 李如密

本册主编 宋运来

编　　委 刘咏春 朱国忠 李　勤 钱志新
王祥连 杨海波 巫新秋 刘国军
郝玉梅 李树华 王树峰 陈李娟
王少平 戈向红 倪晨瑾 程言峰
汪　云 王　琴 顾瑞杰 王　倩
蔡敏敏 祖　林

南京师范大学出版社
NANJING NORMAL UNIVERSITY PRESS

图书在版编目（CIP）数据

特级教师课堂教学艺术．小学卷 / 李如密总主编；宋运来主编．-- 南京：南京师范大学出版社，2018.12

（特级教师教学艺术精萃系列）

ISBN 978-7-5651-3993-2

Ⅰ．①特… Ⅱ．①李… ②宋… Ⅲ．①课堂教学－教学研究－小学 Ⅳ．① G622.421

中国版本图书馆 CIP 数据核字 (2018) 第 299622 号

丛 书 名　特级教师教学艺术精萃系列
书　　名　特级教师课堂教学艺术・小学卷
丛书主编　李如密
本册主编　宋运来
丛书策划　张　春
责任编辑　秦　月
出版发行　南京师范大学出版社
地　　址　江苏省南京市玄武区后宰门西村 9 号（邮编：210016）
电　　话　（025）83598919（总编办）　83598412（营销部）　83373872（邮购部）
网　　址　http://press.njnu.edu.cn
电子信箱　nspzbb@njnu.edu.cn
照　　排　南京凯建图文制作有限公司
印　　刷　南京丁香花印刷有限公司
开　　本　710 毫米 ×1000 毫米　1/16
印　　张　17.25
字　　数　396 千
版　　次　2018 年 12 月第 1 版　2018 年 12 月第 1 次印刷
书　　号　ISBN 978-7-5651-3993-2
定　　价　52.00 元

出 版 人　彭志斌

总 序

“教学是一门艺术”的观念，随着在教学实践中不断得到证明而日渐深入人心。学校教师对于教学艺术无不充满美好的憧憬，但又常因找不到实在的门径而困惑不已。为了帮助教师切实提升自己的教学艺术水平，我们特组织编撰了“特级教师课堂教学艺术”丛书，期望通过特级教师们卓越精彩的教学艺术案例，以及专家们深刻精到的点评分析，为我们探寻教学艺术的奥妙提供宝贵的启示。

特级教师们所创造的课堂教学艺术案例，其中蕴含着深邃的教学艺术思想与精湛的教学艺术技巧，特别值得深入学习和研究。首先，特级教师的教学艺术案例具有真实性。这些案例都是特级教师的具体实践，不是纸上谈兵的理论，体现着特级教师教学艺术所达到的水平和高度。这些教学艺术案例，有助于教师们树立更加坚定的教学艺术信念，进一步明确自己的目标，将教学艺术作为课堂教学的自觉追求。其次，特级教师的教学艺术案例具有独创性。这些案例无不显现着特级教师对于课堂教学的深刻理解、精心构想和精彩生成。课堂教学艺术是一种创造性的活动，不存在一成不变的“公式”。一切皆在变化中，适合的才是最好的。再次，特级教师的教学艺术案例具有审美性。这些案例蕴藏着丰富的审美因素，散发着吸引人的魅力。阅读和学习这些经典案例，给人以美的享受，令人产生对于教师职业的幸福体验。

特级教师的课堂教学艺术案例，反复验证着这样的教学艺术原理：所谓教学艺术就是在学生、课程和教师三者之间达成和谐的教学状态。首先，教学艺术受到学生的制约，所以要注意教学艺术的学段差异。综观小学的课堂教学艺术、初中的课堂教学艺术和高中的课堂教学艺术，其间存在着明显的学段差异，这与学生发展的阶段特点及思维水平密切相关。在一定意义上，特级教师们就是在课堂上陪伴学生一天天成长，共享阶段发展的快乐的。其次，教学艺术受到课程的制约，所以要注意教学艺术的学科差异。不同的学科因具体内容不同，“味道”也是各异的。语文课的教学艺术要体现“语文味”，数学课的教学艺术要体现“数学味”，历史课的教学艺术要体现“历史味”，物理课的教学艺术要体现“物理味”……特级教师们的学科教学艺术味道，尤其值得仔细辨析品赏。再次，教学艺术受到教师自身的制约，所以要注意教学艺术的风格差异。教师们的个性、爱好、特长等各有不同，教学也自然会表现出独特鲜明的个人特色。所以，每个特级教师都教出了属于自己的风采，成就了个人的教学艺术风格，进而实现了不可替代的教学价值。

教师们认真研读本丛书，可以有效促进对课堂教学艺术的理解，进而结合自己的教学实际，追求并实践教学艺术。从特级教师的课堂教学案例及专家们的分析点评可以看出，课堂教学艺术是可学、可做、可研的，教师应该致力于做教学艺术的学习者、实践者和研究者。其具体实现途径有三：一是学。不断学习是教师修炼课堂教学艺术的源泉，博览群书、勤察敏思是教师学习的有效方式之一。二是练。教学实践是教师修炼课堂教学艺术的主要途径，历练“教学基本功”—锤炼“教学策略”—提炼“教学风格”，这是一个循序渐进的过程。三是研。教学研究是教师修炼课堂教学艺术的助力，教师进行研究是必要的，也是可能的。行动研究、教学反思、叙事研究是教学研究的主要方式。作为一个教师，通过学习和研讨特级教师的课堂教学艺术案例，可以明确教学艺术追求的方向，从中找到切实可行的路径。下足“学”“练”“研”的功夫，坚持每天进步一点点，精益求精，最终都可成就属于自己的课堂教学艺术，促进学生的全面和谐发展。让我们共同努力吧！

是为序。

李如密

2018年12月于南京师范大学

目录

第一章　特级教师教学的导入艺术

导　读

著名特级教师于漪说："课的开始好比提琴家上弦，歌唱家定调，第一个音定准了，就为演奏或歌唱奠定了良好的基础。上课也是如此，第一锤就应敲在学生的心灵上，像磁石一样把学生牢牢地吸引住。"特级教师善于从一节课的具体内容出发，运用有效的方法，激发学生的学习兴趣，激起他们旺盛的求知欲，使之产生学习动机，明确学习目的，进而把注意力集中到所学内容上来；同时，通过各种艺术手段，给学生以美的享受。

有效的导入，犹如一支乐曲的引子、一出戏剧的序幕、一篇演讲的开场白，先声夺人，引人入胜。名师教学总是多角度、多层次、全方位地考虑教学的各个环节，精心设计教学的"突破口"，把握好导入这一环。因此，如何设计好课堂教学的导入，是一项值得研究的教学艺术。本章探讨的教学导入艺术主要有温故导入、释题导入、创境导入、激智导入、情感导入、趣味导入等。

一、温故导入——大珠小珠落玉盘

现代学习理论告诉我们，学生知识的获得不是老师传授的，而是学习主体主动的意义建构。这种意义建构基于学生原有的认知结构，教学不能忽视学习者已有的知识经验，要把其作为新知的生长点。

1. 从已学过的知识点导入

【典型案例】

特级教师张齐华《分数的初步认识》教学片段[①]

师：丁丁和冬冬在野餐时遇到了一些数学问题，我们一起去看看好吗？

生：好！

师：（课件出示丁丁和冬冬以及1个蛋糕、4个苹果和2瓶矿泉水）你们能帮他们分一分吗？4个苹果谁先来？

生：4个苹果每人分2个。

师：2瓶矿泉水？

生：每人分1瓶。

师：同学们特别善解人意。瞧，苹果和矿泉水每人分得怎么样？

生：一样多。

师：数学上，我们把每人分得同样多这种分法叫作什么？

生：平均分。

（教师板书："平均分"）

师：可是问题来了，蛋糕只有1个，还能平均分成两份吗？

生：能！

师：想一想，蛋糕要平均分成两份的话，应该怎样分？一起说！

生：每人分半个。

生：每人分一半。

师：有人说半个，有人说一半，如果让你分，你说该怎样分？

生：一人切一半。

师：张老师该从哪儿切？

生：从中间切。

（教师将课件中的蛋糕切成两半）

师：拿出手指指一指，蛋糕的一半在哪里？这一块是蛋糕的一半吗？这一块呢？看来只要把蛋糕平均分成两份，每一份都是蛋糕的一半。可是，这一半该怎样用数来表示呢？

生1：二分之一。

生2：四分之一。

生3：还是赞成二分之一。

师：其实刚才同学们提到的二分之一、四分之一，是一种新的数，就是我们今天要学习的分数。至于蛋糕的一半究竟用二分之一还是四分之一表示，或者是这个小女孩一开始悄悄给我说

① 孙建林，顾尧根．数感：新课堂教学的重要使命［J］．云南教育（小学教师），2008（C2）．

的一分之二呢，让我们通过进一步的学习来判断好吗？今天这节课我们就一起来认识分数。（板书：认识分数）

【教学艺术评析】

学生的认知过程是由已知到未知再到已知的过程。在学习时，要结合学科知识体系的特点与学生的认知规律，利用新旧知识间的联系，以旧知为基础和铺垫，将旧知进行延伸与扩展，从而引出新知。这样既可以巩固学生前面所学的知识，同时又实现了新旧知识的有效衔接，利于学生知识体系的构建。张齐华老师从学生已学过的“平均分”导入，顺理成章地引入分数的学习，学生自然地从已知领域进入未知领域，新旧知识有机联系，过渡流畅自然。这是典型的温故知新。

2. 从熟悉的生活经验导入

【典型案例】

特级教师薛法根《军神》教学片段

师：神仙是什么呀？

生：在我心目中神仙的样子很高大，很威武。

师：用这个高大威武的形象？

生：我觉得神仙的胡子会很长很长，需要卷起来才不会拖到地上。

师：女神仙有胡子吗？

生：我这是男的。

师：哦，是男的神仙，有很长很长的胡子。

生：我想，神仙应该是在天上飞的。

师：能腾云驾雾，本领高强。

生：我觉得神仙有很多特异功能。

师：举个例子说说看。

生：比如说他们会有翅膀，还有他们会召唤太阳和月亮。

师：能呼风唤雨，很好。嗯，你说呢？

生：我觉得神仙不是一般的人，他是很神通广大的。

生：我认为神仙可以做到很多普通人做不到的事情。

师：无所不能，和我们是不一样的。

生：我认为神仙长生不老。

师：死不了，对不对，所以我们很多人都想做神仙，神仙和我们凡人是不一样的。今天我们学习一篇课文，名字也是一个神，这个神很特别，是什么神呀？（板书：军神）

生：军神。

【教学艺术评析】

学生的知识和他们的生活经验息息相关，知识来源于生活也应用于生活。课程的导入，从学生的日常生活经验入手，能够极大地调动学生的积极性，使其产生强烈的求知欲，从而自觉、积极主动地投入授课的学习。此方法，一是要选择学生非常熟悉的生活经验和体验这样的素材；二是要选择的内容与新的教学内容有关；此外在关键的地方教师应提出问题，引导学生。案例中，薛老师从学生十分好奇的神仙导入，引出今天要学习的“神”——军神，课文虽还未开始学习，但军神的形象一定已经烙在学生的心中。

【拓展延伸】

温故导入的艺术

子曰：“温故而知新，可以为师矣。”意思是，温习旧知识，获得新的理解与体会，就可以凭借这一点成为老师了。

建构主义学习理论认为，个体在感受刺激时，把它们纳入头脑中原有的图式之内，使其成为自身的一部分。这应该是温故导入的理论基础。温故导入的关键是要从“故”中找准“新”的生长点，从“故”入手，水到渠成地进入“新”的学习。那么，怎么从“故”中找出“新”的生长点呢？

一脉相承的“新”与“故”。所谓“新”“故”一脉相承，指的是要学习的新知与原有的知识之间是一种继承关系，新知是对旧知的继承和发展。如案例中张老师的导入，就是利用了学生“平均分”这个旧知，而要学习的新知识——分数，它的核心概念就是“平均分”，只不过是整数平均分的拓展和延伸。学生学过了整数的平均分，教师的导入即由整数的平均分开始，并以此迁移到非整数的平均分。显然，如此学习的新知就是对原有知识的深化和发展。

一以贯之的“新”与“故”。所谓“新”“故”，一以贯之，指的是要学习的新知与原有的知识之间是连贯的，即通过新内容的学习，达到对已有知识的巩固。如案例中关于哲理诗的学习，学生在以前的古诗学习中已经有所接触，只不过通过当前两首古诗的学习，了解其中所蕴含的哲理，并进一步巩固关于哲理诗的相关知识。这是以“故”促“新”，以“新”巩“故”。

由此及彼的“新”与“故”。所谓“新”“故”由此及彼，指的是在教学中通过温故导入，让学生由“故”及“新”，以此激发学习的兴趣，顺理成章地引出新的学习内容。如在案例中，薛老师从学生感兴趣的“神仙”导入，引出“神”的武艺高强、能力非凡、无所不能等特点，由此引出像“神”一样的军人——刘伯承。这种由此及彼的导入最大的作用是唤起学生情感共鸣，使他们由对“神”的敬佩转向对像“神”一样的主人公的敬佩，从而为课文的学习奠定情感基调。

总之，温故导入就是教师通过帮助学生复习与即将学习的新知识有关的旧知识，从中找到新旧知识联系的节点，合乎逻辑地引出新知识的学习。找准新旧知识的节点是温故导入的关键。

二、释题导入——开窗窥室，一览中心

课题是课文的眼睛，从课题常常可以窥视全文的奥秘。教师教学中，如果从解释课题入手，不但有助于学生审清题意，了解所学内容的大致概况，而且可以为学生进入新课做好知识与心理的铺垫。

【典型案例】

特级教师霍懋征老师六年级《月光曲》教学片段

师：昨天让同学们预习了哪一篇课文？

生：《月光曲》。

（师板书课题：月光曲）

师：一看课题——《月光曲》，怎么理解？

生1：在皎洁的月光下弹的一首钢琴曲叫《月光曲》。

生2：一首钢琴曲的名字叫《月光曲》。

生3：一首著名的钢琴曲的名字叫《月光曲》。

师：理解得很好。那么，看了课文以后，谁能说说这篇课文主要讲些什么事？

生1：（声音很小地回答）讲传说《月光曲》是怎样谱成的。

师：谁能再说一遍？声音大一点。

生2：传说《月光曲》是怎样谱成的。

师：对了。（师边重复"传说《月光曲》是怎样谱成的"，边板书"传说"二字）什么叫"传说"？

生：就是民间流传的——（生一时想不起下文说什么好）事。

师：（师轻轻地重复一句）民间流传的一件事，或者说——

生：民间流传的故事。

师：很好。这篇课文主要讲传说《月光曲》是怎样——？

生：谱成的。

【教学艺术评析】

教学的导入环节就像整台戏的序幕，也仿佛是优美乐章的序曲。如果设计安排得当，就能引发学生的学习兴趣，收到先声夺人的奇效。《月光曲》一课，霍老师教学就从这个题目开启，让学生说说自己的理解，从乐曲名谈到传说故事。在不知不觉的导入谈话中，学生已经知晓了课文的大概意思。

【拓展延伸】

释题导入的艺术

释题不仅是语文学科教学导入方法，也是其他学科常用的方法之一。其目的是通过解释题

目，让学生对文本的内容有大致的了解，从而做好学习的准备，从容进入学习状态。

首先是要选好课题。不是所有的课题都适合用释题导入的方法。哪些课题宜用释题导入呢？如不理解的课题。一般以成语或较难理解的句子作为课题的，其语言凝练并且含有文言词语，对三年级的孩子来说，理解是有一定难度的，因此需要进行释题，以便学生了解课题的意思。

再如有多种含义的课题。王崧舟老师在教学《二泉明月》时，也针对题目的多义性，作了必要的释题导入，例如："大家一定清楚，《二泉映月》是一首著名的二胡曲。其实，'二泉映月'还是无锡惠山的一道著名的风景。不信，你去书上找找看。"课文中描写"二泉映月"这道风景的文字还真不少。

其次是选择合适的释题方法。凡是需要解释的课题，都是以学生目前已有的知识背景无法自己准确解释的，这就需要教师发挥引导作用。指出题目中的疑点，让学生定向思考。但学习又是学生自己的事情，所以最终还是要由学生自己释题。这里所说的合适的释题方法应该是教师的引导与学生自主有机结合的理想状态。如一个老师在教学《将相和》时，首先让学生自由读课文，读后借助课题《将相和》提问："将"指谁？"相"指谁？"和"是什么意思？将和相始终都是和的吗？他们为什么会不和？后来又为什么会和呢？这几个问题将故事的主人公、事件的起因、经过、结果都一一理清。贾志敏老师教学《惊弓之鸟》时也是采用了这样的方法。

三、创境导入——触景生情，见情思意

捷克教育家夸美纽斯在《大教学论》中指出："一切知识都是从感官开始的。"这成了情境教学的理论基础。教师将知识寓于情境之中，利用具体形象的意境，激发学生的情感，学生的兴趣一旦被激发，就会在拟真的情境中有目的、有意识地观察、思考、表达、交流，触景生情，见情思意。

1. 创设观察情境，激发学习兴趣

【典型案例】

特级教师王琴《我们和诚信在一起》教学片段

师：（出示一元硬币）同学们，这是什么？

生：一元钱。

师：对，这是大家非常熟悉的一元钱。在生活中，一元钱可以买些什么呢？

生1：可以买一把小刀。

生2：可以买两支铅笔。

生3：可以买一块橡皮。

师：是啊，这小小的一元钱只可以买一把小刀，或者两支铅笔等。可是，这微不足道的一元

钱却能改变一个人的命运。相信吗?

（播放录像：一位非常优秀的大学生小王去应聘，在公交车上因为贪小便宜，而未投硬币，这一幕恰巧被招聘方的老总看到了，结果未被录取）

师：知道是怎么回事吗？小王这么优秀，为什么没被录用呢？

生1：尽管他很优秀，但他不讲诚信，所以没有被录用。

生2：小王乘车却没有投币，被这家公司老总看见了，老总觉得这个人贪小便宜，所以没有录用他。

师：那么，你们想对小王说些什么？

生1：小王，你千万要记住这次教训啊！

生2：小王，你为了一元钱而失去了一次机会，太不值得了。

生3：小王，为人一定要讲究诚信，不能因小失大啊！

师：对啊，一个人不能失去诚信，因为诚信是我们做人的根本。今天，就让我们一起走近诚信。（板书课题：我们和诚信在一起）

【教学艺术评析】

王老师以日常生活中最寻常可见的一元硬币作为课堂教学的开始，让学生观察，学生的兴趣一下子就被充分地激发起来。接着，又通过形象直观的录像，让学生带着问题去观看画面、寻找答案，原来诚信不可丢，一个人如果失去了诚信，必将付出惨痛的人生代价。整个导入，学生充满了教学期待，主体参与的状态积极主动，在不知不觉中，学生受到了润物细无声的教育：做人要讲诚信，如果不讲诚信，将会给自己带来不可挽回的损失。观察情境的创设，为教学的导入起到了恰到好处的作用。

2. 创设观察情境，激起表达欲望

【典型案例】

特级教师王倩苏教版美术第七册《水墨画鸟》教学片段①

师：同学们，今天我们班上来了新客人，还把它们的家安在了我们教室，它们是谁呢？想知道吗？（师课前在讲台上布置“鸟巢”场景并用丝巾盖好，营造神秘感）

生：很想知道。

师：请两个同学代表上来用手摸一摸，感受一下，猜一猜是什么。

生：（踊跃举手，两位同学先后用手摸一摸）感觉有树枝、有小木棒，还有……

师：那就请你们慢慢地掀起丝巾，揭开这神秘的面纱，一探究竟吧。

生：（轻轻地掀起丝巾）哇！原来是一个“鸟巢”。小鸟妈妈正在它温暖的小窝里认真地孵

① 选自王倩：苏教版小学美术第七册《水墨画鸟》公开课。

蛋呢!

师:同学们请看,真的是一只美丽的小鸟妈妈哎!

(教师轻轻拿起小鸟的模型给学生们看,在课桌的行间慢慢走动,让学生们看清小鸟的外形、身体羽毛的颜色等特征。同时遥控 PPT,播放小鸟的图片)

师:小鸟有什么特征呢?

生:小鸟是黄色的,有圆圆的眼睛,尖尖的嘴巴,椭圆的身体,细细的腿爪,和漂亮的尾巴。

生:小鸟有丰满的黄色羽毛。

生:小鸟还有可以自由转动的头部。

生:小鸟还能唱出动听的歌声。

生:小鸟的黄色羽毛上还点缀着有规律的黑色点点。

师:说得真好!说明同学们观察得非常仔细。

师:谁能想象一下,小鸟飞行的时候还有哪些不一样的动作呢?

生:小鸟在飞翔的时候,翅膀会展开,扇动翅膀可以飞得很高。

生:小鸟飞起以后会收起腿脚,到要降落时又放下腿脚。它还可以边飞边发出悦耳的叫声。

生:小鸟会飞到树上或者降落到地面低头寻找可口的食物。

生:有时候,小鸟在空中飞翔时嘴里叼着小虫子,那是它捕到的美食。

师:描绘得真美!这节课,我们就运用水墨的画法来画一画可爱的小鸟,用我们五彩的水墨画笔展现小鸟多姿多彩的瞬间吧。

(教师板书课题:水墨画鸟)

生:(欢呼)耶!

【教学艺术评析】

将神秘的"鸟巢"搬进课堂,目的是营造浓浓的生态学习情境,让学生们近距离观察小鸟生活的场景,观察小鸟的身体特征,想象小鸟飞行时的动态变化。教师的提问旨在调动学生的思维和想象,打开学生的创作思路,为新授知识技能学习做好应有的铺垫。良好的课堂情境导入,能够有效地引发学生有意识、有目的地观察和探究,激发学生学习的兴趣。作为学习主体的学生与作为学习客体的小鸟之间通过教师亲切的引导达到自然的链接,这样的情境创设会实现应有的教学效果。

3. 创设问题情境,激活相关经验

【典型案例】

特级教师徐斌《解决问题的策略(替换)》教学片段[①]

① 赵建康,徐斌.《解决问题的策略(替换)》教学[J].小学教学设计,2008(32).

（教师出示两幅天平图，引导学生观察思考）

师：这是一架平衡的天平，从图中你能看出 1 个苹果的重量和 1 个梨的重量之间有什么关系吗？

生 1：1 个苹果的重量是 1 个梨的 2 倍。

生 2：1 个梨的重量是 1 个苹果的二分之一。

师：根据两幅天平图，你能求出 1 个苹果和 1 个梨的重量吗？

生：1 个苹果重 200 克，1 个梨重 100 克。

师：你是怎样推想的？

生 1：把图中左边 1 个苹果换成 2 个梨，就成了 4 个梨重 400 克，可以求出 1 个梨重 100 克，再求出 1 个苹果重 200 克。

生 2：把图中左边 2 个梨换成 1 个苹果，就是 2 个苹果重 400 克，1 个苹果就重 200 克，再求出 1 个梨重 100 克。

（课件动态演示把 1 个苹果换成 2 个梨或者把 2 个梨换成一个苹果）

师：在解决刚才这个问题时，大家用到了“换”的方法，这是数学中一种非常重要的策略——替换。（板书）

师：其实早在 1700 多年前有一个叫曹冲的小朋友，就用替换的策略演绎了一个生动的故事，你们听说过吗？

师：（出示《曹冲称象》图片）曹冲是如何用替换的办法称出了大象的重量？

生：曹冲是用石头替换大象的。

【教学艺术评析】

学生虽第一次正式学习用替换的策略解决问题，但在他们的生活经验中已模糊地经历过类似的方法，只是还没有建立起一种完整的数学模型。所以在课的导入部分，徐老师创设了一个具体的问题情境：从直观的天平图，到感性的数形结合，再到抽象的推理计算，并结合“曹冲称象”的典故，一下就扣住了学生心理，唤醒了他们头脑里的已有生活经验，为下面的探究过程奠定了良好的心理和认知基础。

4. 创设生活情境，激发学生精神

【典型案例】

特级教师于永正老师公开课课始教学导入①

师：小朋友们好，很高兴和大家见面。你们认识我吗？

生：不认识。

① 于永正．跟名师学开课［EB/OL］．（2009-03-17）.http://blog.sina.com.cn/s/blog_6e9434970102x1dg.html.

师：那我得自我介绍一下。（板书：于永正）你们应该怎么叫我？

生：于老师。

生：于爷爷。

师：还可以怎么叫呢？（学生默然，教师指着名字）谁敢叫我的名字？

生：于永正。

师：（立正）到。还有谁愿意叫的？

生：（大声）于永正。

师：（双手抱拳）在下便是。（全场笑声）

师小结：名字是给人叫的。你们可以叫我于老师、于爷爷，也可以直接叫我的名字。这不是没礼貌，因为我是你们的大朋友。总之，你们想怎么叫就怎么叫。

【教学艺术评析】

新课程倡导民主宽松的教学氛围，倡导亦师亦友的师生关系。但现实中，课堂上仍涌动着强烈的师道尊严，这使得学生的学习处于压抑状态。特别是借班上课，学生更是难以放开。于老师在课堂伊始，创设了一个交际的生活场景，借助自我介绍的形式让学生对他进行不同的称呼，特别是当学生直呼其名时，老师幽默应对，登场掌声响起之时，学生已经完全放松下来，并以这样的愉悦心情进入新课的学习。

【拓展延伸】

创境导入的艺术

创境导入中的“境”，指的是具有一定的情绪色彩、以形象为主体的生动具体的场景。其目的是引起学生一定的态度体验，从而帮助学生理解教材，并使学生的心理机能得到发展。创境导入因能激发学生“触景生情，见情思意”，而得到广大教师的青睐。

创境导入的核心是“境”的创设，在境的创设中应处理好“境与知”“境与人”“境与趣”的关系。

一、境与知

这里的“知”，指的是所要学习的知识和技能。创境导入的目的在于为学生提供一个具体的情境，使得知识的学习变得有意思且有意义。因此所创之境与要与学习的知识有机联系，知识应寓于创设的情境之中。如上述案例中，在徐斌老师创设的情境中，为了求得苹果或梨的重量，学生不知不觉地采用了替换的方法。而“替换”正是本节课要学习的一种数学思想。情境的创设与所要学习的知识融为一体，学生在情境中触摸知识，增长智慧。创境导入自然而轻松。

需要提醒的是，不是所有的新知都要通过创境导入来学习。一般来说，教学的重点或难点，需要通过创境导入帮助学生理解。

二、境与人

这里的人，指的是学习对象学生。处理好境与人的关系，即创设的情境必须符合学生的认知规律和心理发展的特点。斯霞老师在教学《小壁虎借尾巴》时，针对城市孩子对壁虎不熟悉的实际，在导入时，她利用标本壁虎创设学习情境，首先让学生观察壁虎的标本，然后说一说壁虎的样子，通过“看一看”“说一说”，学生对壁虎有了大致的了解后，再来叫一叫壁虎的名字，学习生词“壁虎”，从而将识字和认识事物有机联系起来。再如案例中，于永正老师针对小学生在公开课的课堂上胆小的特点，设计了一个“问好”的环节，通过对老师多样化的称呼，让学生快乐起来，轻松起来，自信起来。

四、激智导入——启迪思考，提升能力

智力是指人认识、理解客观事物并运用知识、经验解决问题的能力。教育的本质是提升人的素质，而智力作为个体素质中最重要的能力体现，也就成了教育工作者所关注的重点内容。因此，智力的激发从课堂导入时就已渗透。

1. 从尴尬场景中激智启思

公开课教学，往往会遇到学生不主动开口回答问题的情况，怎么办？

【典型案例】

特级教师宋运来公开课教学导入四法[①]

（1）应急法。

师：请你把刚才别人说过的话，捡回来重复说一下。

（生：重复）

（2）坦诚法。

生：老师，这个问题我不会。

（3）委婉法。

生：老师您提的这个问题，请允许我再想一想。

（4）踢球法。

生：老师您提的问题有点难了。可以换一个问题吗？

【教学艺术评析】

公开课上，有时当一个问题抛出后，站起来的学生愣是不说话。就站在那里，不说话，也不坐下。估计，上课的老师淡定不了，汗水立马湿透内衫。怎么破解呢？宋运来老师在课始教学生学会运用语言来化解尴尬场面。第 1 条，尽管起来回答问题的学生是重

① 宋运来．我的万能公开课导入语［EB/OL］．（2015-09-23）.http://blog.sina.com.cn/s/blog_bd86f5020102vv3f.html.

复他人的话语，总之我回答了老师您的问题，也不算丢人啊。第 2 条，教孩子坦诚地、实事求是地面对问题。第 3 条，面对回答不出的问题，学生表现得不卑不亢。我不是不会，还在思考，老师您就把我“揪”出来回答问题啦。第 4 条，教学生说真实的话，其实也是给老师一个台阶下。

2. 从生活体验中激智启思

【典型案例】

特级教师曾宝俊《浮力》教学片段

师：先送一句话给大家，要像观察家那样思考。

师：气球落到水槽里，请用一个字说这个现象——

生：浮。

师：是什么让它浮起来的？一个字概括——

生：水。

师：有同学感受过浮起来吗？

生：死海里。

生：游泳池里。

师：同一个地方就不要说了。在别的地方有没有感受过这个力？

生：……

师：有没有同学没有感受过这个力？

（一生举手说没有。师喊其到讲台前，让其感受浮力）

师：按我说的去做。双手抱住气球，轻轻地压入水中，说感受。

生：压下去一点。

师：再继续轻轻地往下压。

生：压不下去。

师：换一个，用木块。把木块按到底部，慢慢松开手。

生：向上有无形的力，把这块木块托了上来。

师：这个学生做，你们看。

师：按下去，突然松开手——

生：我觉得是跳。

师：换一个词。

生：升或飞更准确。

师：物体在水中受到压力、浮力。

（师演示重物沉下去）

生：不受力。

生：我不同意他的意见。浮力往上升，重力往下沉。这个物体的重力大于水的浮力。而不代表它没有受到浮力。

师：其实他说出了浮力的秘密。

生：浮力大于重力时，浮；浮力小于重力时，沉。

师：浮力等于重力时呢？

生：处于悬浮状态。既不上浮也不触底。

【教学艺术评析】

曾老师开课伊始就和同学们提出了一个要求：要像观察家那样思考。顾名思义，像观察家那样的思考，就是仔细观察事物的现象，认真思考现象背后的原因。而这正是深入思考的有效途径。导入中，同学们通过实验观察现象，思考成因，再加上教师的适时点拨，整个课堂充溢着思考的乐趣。

3. 从课堂游戏中激智启思

【典型案例】

特级教师徐斌《认识乘法》教学片段[①]

师：河流你们知道吧，河里有——

生1：虾，鱼。

生2：螃蟹。

生3：还有青蛙。

师：一只青蛙一张嘴，两只眼睛，四条腿；两只青蛙——

生：两只青蛙两张嘴，四只眼睛，八条腿；

师：三只青蛙——

生：（有点困难）三只青蛙三张嘴，六只眼睛，十二条腿。

师：越往后说越多越难，不过掌握了规律就可以很快数出。

【教学艺术评析】

这是徐老师上课时的一个片段。他从学生生活中熟悉的小河入手，让学生从河里的动物说起，由青蛙引出青蛙的只数与青蛙的嘴、眼睛、腿之间的数量关系。学生虽不懂这种数量关系背后的规律，但一只青蛙一张嘴四条腿，两只青蛙两张嘴八条腿，他们早就清楚，而且愈往多说愈快乐。而这其实就是对乘法的初步认知。这种导入充满智慧而又不露痕迹。

---

① 邸海艳．大道至简 静水流深——特级教师徐斌“认识乘法”教学片段赏析［J］. 小学教学（数学版），2014（12）.

【拓展延伸】

激智导入的艺术

智力是能力的核心，而思考力则是智力的核心。在激智导入中，主要是通过有效的导入激发学生的思考力。

一、引发思考

教育的功利性让现在的学生在课堂上不断地处于接受的角色，他们习惯接受老师教给的知识，接受书本陈述的知识，接受同伴交流的知识。在这种源源不断的接受中，他们缺失了思考和质疑。为此，引导学生发现问题，引发学生对问题的思考是培养学生思考力的首要任务。

二、学会思考

有了思考、质疑的习惯，还要有良好的思考方法。这能让你的思考更加深入。在第一个案例中，曾老师一开始就教给学生思考的方法：像观察家那样思考，即引导学生从观察的现象入手，反思现象背后的原因。这种思考的方法其实就是“因果关联法”，事物的现象是果，由果溯源，反思成因，而这成因就是“因”。思考的方法还有很多，如“想象放飞法”“归纳思考法”“实践体验法”等。我们的老师要借助合适的学习内容教给学生思考的方法。

三、享受思考

“思考是人类最大的乐趣之一。”思考的过程充满着紧张、艰辛，也会伴随着思而不得的迷惘，但不可否认的是，当一个又一个问题通过我们的思考得到解决之时，内心充满着喜悦，这就是思考的乐趣。上述的三个案例中，我们都能感受到学生思考后的轻松与快乐，发现诗句中的不寻常，学会像观察家那样思考，掌握了规律后一下子将复杂的青蛙问题变得简单，这些不都是因为思考而带来的乐趣吗？思考之乐乐无穷，更重要的是这种快乐会引发学生更多地、主动地思考。也就在这种种思考中，我们才能越来越睿智。

五、情感导入——未成曲调先有情

教学是一种独特的双边活动。教学过程不只是师生之间知识的传递与接受，更是一种情感的交流与沟通。“亲其师，信其道。”学习之初，教师通过导入让自己成为学生可以依赖的朋友，这样的导入“未成曲调先有情”，更会让教学事半功倍。

1. 以情唤情

【典型案例】

特级教师孙双金《思乡组诗》教学片段

师：今天的上课和以往上课有什么不一样？

生：原来上课是在小学课堂，今天在大学的礼堂。

生：原来只有一位老师，今天有好多老师。

师：以前是随堂课，今天是公开课。

生：平时是崔老师上，今天是孙校长上。

师：……自信心要更强，发言要更响亮。

（板书：乡）

师：组个词给我听听。

生：乡村。

生：思乡。

师：还可以组什么不一样的？

生：故乡。

生：家乡。

师：同学们的家乡是哪里？

（学生介绍自己的家乡）

师：我很惊讶，同学们来自四面八方。

师：当我们离开家乡，来到其他地方上学工作的时候，家乡就变成了故乡。故乡跟我们每个人紧紧相连。说到故乡，我们的思乡之情油然而生。给同学们推荐一首诗。（多媒体播放配乐诗朗诵：《月之故乡》）

师：听了这首《月之故乡》，你们有什么想法？

生：我想这个作者非常想念家乡。

生：我的心里非常思念故乡，天上的月亮和水中的月亮相互思念家乡。

生：想起了李白的《静夜思》。

师：天上的月亮和水中的月亮相互思念，这是因为作者心中有……故乡是白发的亲娘，故乡是儿时的玩伴……让我们一起走进古典的思乡作品《秋思》。

【教学艺术评析】

思乡是个永恒的话题。孙老师从“乡”字说起，带着学生回忆家乡、触摸乡愁，更通过《月之故乡》这首诗将思念之情淋漓尽致地表达出来。在教师的情感召唤下，学生的思乡之情被激发了，他们的乡愁更具体了——乡愁是故乡的一轮明月，乡愁是儿时一位伙伴，乡愁是白发的亲娘……

2. 以情传情

【典型案例】

特级教师沈峰牛津小学英语（译林版）4B Unit 6《Let’s go by taxi》教学片段[①]

① 郭瑞．生活化与艺术性的精彩融合——小学英语特级教师沈峰课堂教学研究［J］．科学大众（科学教育），2015（10）．

T：Class begins!

S：Stand up!

T：How are you?

S：Fine，thanks.

T：Nice to meet you.

S：Nice to meet you，too.

T：Who's the boy with black hair / big eyes?

S：He is ...

T：Who's that woman/man?

S：She's /He's...

T：Let's sing the song < Who's that girl? > together.

T：Now you may ask me some questions.

S1：What's your name?

T：My name is Shen Feng.

S2：How old are you?

T：A secret.

S3：What's your job?

T：A teacher.

S4：Do you like yellow?

T：Yes，I do.

【教学艺术评析】

这也是一个借班上课的案例。因为师生的不熟悉，环境的不熟悉，学生较为拘谨。沈老师在导入中设计了一个师生间的集体问候，通过生活化的交际，使学生不由自主地进入了英语环境。随后的个别交流，教师通过有趣的话题、亲切的体态、真诚的语言，传递着平等、亲和、友爱，这种温暖的情感传递使学生放松了紧张的心情，拉近了和老师的距离，课堂富有生机和灵气。

3. 以情激情

【典型案例】

特级教师窦桂梅教学导入

师：第一次见面，送你们一份见面礼——三句话。

第一句："我很棒！"（送给你自己）

第二句："我真的很棒！"（也送给你的同伴，把手搭在同伴的肩上说）

第三句："我们真的很棒！"（咱们一起来大声说）

（学生练说，课堂顿时热闹起来）

师：咱们把这句话也送给听课老师："你们很棒，你们真的很棒，你们真的真的很棒！"

（学生齐说，听课老师鼓掌）

师：老师给你掌声，你明白了什么？

生：很光荣！

生：很温暖！

师：找到感觉没有？什么感觉，温暖中觉得很棒。让我们就带着这个感觉一同走进课文。

【教学艺术评析】

每个人的心中总有一种被肯定的愿望。好孩子是夸出来的。窦老师深谙其理，上课伊始，她通过"送你们一份见面礼"的形式，送给孩子们三句话："我很棒！""我真的很棒！""我们真的很棒！"这三句就是老师对孩子的肯定，就是学生对同伴的肯定，就是孩子对自己所处的集体的肯定。他们在老师的引导下，将这三句话送给自己，送给同伴，送给在座的老师，赞赏中透着温暖，温暖中透着自豪。这样的导入，很棒，真的很棒。

【拓展延伸】

情感导入艺术

情感导入，顾名思义是一种以情感的传递、熏陶、激发、认同等为核心的导入方法。在教学导入环节中如果能恰当运用积极情感因素，使其充分发挥作用，将对整个课堂教学起到一定的情感带动和课程引领的作用。情感导入要念好"真""情""赏"三字经。

其一，真。课堂教学是师与生的双边活动过程，这是一个学习的过程，更是情感交流与沟通的过程。课堂上要让学生放松、做真实的自我，教师首先要摆正自己的角色位置，不是高高在上的传道者、授业者，而是助学者、共学者。以自己的真诚换取学生的真诚，捧出一颗真心，才能收获一份真情。情感导入的关键就是真诚。在上述案例中，孙双金老师真诚地和同学们谈家乡，道故土；沈峰老师真诚地告诉学生自己的姓名和职业，说真话，不虚伪。也正因为此，学生才会感受到这种真情，也才会有安全感和亲近感。

其二，情。课堂教学的情感导入，其目的是以情激情，以情促情，以情移情。情是情感导入的核心。课堂上，教师应是有情之人，无论是澎湃的激情、还是温和的柔情，只有投入情感才会唤醒学生的情感。如孙老师的导入，动听的音乐，伴随着老师激情的表达，所有的学习者情绪为之一震。这样的激情导入有着巨大的魔力，引领着学生走进了知识的殿堂。而沈峰老师在课堂上的谈话交流，柔和亲切，同样也会让学生感受到一种爱与温暖。

其三，赏。这里的赏指的是尊重、理解、欣赏学生。在导入中教师要充分尊重学生，重视学生的情感，认同并赞赏学生，维护他们的尊严与爱好。教师恰当地将这种情感传达给学生，让他们感受到这种理解。美国人本主义心理学家卡尔·罗杰斯认为，只要能够建立起这样的师生关系，学生的潜能就能充分发挥，达到自我实现。

六、趣味导入——课伊始，趣已生

兴趣是最好的老师。快乐的游戏、生动的故事、幽默的语言等都会让课堂成为巨大的趣味磁场，强大的磁性吸引着学生，让他们不知不觉地走进来，与同伴快乐地讨论着。“课伊始，趣已生”，这是一幅多么美好的画面呀。

1. 游戏激趣

【典型案例】

特级教师朱乐平《排列与组合》教学片段

（课前播放《西游记》片段，学生认真观看）

师：我们来做个游戏，如果孙悟空一直用“孙行者”这三个字变姓名，可以变出哪些姓名？

（学生认真思考）

师：不着急。用“孙”“行”“者”这三个字排一排，可以排出哪些姓名？

生：孙空悟。

生：悟空孙。

生：空悟孙。

生：空孙悟。

生：悟孙空。

【教学艺术评析】

《西游记》是孩子们最喜欢的动画片，他们百看而不厌。因此当课堂上再次响起熟悉的旋律，看到熟悉的人物——孙悟空、猪八戒时，那兴奋的心情无以言表。朱老师趁热打铁，借助故事情境，让孩子们也来学着孙悟空的“七十二变”，做变姓名游戏。有趣的游戏激发了孩子们的童心童趣，更妙的是游戏中巧妙地渗透了“排列与组合”的意识，以此奏响了课堂教学的主题曲。

2. 故事激趣

【典型案例】

特级教师祝禧《圆圆的世界》教学片段①

师：同学们上课真精神。为了奖励你们，老师给你们讲个故事。

师：（讲故事）从前有座山，山里有座庙，庙里有个老和尚在讲故事。他在讲，从前有座山，山里有座庙，庙里有个老和尚在讲故事。他在讲——（教师走到一学生面前，学生接着讲）

生1：从前有座山，山里有座庙，庙里有个老和尚在讲故事。他在讲——

生2：从前有座山，山里有座庙，庙里有个老和尚在讲故事。他在讲——

（有学生开始发笑）

师：你怎么笑了？

生：这个故事好像是个循环故事，永远也讲不完。

师：你怎么也笑了？

生：这个故事爸爸讲过。

师：谁给你爸爸讲的？

生：爸爸的爸爸，我爷爷。

师：谁给你爷爷讲的？

生：爷爷的爸爸。

师：你们做了爸爸妈妈后会把这个故事讲给你们的宝宝听吗？

生：（笑着点头）

师：一个好玩的没完没了的故事。

【教学艺术评析】

这个故事伴随着我们每个人走过童年。所以当老师在课堂上重新讲起这个故事，熟悉的情节，熟悉的循环形式，永远也讲不完的独特风格让学生一下子快乐起来，轻松起来，他们情不自禁地跟着老师一起讲起来：从前有座山，山里有座庙……在这种愉悦的氛围中，一段快乐的学习之旅开始了。

3. 幽默激趣

【典型案例】

特级教师戈向红执教《The runaway Bunny》教学片段②

① 祝禧. 圆圆的世界 语言的故乡——二年级《圆圆的世界》教学[J]. 小学教学设计，2015(31).

② 戈向红. 在意义和趣味中探究教学的本质——小学“意趣英语”操作途径举隅[J]. 中小学外语教学(小学版)，2017(8).

T：When I was a little girl，I liked watching cartoon films. And today I will show you my favourite cartoons. It seems that I also showed you my age.

Ss：（笑）

T：What will Sun Wukong become?

S1：He will become...

T：What will Yang Jian become?

S2：He will become...

（播放动画的时候，在人物变化之前电脑上按暂停键，让学生猜测：孙悟空会变成什么？然后猜测杨戬又会相应地变成什么？引出教学 become 这个单词）

T：If you have the ability to change just like Mr Sun，what will you become?

S3：I will become...

（教师让学生想象自己也能有 72 变，用 I will become... 表达）

T：If I have the ability，What will I become? Can you guess?

（教师用各种表情和有趣的体态语引导学生猜，学生发言非常积极）

【教学艺术评析】

在课堂教学中，幽默的教师语言绝不是为了博得学生一笑，教师在给学生愉快体验的同时，促使学生深入思考。本课中，教师出示自己儿时最爱的卡通：孙悟空和杨戬斗法 72 变，并且开玩笑说这似乎暴露自己的年龄了，很好地调动了课堂气氛。教师用动画故事《孙悟空和杨戬的 72 变》对本课的新知“I will become”进行突破，因为在学生们的印象中，谁是变化的“老祖宗”？自然是孙悟空啦！他会 72 变，所以这个动画，在学生的已有经验和本课新知之间进行了一个连接，他们在猜猜说说中很快就学会了“He will become...”这个句型，然后老师又把这个变化的功能“赋予”学生，问学生：如果你也有能力变，你会变成什么？最后想想老师会变成什么？这个时候学生的想象力已经完全被调动起来了，于是，孩子们在想象中思考，在思考中表达。

【拓展延伸】

趣味导入的特点

趣味，就是使人感到愉快，能引起兴趣的特性。所谓“趣味导入”就是通过讲故事、做游戏等新颖有趣的形式导入新课，激发学生学习兴趣，从而积极主动地投入到学习活动之中。趣味导入的关键在“趣”和“味”上。

一是导入有“趣”。

导入的形式要有趣。不同的形式会产生不同的效果，即使是同样一个形式，因为对象的不同，也会产生不一样的效应。所以导入的形式要有对象感，要符合学生的年龄特点、认知规律。

借助情境创设导入形式。如朱老师采用的游戏导入中，借助故事片《西游记》的片段，创设了一个在小朋友中认同感极高的故事情境，在这样的情境中，设计了一个变姓名的游戏，游戏因在情境中变得更具童话性、情趣性和多变性。

导入的内容要有趣。导入的内容可以是学生熟悉的。熟悉的内容能唤起学生的亲近与认同。如祝禧老师的故事导入，她选择了每个学生童年时期都熟悉的故事内容，让学生通过循环往复的内容中回到童年，感受其中的乐趣。导入的内容可以是学生陌生的。熟悉的内容，学生能参与；陌生的内容，能激发学生的兴趣。要让平常的导入变得有趣味，必须在熟悉与陌生之间寻找一个恰当的结合点。朱老师的导入形式是熟悉的，做游戏，但内容对学生来说却是有一定难度的，是陌生的。在熟悉与陌生之间，找到结合点，趣味导入才能得以实现。

导入的语言要有趣。这方面，戈向红老师给我们做出了示范。

二是导入有“味”。

趣味导入，除了要让学生感到趣之外，更要通过这种趣得到一种感觉，获得某种体会。这种感觉与体会，我以为就是即将要学习的内容的要义。如祝禧老师在《圆圆的世界》中的导入，让学生隐约感受到这个故事的好玩，因为它头尾自然相连，不就是一个圆圆的故事吗？故事因“圆圆”而好玩，暗示要学习的《圆圆的世界》，也因其圆圆而有趣。再如朱老师的变名字游戏，其实就是一种排列与组合，学生虽不知道游戏背后的意蕴，但他们在游戏当中会不知不觉地感受到这种排列组合的有趣。看似无意的导入，实则颇费了一番心思，与要学习的内容有密切关联，这样，既有趣，更有味。

知识链接

教学导入艺术的特点

教学是门艺术，其艺术性体现在教学的各个环节中。教学导入是课堂教学的首要环节，在整个教学过程中起着铺垫、激发、引导、唤醒等作用。教学导入是教师在课堂教学起始环节中采用各种教学媒体和教学方式，向学生引入新知识，使学生迅速进入新课学习状态的活动方式。良好的开端是成功的一半。新颖高效的导课艺术，必然会对学生产生强大的吸引力，帮助学生开启思维、引发联想、激起探究欲望，从而为课堂教学奠定一个良好的基础。这就是为什么许多特级教师特别重视导入环节，并由此创造出丰富多彩的导入方法，展现出精湛的导课艺术。教学导入的艺术性应体现在以下几个方面。

其一，新颖有趣。对于心智不成熟、注意力不够持久的小学生而言，学习的本质就是游戏。学习就是一场有趣的游戏活动。因此，新颖有趣是教学导入的出发点。特级教师们深谙其理，他们的导入常会以有趣的形式开始，如儿歌导入、故事导入、谜语导入、动画导入，等等。这些新颖有趣的形式会吸引学生的注意，激发他们的兴趣，使他们积极踊跃地投入到活动中。而课堂学习就在这样的活动中不知不觉地开始了。如周益民老师教学《声音的故事》时，在导入时，他先让学生用成语描绘声音：最响的声音——（震耳欲聋），最小的声音——（窃窃私语、轻言细语、鸦雀无声），最动听的声音——（莺歌燕舞、欢声笑语）。这种形式是学生陌生的，但这些成语又是学生熟悉的。这种介于陌生与熟悉之间的导入方式，让学生顿感有趣，在游戏中自然引入了今天的学习——“声音的故事”。

其二，针对启发。这里的针对，一是指导者要针对学习对象的年龄特点和心理特点，二是指导者要针对不同的学习内容的特点。不同年龄段的学生，不同的学习内容，导入也应该有明显的不同。斯霞老师在二年级《小壁虎借尾巴》的教学导入中，采用的是观察法，让学生观察小壁虎的标本，从而让陌生的学习内容形象化。而霍懋征老师教学六年级《月光曲》时的导入，却是从学生的预习入手，引导学生分清作为乐曲的《月光曲》和作为故事的《月光曲》的不同之处。二年级学生形象思维占主导，斯老师的导入就从具体的标本开始；而六年级学生有了一定的自觉能力，课前也做了一定的预习，所以霍老师的导入就从学生的自觉开始。同样的教学导入，因为不同的教学内容和不同的教学对象，形式与内容也发生了变化。

教学导入不但讲求针对性，同时也要注意启发性。教学导入功能是激发学生的学习状态，做好各项准备，从而迅速进入新课的学习。因此在导入时，要根据教学内容对学生进行有效的启发，特级教师徐斌老师在教学《认识乘法》时，借助学生的生活经历，引出青蛙，引出青蛙的只数与青蛙的嘴、眼睛、腿之间的数量关系。学生虽不懂这种数量关系背后的规律，但一只青蛙一张嘴四条腿，两只青蛙两张嘴八条腿，他们早就清楚，而且愈往多说愈快乐。这种导入激发着学生的兴趣，启迪着学生的思维。

其三，简约多样。教学导入是教学的起始环节，它重要但不是重点。这个环节的主要职能是诱发、引导、铺垫、准备，所以这个环节不需要过多铺陈，简洁、简约是它的目标。寥寥数句话，短短几分钟就要将导入的内容完成。从特级教师展示的教学案例来看，他们均符合这一要求：用时不多，内容精练，切入主题，达成目标。

多样，指的是导入方式要形式多样，富于变化。有语言的导入，如儿歌导入、故事导入等；有游戏导入，如谜语导入、歌曲导入等；有实验导入，如曾宝俊老师在科学课上的实验导入等；也有图片导入等。多样的形式让学生耳目一新，充满期待。教师要根据教学内容，适时、实时地进行变化和调整，使学生真正在学习中快乐徜徉。

德国教育家第斯多惠指出：“教学的艺术不在于传授本领，而在于激励、唤醒、鼓舞。”好的导入能使整个教学气氛立即活跃起来，教学也就容易进入最佳境界。可以说，高超的导课艺术是一种创造，是教师智慧的结晶，它为一堂课奠定了成功的基础。

第二章 特级教师教学的语言艺术

导读

“教师的语言是人类最美最美的语言，教师的语言是一种技术更是一种艺术，曼妙、细腻、唯美、豪迈；教师的语言是一种知识更是一种思想，深邃、练达、智慧、仁爱，教师的语言是一种功力更是一种品位，情趣、意境、修炼、魅力。”郭元祥教授在《感悟“教师人生”》一文中如是说。课堂教学离不开语言，语言是教师传授知识、传递信息的主要载体之一。教学语言艺术与课堂教学效果有密切的关系。苏霍姆林斯基说：“教师的语言修养在极大的程度上决定着学生在课堂上的脑力劳动的效率。”

高度的语言修养是合理利用课堂时间的重要条件。从某种意义上说，课堂教学艺术首先是教学语言艺术，而所谓教学语言艺术，就是教师在教学过程中遵循教学规律和审美性原则，正确处理教学中的各种关系，把知识和信息正确有效地传递给学生的语言技能活动。那么，特级教师的课堂教学在运用语言时，有哪些艺术技巧呢？本章探讨的教学语言艺术主要有说明性语言、叙述性语言、论证性语言、抒情性语言、幽默性语言、评价性语言等。

一、说明性语言——为有效学习引航

说明性语言也叫客观的介绍性语言，主要是教师在呈现知识点、说明新概念、讲解好方法、发出说明指令时所运用的。说明性语言的运用旨在帮助学生加深理解、形成概念、掌握方法，具有客观而有针对性、简洁而有准确性、清晰而有操作性等特点。根据出现形式和功能作用的不同，说明性语言可以分为呈现式、引导式、指令式这几种，具体参见以下课例评析。

1. 呈现式说明，让概念更清晰

呈现式说明就是教师进行陈述，说明概念，解释知识点等，目的是帮助学生扫除障碍，明晰概念，弄清规律，为有效学习的开展奠定基础。

【典型案例】

特级教师于永正人教版五年级上册《新型玻璃》教学片段[①]

生：请问"分贝"是什么意思？

师：这是个专用名词，大家很生疏。这里是指测量声音大小强弱的单位。科学家说，声音超过 70 分贝，对人体就有危害了。城市中有的马路旁安装着测定声音大小强弱的装置，以后你们注意看。

【教学艺术评析】

这一案例重在说明词义，扫除理解障碍。于老师在指导学生理解某个新词的词义时，大多情况是要求学生一边读一边联系上下文来理解，但在面对学生不理解的"分贝"一词时，他没有反复启发，而是径直说出词义。他首先点明"分贝是个专有名词"，然后揭示"分贝"的定义，再提醒学生课后在马路旁"注意看"测定分贝的装置。于老师这样做是从学生的实际情况出发的，因为这是语文课而不是科学课，学生不需要对专有名词深究到底，只需适当了解即可，而且专有名词一般不需要在言语训练中运用，所以于老师干脆利落地用简练概括的说明性语言给了学生一个明确的定义，帮助他们很快扫除理解障碍。

2. 引导式说明，让学习更有效

引导式说明就是教师发现学生的问题后及时阐明方法，做出示范，引导学生有效学习。这需要教师有扎实的教学素养，能敏锐地发现问题并给予正确的引领示范。

【典型案例】

特级教师倪晨瑾"生活体育"四年级《逃生门》教学片段

师：孩子们，今天下雨，我们在教室里上体育课。请问，哪位同学能够从我左手边的这扇窗

① 于永正. 于永正课堂教学实录 I（阅读教学卷）[M]. 北京：教育科学出版社，2014.

户，翻越跳出去？

生：啊！老师这样也可以吗？我们班主任说这是违规！（不可思议地笑语）

师：孩子们，班主任说得不错！可是，如果突发地震、火灾，教室前后门严重变形，这扇窗户就是唯一的逃生通道！而快速翻窗逃生，就是我们每一个学生实现自救的方法。

生：嗯！（表情严肃认真）

师：未雨绸缪，孩子们，今天，我们就利用这节室内课，一起学习“翻窗自救”的技能。

【教学艺术评析】

体育教学改革的一个重要任务，就是要融合生命、生存、生态教育的元素，让学生们了解、掌握必备的生活、生存、自救、自护的能力，这也是培养全面发展人的核心要素。创编《逃生门》这一节课，是关注对学生生存能力培养，提升自救技巧的一项内容，也是室内体育课教学内容的重要补充。

教师由“违规”现象开始描述，引发学生的关注度，再通过引导式说明，让学生真正了解“翻窗而出”的生命意义，从而正确对待这节课所学的技能意义。

3. 指令式说明，让任务更明确

指令式说明就是教师发出明确的指令，告诉学生做什么，该如何去做。主要用来组织活动、组织课堂教学、布置作业等。指令式说明要求对象落实、要求明确、方法可行。

（1）课始说明，提高学习效率。

【典型案例】

贲友林苏教版数学六年级上《“有关分数、比的问题”练习》教学片段①

师：（板书：分数、比）今天这节课，我们继续练习有关分数、比的问题。

师：请大家拿出课前做的研究学习材料，小组交流的时候，要交流“我补充的时候，是怎样想的”，稍后向全班汇报的时候，我们小组能否有序地汇报。这里说的有序，是指问题由简单到复杂一些、难一些。这是第一点。第二点，我之前看过，有一些同学还有一些错，那小组交流的时候，要看看自己是不是有错，如果有错，在小组里纠正一下。如果你觉得这个错误很典型，那可以准备在全班交流。听明白两个要求了吗？现在交流第 1 题。

（学生小组交流，用时约 4 分 30 秒）

师：刚才有两个小组已经自荐了，一个组说，我们组内容丰富，有对有错；一个组说，我们有算术方法，还有方程解法。

【教学艺术评析】

在贲老师“以学为中心”的数学课堂中，学生是真正的主角，在课堂上尽情展示、交

① 贲友林．现场与背后［M］．南京：江苏教育出版社，2014．

流、碰撞，而教师退居幕后，只在关键时刻“发声”。课堂一开始，就是小组交流，为了避免交流时的盲目、无序、低效，贲老师明确地说明要求，一要“有序”，二要“纠错”，等学生听明白要求之后，才开始交流，这样节省了时间、提高了效率。在选择汇报小组时，贲老师也充分说明理由——“一个组说，我们组内容丰富，有对有错；一个组说，我们有算术方法，还有方程解法。”这再次明确了交流的内容、方式，使学生汇报的质量有了保证。

（2）阶段说明，及时归纳总结。

【典型案例】

贲友林苏教版数学六年级下《“平面图形的面积”总复习》教学片段[①]

师：大家能看出来，第一位同学写的是字母公式，第二位同学写的是文字公式。一位是把图形一个一个画出来，另一位同学是用表格来整理。比较一下，你有什么想法？

生：从表格可以看出所有的计算公式。画图可以帮助我们更好地了解这些图形。

生：画出图形，我们可以很清楚地看到这个图形的样子；表格，可以让我们系统地知道这些图形的面积计算公式。

（全班掌声）

师：两位同学说，画图，可以看得很清楚；用表格整理，刚才第二位同学说了一个词——

生：系统。

师：用表格整理，可以很系统，看起来——一目了然。大家想一想，我们还可以复习什么？

【教学艺术评析】

在两名学生汇报之后，贲老师及时进行阶段说明，归纳出两者的不同之处，并引导学生进行比较，进而发现画图和列表的优点。当一个同学说出“系统”一词时，贲老师顺势强调说明“用表格整理，可以很系统，看起来——一目了然”。最后总结说明“对于图形面积计算知识的整理，可以像这样画图或列表”。让学生明白了整理知识的不同呈现方式。贲老师简明扼要的阶段说明，舒缓了课堂的节奏，厘清了学生的思路，为后面的学习整理做出了方法的指导。

（3）课终说明，拓展思维深度。

【典型案例】

贲友林苏教版四年级上册《乘法分配律》教学片段[②]

师：说到这儿我们应该要特别感谢有一个同学编了一个特别好的题目，是谁呀？

---

① 贲友林．现场与背后［M］．南京：江苏教育出版社，2014.

② 贲友林．现场与背后［M］．南京：江苏教育出版社，2014.

生（齐）：陈叶萩。

师：编的题目是什么？

生（齐）：99×105。

师：既用了乘法分配律，又用了这个和乘法分配律相关的规律，是吧？不过现在看看黑板还有问题，但时间到了，来不及解决了，我们看看这个问题是什么？前面是 ×× 写的吧，我们是分成了两个数相？

生（齐）：加。

师：一个数去乘两个数的和，他写成 a 乘？

生（齐）：c 乘 d。

师：两个数相乘，是吧？那这样是不是乘法分配律呢？

师：有说是，有说不是，那这个今天下课以后再去研究，明天再交流。明天不能交流，应该是星期几啊？

生（齐）：星期一。

师：那今天的手记还有一个，我们大家知道，运用乘法分配律可以使计算简便，是吧？是使所有的计算都简便？

生：不是。

师：那应该是什么？

生：有一部分简便。

师：有一部分计算能简便，是吗？好，第一个问题：这是不是乘法分配律？第二个，使一些计算简便，一部分计算简便，为什么说一些，一部分？好，这节课就上到这儿。

【教学艺术评析】

课堂学习快要结束时，学生还存在问题怎么办？贲老师果断说明“时间到了，来不及解决了”，然后将问题抛给学生“下课以后再去研究”。除了研究学生的问题，贲老师还紧扣“乘法分配律的运用”，提出“运用乘法分配律可以使计算简便，是吧？是使所有的计算都简便？”这一问题让学生深入探究。为了让学生明确课后研究的问题，贲老师最后进行了梳理说明——“第一个问题：这是不是乘法分配律？第二个，使一些计算简便，一部分计算简便，为什么说一些，一部分？”这样的作业说明，既保持了学生的探究热情，又将学生的思维触角引向更深更广处。

【拓展延伸】

说明式语言①

教师的哪些语言属于说明式语言呢？李如密教授指出：“说明式语言是指教师在教学中给

① 李如密．教学艺术论［M］．北京：人民教育出版社，2011.

学生解说事物、剖明事理的语言。它要对事物的形态、性质、构造、成因、种类、功能，或事理的概念、特点、来源、关系、演变等进行清晰准确、通俗易懂的解说剖析，以帮助学生加深理解、形成概念。”如特级教师于永正在纠正“帽”字的写法时，就借助图画将“冃”字的起源、演变等过程清晰地表现出来，通俗形象的解析说明不仅让学生知其然，还知其所以然。

说明式语言的常用语句有：“这就是说”，“它的意思是”，“换句话说”，“打个比方说”，“我们可以把它理解为”，“它的理由是”等。这可以分为定义说明、诠释说明、比较说明、分类说明、比喻说明、举例说明、图解说明等具体方法。

其一，定义说明。就是用简练概括的语言给事理下个明确的定义，以揭示其本质内涵。如于永正老师在回答学生“分贝是什么意思?”时，就直接用定义说明“这是个专用名词，这里是指测量声音大小强弱的单位”。

其二，诠释说明，或称解释说明。它不同于定义说明，定义是对事物本质属性的简明而抽象的揭示，而诠释是对事物的各方面特征做具体而详细的解说。如《白杨礼赞》的解题：“礼”是顶礼或敬礼，“赞”是赞美，题目的意思就是“对白杨树顶礼赞美”。“顶礼”是佛教的最高礼节，顶礼的人跪下，用头顶着受礼人的脚。题目中用“礼”这个词极言对白杨树的崇敬之情。

其三，比较说明。即是把两个以上的、彼此存在一定联系和相同点的事理放在一起，从对照、比较中说明它们各自的特点和区别。如特级教师贲友林在《“平面图形的面积”总复习》一课教学中，及时组织学生比较画图和表格这两种整理方式的不同，说明它们各自的优点，以指导学生在实际运用中有效选择。

其四，分类说明，或称划分说明。即是为了揭示事理的类属性，而把它分成若干亚类逐一说明，从而达到明确事物的对象范围或概念的外延情况的目的。如“人类社会有原始社会、奴隶社会、封建社会、资本主义社会、社会主义和共产主义社会等社会形态”。分类说明有上行归类、下行分类、一次分类、连续分类等不同方式。

其五，比喻说明。是指使用恰当的比喻来揭示某一抽象事物的含义。如有位老师为帮助学生理解“过渡句”的作用，就做了比喻说明：“是呀，就好像要过一条大河，需要一座桥或者一条船才能从这边到对岸。在描写动物各方面特点时，我们也要学会搭一座桥或摆个渡船从这个方面巧妙地过渡到下一个方面。这样做，会使文章的条理更加清晰，也能激发读者的阅读兴趣。”比喻生动形象，新颖有趣，可起到化难为易、辅助说明的作用。

其六，举例说明。举出具体、典型的事例也可以在一定程度上达到说明有关事理的目的。如于永正老师在《“番茄太阳”》一课的教学尾声处，展示自己的批注，告知学生自己读出了“传递”，然后以文中“好心人把眼睛送给了明明，明明长大后，要把她的双腿献给作者”为例具体说明“这就是爱的传递”。学生听了举例说明后，一定也会联想到身边的“爱的传递”，对课文揭示的道理就会理解得更透彻。

此外，说明式语言还有数字说明、图解说明等方法，此不赘述。

二、叙述性语言——让学习轻松有趣

“叙述”和“描述”作为两种常见的表达方式往往被并列相提，但也有细微的区别。叙述就是用简练、朴实的语言，对人物的活动经历和事件的发展变化做准确的介绍、交代、说明；描述则是用生动、形象、鲜明的语言，对人物和事物的特点作描绘、摹写、刻画。前者简洁理性，后者具体感性。在真实的教学实境中，这两种表达方式是交叉互融的，“叙述”是“描述”的基础，“描述”中又包含“叙述”。教师在教学中运用“叙述性语言”是为了让学生获得脉络清楚、系统完整的有关知识或事实，而运用“描述性语言”是为了加深学生的印象，丰富他们的感受。恰当运用“述语”，使原本生硬的知识变得清晰形象，使原本枯燥的学习变得轻松有趣，使原本浅显的体会变得深入全面。“述语”在不同的学科中都大放异彩。

1. 数学因“述”而生动

在很多人印象中，数学是一门培养逻辑思维的学科，数学课的讲授应该是比较直接理性的。但是，小学阶段的孩子以形象思维为主，他们对数学知识和能力的掌握需要借助一些感性的途径，而叙述性和描述性语言的运用恰好能够帮助学生形象地感知数学的独特性、体验数学的趣味性。因此，教师要努力使数学因“述”而生动。

（1）“述语”导入，激发学趣。

【典型案例】

特级教师徐斌二年级数学活动课《鸡兔同笼》教学片段①

师：我小时候，像你们这么大。一天，在放学回家的路上，一个白胡子老爷爷拦住我，说：“小朋友，你上学了，我考考你！”我从小爱动脑筋，就说：“老爷爷，您考吧！”白胡子老爷爷说：“听着，我出题了——鸡和兔关在同一个笼里，数它们的头共有5个，数它们的腿共有14条，有几只鸡？有几只兔？”我一听就愣住了，心想太难了！怪不好意思的。白胡子老爷爷说：“你现在还小，不会不要紧。记住吧，这叫鸡兔同笼问题。好好读书，以后再学。”我记住了白胡子爷爷的话。到了上五年级时，一次在新华书店里见到一本《小学数学趣题巧解》，书上讲了“鸡兔同笼”问题的解法。我学会了，特别高兴。直到今天，我还记得呢！小朋友们，你们愿意自己动手、动脑，想想、画画，解决“鸡兔同笼”这个难题吗？（揭示课题——鸡兔同笼）

【教学艺术评析】

上课伊始，徐老师娓娓道来，生动地叙述了“我”对“鸡兔同笼”从不懂到懂的过程。在故事情景中引出数学问题，既显示了难度，引起认知冲突，又促使学生对老师产生一种心理认同感，拉近了师生间的心理距离。学生听完老师的故事之后，脑海里的疑问一连串冒出来，心中的探求欲望愈发强烈，学习的兴趣瞬间被激发到最高点，自然乐意自己动

① 钟建林，王珍编．小学数学名师名课（异构篇）[M]．北京：教育科学出版社，2011.

手、动脑，想想、画画，解决“鸡兔同笼”这个难题。

（2）“述语”介入，启发学路。

【典型案例】

特级教师周卫东苏教版数学五年级下册《确定位置》教学片段[①]

师：同样的问题，在300多年前，有一个人也同样遇到过，他就是法国著名的数学家笛卡尔，平面上任意一点，我们怎样用数对表示它的位置，这个问题笛卡尔想了好长时间，都没有找到答案，直到有一天，他生病了，躺在床上休息，突然，他发现墙角有一只蜘蛛在织网，看到了这样的场景，笛卡尔一下就想到解决问题的办法，同学们，你知道笛卡尔是怎么解决问题的吗？

生：可以在平面图上加一些网格。这样就可以用列和行来确定位置了。

师：你真聪明，如果在这个平面上加上一些网格，现在你可以用数对确定他们的位置了吗？同桌互相在下面说一说。

【教学艺术评析】

在学生处于“悱愤”状态之际，周老师没有直接告知学生方法，而是相机叙述笛卡尔的故事，以蜘蛛网为原型启发，巧妙介入新知，启发学生思路。经过这番自然妥帖的叙述引导，学生不仅掌握了“数对”的知识，还真切地感受到了“数对”产生的背景及必要性。

（3）“述语”延展，引发学思。

【典型案例】

特级教师王俊六年级下《平面图形的周长和面积的关系》教学片段[②]

师：这是蜂窝整体的横切平面图。看到这些蜂窝，你想提出哪些问题？

生：为什么蜂窝的外形是圆的？

生：为什么一个个小蜂巢不是圆的？

生：为什么不是正三角形？正方形？而是正六边形？

师：这只蜜蜂说我的房间要做成圆形的。那只蜜蜂说我也要把我的房间做成圆形，你们猜结果？早在公元4世纪就有数学家（佩波斯）发现：正六边形的蜂窝，面积最大，而周长最小。是蜜蜂采用最少量的蜂蜡建成的，这一发现被称为“蜂窝猜想”。你能证明这个猜想吗？孩子，你的勇气很可嘉，但是我要告诉你。这是世界四大猜想之一。这个猜想数学家经历1600多年，直到20世纪末才最终有数学家宣称自己已经证明它。老师也不会证明。你终于体会到了芝诺所说的话：“懂得的越多，困惑就越多。”

蜜蜂之所以能在亿万年的进化历程中生生不息，是因为它们善于在不同的情况下用最小的

---

① 钟建林．小学数学名师名课（珍珠篇）[M]．北京：教育科学出版社，2011.

② 钟建林．小学数学名师名课（珍珠篇）[M]．北京：教育科学出版社，2011.

周长去创造出最大的面积。看来，早在亿万年以前，蜜蜂就懂得低碳生活，就懂得构建和谐社会了。而我们人类至今还在无休止的欲望和争斗中挣扎。其实，面对我们所生活的环境，我们每一个人手中都有着一根无形的绳子，我们究竟用怎样的周长围出最适合自己的面积，这将是一个永远都研究不尽的课题。

【教学艺术评析】

王老师的数学课充满着“哲学味”和“人情味”。他在学生提出疑问之后，绘声绘色地叙述了“蜂窝猜想”的来历，肯定了学生质疑、猜想的勇气。课末，他又以一段意味深长的叙述引发学生思考：每个人手里都有一根绳，该圈一个什么样的图形？这不再是数学的问题，而是哲学的问题。哲学是基于数学的思考，哲学是一切理论的母亲。这个耐人寻味的问题值得我们每个人细细思考。

2. 教学因“述”而深入

新课程改革后的课堂因为“个性表达”“平等对话”“合作讨论”等形式的出现变得特别热闹，学生的主体地位得到了充分的尊重。与此同时，也出现了一些问题，如老师不敢多说多讲，生怕一不小心替代了学生的“个性表达”；老师对学生一味地肯定赞扬，不敢指出他们的不足；老师对学生的合作讨论大多是放任态度，只流于形式上的呈现，等等。其实，教师在教学中要始终坚守自己主导的职责，这“导”不是在表面层次上导一下，秀一下，而是要将学生“导”向文本的深处。例如，在引导学生深入学习的过程中，教师的“述语”起到了推波助澜的作用。

（1）以“述”解词，促进理解。

【典型案例】

特级教师于永正苏教版二年级上册《梅兰芳学艺》教学片段①

师：读得不错，黑板上只剩下一个词“大师”，哪位小朋友知道“大师”是什么意思？

生1：很著名的那些人。

生2：学得很好很好的人。

生3：可以教别人的人。

生4：可以当老师的人……

师：小朋友们，听我讲梅兰芳的一些事情，听过之后，你们就知道什么叫“大师”了。1913年日本发生了大地震，梅兰芳义演赈灾，把挣来的钱捐献给日本人民抗震。1937年日本侵略者占领上海屠杀中国人，梅兰芳非常气愤，蓄须明志，拒绝为日本人演出。在那期间，梅兰芳以画画为生。梅兰芳是著名演员，演技非常高超，曾到过美国、苏联等国演出，轰动世界，受到高度评价。这样的人才叫“大师”！好，再把最后一段齐读一下。

① 于永正．于永正课堂教学实录Ⅰ（阅读教学卷）[M]．北京：教育科学出版社，2014.

【教学艺术评析】

当学生的理解停留于表面时，于老师不急不缓，按时间顺序讲述了梅兰芳的事迹。虽然二年级的学生还不能深切地体会到梅兰芳身上的爱国精神和民族气节，但他们可以通过老师叙述中的“著名、高超、轰动世界、高度评价”这些词语理解“大师”的基本含义。采用叙述故事的方式来理解较抽象的词语，这对于低年级学生来说，无疑是一种形象直观的解词方法。

（2）以“述”识体，明晰学法。

【典型案例】

特级教师林莘人教版六年级下册《为人民服务》教学片段①

师：翻开书，第 12 课。同学们预习过课文，有没有发现这篇课文很特别？它到底是一篇什么样的文章呢？

生 1：这是一篇议论文。

师：很好，你有预习。

生 2：这篇课文没有事例，只讲道理。

师：你说得很对。我们以前学的很多课文都是写人、记事的，比如《一夜的工作》《凡卡》是写人的，《草船借箭》《钓鱼的启示》是记事的。可今天我们学的这篇课文，既不是写人，也不是记事，它很特殊，这种文体就是他说的议论文。（板书：议论文）它没有精彩的故事情节，没有细致的描写，没有华丽的辞藻，它跟你讲道理，分析问题，它有的是深刻的思想。你们知道吗？这是咱们小学阶段遇到的第一篇议论文，所以得好好珍惜这样的学习机会哦！因为是第一次嘛，所以有点难。但是我相信，大家一定能学好。有信心吗？

生：有！

师：说这篇课文很特别，还特别在它也是主席参加张思德同志追悼会的演讲词。（板书：演讲词）在半个小时的演讲中，主席没有看稿，却字字珠玑、慷慨激昂、一气呵成。而且，丰富的肢体语言更增添了演讲的感染力。（用图片演示主席演讲的各种姿态）

师：怎样才能学好这篇议论文呢？这里要特别跟大家介绍个规律，这议论文、演讲词，每一段话都有要说的重点、要点，这些重点要点，大多含在每一段话的开头或者结尾。只要你掌握了这个规律，再难的议论文也会迎刃而解。我现在抽其中的三段请你们来读一读，既想了解你们预习的情况，还想和大家一起寻找每段的要点。

【教学艺术评析】

在简短的新课导入后，林老师开门见山、旗帜鲜明地将阅读焦点指向“文体”，他用

① 陈金铭．跟着名师教语文：人教版教材名师公开课实录（六年级下册）[M]．武汉：湖北教育出版社，2012.

了三个“没有”和一个“有”描述了议论文的鲜明特点，使学生对该文体有了清楚的认识。紧接着，林老师又结合图片演示描述了主席演讲时的情景，让学生初步感受到了“演讲词”的感染力。认识文体之后，林老师以规律介绍的方式讲述了学习方法，为初学议论文的学生来说降低了难度，增强了自信。

（3）以“述”激情，升华意义。

【典型案例】

特级教师吉春亚人教版五年级下册《丝绸之路》教学片段[①]

师：丝绸之路犹如一条彩带，将古代亚洲、欧洲、非洲的古文明联系在了一起，促进了东西方文明的交流。在延绵的丝绸之路古道上，遗留下大量的文明古迹，传达给人们的却是超越国界和民族差异的精神共鸣，这怎能不是一条伟大的路呢？再次有感情地再读中国使者的话——

生：（读）没想到，一条道路将远隔千里的我们联系在了一起，这真是一条伟大的路呀！

师：（课件出示石雕图片，根据板书总结）望着这座群雕，作者就仿佛看到了当年丝绸之路上商旅不绝的景象，仿佛听到了飘忽在大漠中的悠悠驼铃声；丝绸之路对古代经济、文明的交流做出巨大贡献。丝绸之路在祖国的西部，感召我们西部大开发，让这片沙漠之地成为中国与中亚、西亚、和欧洲各民族友好往来日益密切的通道。

【教学艺术评析】

在学生自主表达、相互交流之后，吉老师声情并茂地描述了丝绸之路的伟大意义，激起了学生内心的民族自豪感，使他们由衷地发出赞叹：“这真是一条伟大的路呀！”课末，吉老师结合图片和板书，借作者的想象又一次描述了丝绸之路的重要作用，升华了文章的主旨——希望大家了解西部、开发西部，为祖国的西部做贡献。

【拓展延伸】

叙述性语言和描述性语言[②]

叙述性语言是指教师在教学中将科学文化知识内容向学生做较客观的陈述介绍的语言。它要把人物的活动、经历、事情的发生、发展或事理的变化过程具体表达出来，使学生获得脉络清楚、系统完整的有关知识或事实。它可以分为以下几种具体方法。

纵式叙述。就是根据事理在时间上的联系性进行的叙述语言。纵式叙述又有顺叙、倒叙、插叙、补叙、分叙等区别。比如特级教师于永正在《梅兰芳学艺》一课的教学中主要按照时间顺序来叙述介绍梅兰芳的事迹，其目的是让学生清楚地感受到梅兰芳对日本的前后态度变化及原因。

---

① 陈金铭．跟着名师教语文：人教版教材名师公开课实录（五年级下册）[M]．武汉：湖北教育出版社，2012.

② 李如密．教学艺术论[M]．北京：人民教育出版社，2011.

横式叙述，又称并列叙述。就是根据事理的非时间性联系进行的叙述语言。横式叙述按其所叙内容的逻辑关系，可有空间远近关系排列的横式叙述、内容主次轻重关系排列的横式叙述、因果先后关系排列的横式叙述等具体方法的区别。比如特级教师薛法根在《清平乐·村居》的教学中是按单位由大到小来介绍词的特点——“词每行的字数不一样，所以又称为‘长短句’。但是，并不是每个句可以随意的长随意的短，是有规定的。每一首词都有固定的调子；每个调子都有固定的句子；每个句子有固定的字数；每个字都有固定的声韵。”

交叉叙述，又称纵横式叙述。就是把纵式叙述和横式叙述结合起来进行。其特点是纵横交叉，组成立体网络结构。

描述性语言是指教师在教学中把有关内容直观形象、生动逼真地描绘出来的语言。其特点是通过摹态传神，使学生如见其人、如闻其声、如临其境，从而丰富感知、加深印象，并受到强烈的艺术感染。它可以分为以下几种具体方法：

（1）写意描述，又称白描。是指教师在教学中用朴素洗练的语言，寥寥数语即将描述对象的主要特征勾勒出来。如特级教师林莘在《为人民服务》一课的教学中用“它没有精彩的故事情节，没有细致的描写，没有华丽的辞藻，它跟你讲道理，分析问题，它有的是深刻的思想”。这段简洁有韵律的语言勾勒出了议论文的主要特征。

（2）工笔描述，又称细描。是用细腻的语言，对描述对象的某些方面进行精雕细刻的描述。其特点是语言细密、色彩浓郁、细腻逼真、可知可感。

（3）直接描述，又称正面描述。是指对描述对象进行直接的具体的描述。

（4）间接描述，又称侧面描述或烘托。是指对描述的对象不进行直接描述，而是通过与之联系的周围事物的描述，来映衬、烘托被描述的对象。常常收到巧妙生动、激发想象的效果。

三、论证性语言——让课堂富有理性

小学生以形象思维为主，他们的情感世界比较丰富，因此在小学教学中，教师的语言大都以叙述、描述、抒情为主，感性色彩较浓。但是随着年级的升高，如果课堂教学依然停留在感性理解的层面，学生的思维发展就会受到影响，因此，教师应恰当地使用论证性语言，激活学生的理性思维，让理性之光也在课堂闪烁。所谓论证性语言就是指教师在教学中运用事实、数据、论断或者定义等来证明论题或论点的真实性与准确性时运用的语言。它是为讲解、说理服务的，所以要求有较强的针对性，也就是紧紧扣住“中心”来叙述事实、分析论证。教师有关论证性语言的运用，能帮助学生追本溯源、固本强基、张本继末，从而学得更透彻更得法，思得更全面更深入。

1. 在论证中追本溯源

由表及里、追本溯源是学习的基本规律，但是，怎样深入到“里”，溯求到“源”呢？这就需要教师以层层深入、抽丝剥茧般的论证来帮助学生抵达学习的内核，弄清其本质。

（1）溯人物精神之源。

【典型案例】

特级教师于永正苏教版五年级上册《林冲棒打洪教头》教学片段[①]

师：你看，既然洪教头能够爬起来走路，可见打得不重。如果稍微使点劲的话，小腿骨就被打断了。从这个“扫”字看出林冲的为人怎么样？这又是什么“让”？谁想好了就趴到我耳朵旁边说给我听。

（师俯身让学生趴在自己耳朵旁小声说，一连听了五六个学生说）

师：到目前为止，还没有一个说对的。请再默读、思考。

（默读之后，师俯身问一生：这叫什么“让”？小声告诉我。生耳语。师甚为高兴，叫他大声说）

生：宽让！

师：掌声送给他！（生鼓掌）这是宽让！（板书：宽让）一起读——

生：宽让。

师：这就是宽让！同学们，如果说忍让很难，那么宽让就更难，难上加难。宽让，需要高尚的道德。没有高尚道德的人很难做到这一点。所以我们说林冲是真男子，真英雄，真好汉。尽管洪教头盛气凌人，目空一切，尽管洪教头把他骂得狗血喷头、照死里打，林冲还是手下留情，放他一马。这就是林冲。为什么人们如此推崇林冲，为什么“让”是一种高尚的道德？读了《论语》中的一段话你们就知道了。（大屏幕出示）子禽问于子贡曰：“夫子至于是邦也，必闻其政，求之与？抑与之与？”子贡曰：“夫子温、良、恭、俭、让以得之。”——《论语》

师：孔子有五大美德——温、良、恭、俭、让，他温和、善良、做事认真、生活俭朴、襟怀宽广。温、良、恭、俭、让也是中华民族的传统美德。一个“让”字在林冲的身上体现得非常充分。这才是林冲高于他人之处。

【教学艺术评析】

在一番启发和等待之后，终于有学生说出了“宽让”这个词，于老师高兴的同时并没有就此结束对林冲的评价，而是继续推进，深入剖析人物的精神内涵。首先，他抛出观点——“宽让，需要高尚的道德”；紧接着，提出设问——“为什么人们如此推崇林冲，为什么‘让’是一种高尚的道德？”；然后，以《论语》中孔夫子的温、良、恭、俭、让来论证“让”是中华民族的传统美德；最后总结出“让”是林冲高于他人之处。通过引经据典的剖析论证，学生不仅了解了“让”德的本源，更深刻地认识到林冲“让”德的过人之处。

---

① 于永正．于永正课堂教学实录Ⅰ（阅读教学卷）[M]．北京：教育科学出版社，2014.

（2）溯文本主旨之源。

【典型案例】

特级教师窦桂梅人教版五年级上册《珍珠鸟》教学片段[①]

师：然而，你们创造的关于信赖的美好境界毕竟是写在纸上的。现实的这个世界里是不存在的。作为当代著名作家的冯骥才，难道他就想象不出这么美妙的创造？难道他就不知道要放飞鸟儿的理儿？

（学生沉默了一会儿，开始议论）

生：嗯，应该知道。如果放飞它们，它们就真的会拥有安全？自由？平等？也许冯骥才想过这个问题。

师：所以，还是要感谢作者给予我们的更深的思考：假使你是冯骥才，你放不放？假使你是珍珠鸟的父母，冯骥才如果打开鸟笼，你们走不走？选择一个角色谈一谈。

（学生充分讨论）

生1：如果我是冯骥才，我不放它们，因为即使放了它们，也会有别人去抓它们，它们需要的不仅仅是作家的尊重，更需要的是整个人类的尊重，就像人尊重自己的生命一样。可惜，总有一些人贪婪，伤害它们，那么还不如就让它们生活在笼子里呢。

生2：假如我是冯骥才，我一定放，真正还它们自由。假如我是珍珠鸟，我一定要走，回到自己原来的家。

师：你相信它们会回到原来的地方吗？你相信所有的人吗？

生1：的确人类应该给它们幸福快乐，毕竟它们长着翅膀，而不是活在笼子里面。可是，已经习惯了在笼子里的它们，即使放飞，也不一定能飞走多远。你想，在我们这个城市里，都是楼房，哪有它们生活的地方，说不定它们就会死在寻家的路上。（学生显出难过的神色）

生2：假如我是珍珠鸟，我可不飞出去，你想啊，作者对我们这么好，外面生活也不安全，还不如在这里过一辈子呢。

师：那你宁可失去蓝天，丢掉你飞翔的翅膀？

生1：所以，假如我是珍珠鸟，一定要飞出去，哪怕自由飞上一会儿，也有了鸟性的释放，哪怕是死也值得！（掌声）

生2：如果我们飞走了，是自由了，可是面临的危险太多，不是又要它承受不自由吗？要自由，代价也是无价的。晚了，一切都晚了，要是回到从前，人没有这么多，没有这么坏，也许就好了。

生3：我觉得这是个两难的道德问题。你说放吧，的确这珍珠鸟已经失去了生存的本能，也许不如在这里生活得好，而且你的确不能保证别人不会伤害它们；不放吧，就觉得不道德，因为我们人类和鸟类的生命应该是平等的，生命不能排序，我们不能让它们满足人类的欲望……

① 陈金铭．跟着名师教语文：人教版教材名师公开课实录（五年级上册）[M]．武汉：湖北教育出版社，2012.

（掌声）

师：人放还是不放？鸟走还是不走？这的确是个两难问题。这让我们想到许许多多复杂的，也可以说是哲学问题：人与人的信赖究竟达到了美好的境界了吗？人与自然的信赖呢？人与动物的信赖呢？怎样赢得信赖？怎样创造信赖的美好境界？我们人类不是地球的唯一，该怎样和其他生命彼此信赖，互相尊重，共同分享和经营这个世界？明白这个问题的沉重与迫切，引发同学们更多的思考，也许才是我们走出教室后的真正收获。

【教学艺术评析】

在这一教学片段中，窦老师采用的就是论证式教学，她先抛出论题“人放还是不放？鸟走还是不走？”让学生各抒己见。在阐明观点时，学生或以事例论证或从反面论证，论证得相当充分。当大家发现这是两难问题时，窦老师引出了一系列哲学问题促使学生进一步追溯“信赖”的本质，思考“信赖”的方式。促思的过程也是论证的过程，窦老师的追问并非要得到一个正确的答案，而是为了让学生在论证中“明白这一问题的沉重与迫切”，这就是教学的艺术。

2. 在论证中固本强基

论证，不仅仅是为了得出一个结果，而是在反复论证中帮助学生巩固所学的知识或方法，养成良好的学习习惯。因此，论证的过程就是固本强基的过程。

（1）巩固学习的策略。

【典型案例】

特级教师于永正苏教版五年级下册《我和祖父的园子》教学片段[①]

师：这叫聪明！小朋友们要学会说话，一定要根据对方的提问来回答，要想说好话，必须多读书，练自己的胆量，尽量克服自己的语病。不过这位同学说得有一点不对。谁听出来了？

（一生说：“谷穗”不是植物，是“谷子”的一部分。师给予肯定）

师：下面请大家再次默读全文，刚才是用眼睛看的，这次用心去看，透过这些事物你又看到了什么？文字的背后究竟想告诉我们什么？如果你用心读到了，就用笔写下来，可以是一个词，也可以是一句话。但是我告诉你们，绝不是一个词能概括得了的，作者要告诉我们的东西很多。（生默读后交流）

生：祖父很勤劳。

师：把“勤劳”写在黑板上。（生板书）

生：祖父很疼爱文中的“我”。

师：把“疼爱”写上。（生板书）

① 于永正．于永正课堂教学实录Ⅰ（阅读教学卷）［M］．北京：教育科学出版社，2014.

生：祖父非常有耐心。

师：还有比耐心更确切的词吗？

生：祖父很亲切。

师：还有比亲切更准确的词吗？

生：我觉得祖父很宽容。

师：你能读出“宽容”二字，很了不起！请把“宽容”写上（生板书）还看到了作者的什么吗？

（生依次汇报，板书出“自由”“天真”“生机勃勃”“慈祥”“无拘无束”“调皮”“有趣”“自由自在”）

师：大家看黑板，同学们在课文中看到作者很天真，很调皮，很自由自在，无拘无束，祖父很慈祥、很宽容、很疼爱她，看到了园子里生机勃勃，这正是作者要告诉我们的。这些，书上没有直接写出来，完全是我们用心思考得来的，这是最重要的阅读，不但要看到字面的东西，还要思考字面背后的意思，因此要用两只眼睛看书，一只眼睛看到纸面上的文字，另一只眼睛看到文字的背后意思。

【教学艺术评析】

于老师先神秘地告知学生“作者要告诉我们的东西很多”。当学生以独特丰富的阅读体验读出“作者要告诉我们的”时，于老师才顺势点明“这是最重要的阅读，不但要看到字面的东西，还要思考字面背后的意思”，从而论证“两只眼睛看书”这一读书方法的重要性。在教师巧妙的引导论证过程中，学生不知不觉地巩固了阅读的策略，提升了阅读的能力，怎能不令人称赞呢？

（2）增强思辨的意识。

【典型案例】

特级教师戈向红《牛津小学英语》（译林版）4A Unit 6?《Whose gloves?》第一课时教学片段[①]）

在学完 sweater，jacket，socks，shoes 后，教师在 sweater，jacket 前板书 a，并提问。

师：We can say a sweater，a jacket. Can we say a socks，a shoes?

（学生既想肯定，又觉得有些不妥，因为袜子、鞋子是两只成对的，而毛衣、夹克衫等是以单件形式出现的，在这样的疑惑中，会有敏感的学生小声表示反对）

生 1：No.

师：What should we say?

生 2：a pair of... .

---

① 戈向红．在情景中巧妙运用课堂指令语［J］．中小学外语教学（小学版），2011（11）．

（教师在这个时候亮出 a pair of，再拿出一条特别长的牛仔裤）

生 3：a pair of jeans.

（教师把牛仔裤图片贴在 Mike 头像下）

师：Look at his jeans.

生 4：It's too long.

师：Can we say：It's...?

（教师引导学生比较夹克衫和牛仔裤前面量词的不同，给学生一定思考时间，引导学生得出结论）

生 5：No. This time we cannot use "it's", we should say：They're too long.

【教学艺术评析】

正如我们所知，在真实的交际中，人们提问时主要有以下几种目的：未掌握信息而希望获得信息；寻求帮助、建议等；质疑或询问；检测被询问人的知识。那么，课堂上教师向学生提问时也有真实的交际目的，而本课的提问目的在于让学生在新旧知识的比对中产生疑惑，从而激起他们对所学知识的探究欲望，从而使学生更好地投入到课堂教学中去。在刚才的案例中，教师"掀"起了两次矛盾并且带领学生一起来解决矛盾，第一次是量词的使用，学生习惯了用"a"来修饰名词，而本课出现的却是成双的衣物如手套、牛仔裤等，能不能用"a"呢？第二次是名词和代词的匹配使用，在描述成双的衣物是需要用 they're，而不是 it's，这也是需要学生动一动脑子的。这一次次的提问使学生变得敏学而专注，教师通过设计巧妙的语言，帮助学生达成理解并找到解答，让学生的思维得到实践的锤炼。

3. 在论证中张本继末

所谓"张本继末"就是把事情的始末说清楚。在论证中张本继末，就是通过论证将知识的运用过程、规律的推理过程等从头到尾、细致入微地演示讲解清楚，以帮助学生透彻地理解、准确地运用。

（1）知识为本，运用为末。

【典型案例】

特级教师于永正人教版六年级上册《月光曲》教学片段[①]

师：屋子里真的披上了银纱吗？

生：不是，这是比喻，把月光变成银纱。

师：这是由月光引起的联想。写实实在在的事物再加上适当的联想，文章的内容会更充实，

① 于永正．于永正课堂教学实录 I（阅读教学卷）[M]．北京：教育科学出版社，2014.

更深刻，更感动人。(板书：联想)联想部分一般都是用“他想”“好像”“仿佛”一类的词引出来，这是个很重要的标志，当然也有没有的。请读读第9节，看看哪些地方写的是实实在在的事物，哪些句子是联想。

(生默读第9节，边读边画。然后指明读画出的联想部分句子)

师：找得很对。同学们，慢慢升起的月亮，月光下波涛起伏的大海，大海波涛发出的阵阵涛声，这些联想是由什么引起的？

生：是由贝多芬弹的《月光曲》引起的。

师：对。如果去掉了这些联想的句子，只要实实在在的事物，那，这段文字就失去了99%的美。不信请看(出示小黑板)：

皮鞋匠静静地听着。他看看妹妹，月光正照在她那恬静的脸上，照着她那睁得大大的眼睛。

师：大家读了觉得怎么样？还美吗？

生：不美了。

师：通过对比，我们进一步明白了，写文章的时候能把自己看到的、听到的写得很具体，又能恰当地加上自己的联想，文章的内容就会更充实，表达的感情就会更深刻。我们读文章的时候，分辨哪些是实实在在的事物，哪些是由实实在在的事物引起的联想，可以帮助我们搞清文章的内容，了解作者要表达的思想感情。我这里有一篇短文，现在发给你们，请认真阅读，画出联想的句子，再想一想，如果去掉了这些句子会怎么样？加上去有什么好处？(发印好的短文)

(生认真阅读全文，画联想的句子)

师：谁能把画下来的联想的句子读一下？

(生读，互相补充，略)

师：如果去掉了这些联想的句子，怎么样？

生：如果去掉了“就像醉汉的脸”“走起路来像个威武的将军”这些联想的句子，公鸡给人的印象就不深了。

生：如果去掉了“唱起《早起歌》”和“想起二年级学过的《美丽的公鸡》”这些话，公鸡也就不会那么可爱了。

师：体会得非常好！阅读的时候，分辨出事物和联想，对文章的理解就更深刻了。同学们，我这里还有一篇短文，写得不错，我想如果能适当加点联想，文章就会更美。请你们看看，能不能加以补充。

【教学艺术评析】

知识只有在反复运用后才会转化为能力，于老师深谙此理。为了论证“适当加点联想，文章就会更美”，他先引导学生认识比喻联想的好处，然后设计层层递进的言语实践，让学生在画一画、找一找、去一去、比一比、加一加的过程中掌握运用联想的方法。这样的论证因为有了实践的检验而更具可信度、更具操作性。

(2)已知为本,未知为末。

【典型案例】

特级教师贲友林苏教版四年级下册《商不变的规律》教学片段①

生1:我还可以解释张××同学这个算式为什么这样子。(边板书边讲解)我们都知道,如果 a 乘 b 等于 c,那么 c 除以 b 等于 a。我们上次学过,如果一个因数不变,另一个因数乘几,积就乘几。我们反过来的话,就是除数和被除数乘相同的数,商不变。完成板书:

$$a \times b = c$$
$$c \div b = a$$

(生1正要再讲解时,有学生表示"听懂了"。教师邀请生2到前面给全班解释)

生2:(边在生1的式子中板演边讲解)这里 b 乘 x,那么 c 也乘 x。换到除法里,b 在这儿,乘 x,c 在这儿,也乘 x。所以就是 c 乘 x 的积,除以 b 乘 x 的积,等于 a 了。完成板书:

$$a \times b \times x = c \times x$$
$$(c \times x) \div (b \times x) = a$$

生3:我还想帮曹××(生2)进一步解释。(边板书边讲解)我们都知道,被除数 = 除数 × 商。b 是除数,c 是被除数。被除数 c 乘 x,那么 b 或者 a 也要乘 x,这里 a 是商,所以 a 不能变,所以必须 b 乘 x。所以,如果乘数乘几,被除数也要乘几。完成板书:

$$c \times x = b \times x \times a$$

师:我这会儿听明白了,刚才三位同学其实是借助了我们学过的知识。什么知识呢?

生:积的变化规律。

师:对。用积的变化规律来解释什么呢?

生:商不变的规律。

师:这回答的是"为什么"的问题。(指着生1、生2的板书)在乘法里,一个因数——不变,另一个因数——乘几,积——也乘几。(指着"c")积,相当于除法中的——被除数,(指着"b")这个因数相当于除法中的——除数,(指着"a")这个因数相当于除法中的——商。我们发现,这个想法怎么样?(全班掌声)我觉得严××(生1)的想法,高明在借助我们已经学过的积的变化规律来解释今天我们要探讨的商不变的规律。

---

① 贲友林主编.现场与背后[M].南京:江苏教育出版社,2014.

【教学艺术评析】

贲老师的课堂是“学的课堂”，学生熟练地板演讲解，凭借已知论证出新知，一个学生解释不清楚，另一个学生接着讲，直到多数同学理解为止。在学生演算推理的基础上，贲教师再进行归纳总结，得出“借助我们已经学过的积的变化规律来解释今天我们要探讨的商不变的规律”这一结论。这种由已知论证未知的思维方式，帮助学生弄清了运算规律的来龙去脉，为他们的准确运用打下了扎实的基础。

【拓展延伸】

论证性语言

论证性语言是指教师在教学中用事实或理论等论据证明论题或论点的真实性、正确性的语言。论证是由论题、论据通过论证方式组成的。其基本要求是语言富有逻辑性，论题明确，论据真实而充分，论证合乎推理规则。常用的关联词有“由于”“因为”“根据”“基于”及与之相对应的“所以”“因此”“可见”“总之”“综上所述”等。论证性语言有以下几种常见的具体表现方式。

一是引典论证。就是引用经典著作、权威性论述，或科学上的公理、定理，以及名言警句等来证明论点。如特级教师于永正在执教《林冲棒打洪教头》一课时就是引用《论语》中孔子所具备的五德来论证林冲的“让”是一种高尚的道德，是中华民族的传统美德。再如在指导学生读懂文字背后的含义时，许多老师会引用歌德的那句名言来论证读书的方法及好处。引经据典的优势是更具权威性和说服力。

二是因果论证。又称分析论证。就是通过分析问题、剖析事理，揭示论点和论据之间的因果关系，从而阐明论点的正确性。如特级教师贲友林在执教《商不变的规律》时，从已学乘法中积的变化规律入手，在逐步分析、厘清关系后得出除法中商不变的规律。这样的论证逻辑性强，能培养学生的理性思维。

三是反面论证。它是指不从正面寻找论据推出论题，而是寻找论据证明与原论题相矛盾的论题是假的，从而根据排中律间接地论证了原论题的真实性。如特级教师于永正执教《月光曲》一课时，让学生把画出来的联想部分去掉后读一读、比一比，就是运用了反面论证的方法让学生明白加上联想的妙处。

四是排他论证。它不直接证明原论题是真的，而是先列出与原论题并列的一切可能命题，然后用论据逐个否定其他的可能命题，剩下的原论题就是唯一成立的。

五是事例论证。就是以事实作为论据，举例证明论点，它是运用归纳推理的形式来进行论证的。如特级教师薛法根在《埃及的金字塔》一课的教学尾声部分，以事实为依据，举例证明课文也有瑕疵，读书应“不唯书，不唯上，不唯师”，说服力强，让学生乐于接受。

六是类比论证。它是把两种属性极相接近的事物进行比较，由于其中一事物明显地具有某种属性，于是就以此为论据，证明另一极相接近的事物也具有同一属性。

七是比喻论证。就是通过打比方，用具体事实来证明抽象道理，其特点是使论证通俗生动，易于学生理解和接受。

八是归谬论证。就是假定对方的观点正确，然后用它做前提，推导出一个极为荒谬的结论，从而证明对方观点不能成立。

四、抒情性语言——让课堂情意绵绵

俗语说："感人心者莫先乎情。"情感的显著特点是感染性。课堂教学的情感启动首先是教师要有饱满的情绪，教师讲课时精力充沛，情绪激昂，学生就会受到熏染，产生愉悦激奋的情绪，思维积极，乐于投入到教学活动中去，教学就会出现和谐共振的增力效应。在教学语言风格上，抒情性特别明显的特级教师代表当推王崧舟老师和窦桂梅老师。让我们从他们的课中去领略一番抒情课堂的魅力。

【典型案例】

特级教师王崧舟《长相思》教学片段①

师：同学们，在王安石的眼中啊，乡愁是那一片吹绿了家乡的徐徐春风。而到了张继的笔下，乡愁又成了那一封写了又拆，拆了又写的家书。那么在纳兰性德的眼中，乡愁又是什么呢？请大家打开课本，自由朗读《长相思》这首词。开始。

【教学艺术评析】

王崧舟老师善于精心设置课堂的诗化语言，借助铿锵激越的声调，形成感情节奏的热浪，震撼着学生的心扉。在《长相思》一课的导入中，王老师巧妙地以王安石和张继作为引子，提出本课学习的问题，让学生带着问题阅读。由于强化了语言的抒情性，增加了语言对学生的感染力，为整堂课的教学铺垫了浓郁的情感基调。王崧舟老师课堂的诗意语言，具有书面化、典雅性的特点，适合独白和抒情。

【典型案例】

特级教师窦桂梅《王二小》教学片段

师：王二小被敌人就这样杀死了，鲜血染红了这块大石头，染红了周围的草地，也染红了蓝蓝的天空，秋风为他哭泣，小鸟为他哀鸣，可我们的王二小却躺在冰冷的石头上含着微笑死去了。当八路军叔叔轻轻地把他抱起来，呼唤他的名字的时候，我们的王二小再也不能睁开眼睛看一看生他、养他的爸爸、妈妈和他热爱着的乡亲们了！还记得我们在音乐课上学过的那首歌吗？就让我们带着对王二小无限怀念和无比崇敬的心情来唱一唱。（放录音）

（学生边唱边流泪，此时学生已深深进入情境之中）

① 许源．诗意的课堂　从容的境界：评王崧舟《长相思》一课的教学［J］．新语文学习（小学教师），2007（4）．

师：同学们的心情非常沉痛，王二小的英雄事迹永远留在人们心中，像王二小这样的英雄事迹还有许多许多，你们还知道哪些事迹？

【教学艺术评析】

教育教学工作既是传知、解惑的过程，但同时又是一个开掘人的精神的生命历程。因此，重视学生的心理感受，调动学生的情绪力量，培养学生的情感，无疑是课堂教学担负的一项重要任务。窦老师在《王二小》的教学中，将植根于教材和生活中的“情”，以教者声情并茂的抒情性语言加以渲染，激起学生的情感体验，在课堂中形成一个广阔的心理场，使教学成为儿童主观所需，成为儿童情感所驱使的主动发展过程。我们看到，课堂上教者泪花盈盈，学生泣不成声，听课的老师们也为之动容，彼此的心产生强烈的共鸣，与作者的情达成“共振”。不难想象，从此，王二小的形象将深深地印在学生的心中。

苏霍姆林斯基说，学校里的学习不是毫无热情地把知识从一个头脑装进另一个头脑里，而是师生之间每时每刻都在进行心灵的接触。在课堂教学的各环节中，只有强化语言的抒情性，才能增加学生对语言的感受力。但需要说明的是，抒情性语言既有赖于教师的个人气质和风格，同时也必须与成熟的现代理性精神、智性思想火花巧妙、自然地融合，方可取得良好的效果；也只有通过这样高质量的融合，才能体现出教师情感的深度与力度。否则，无论教师口语表达如何激动昂扬也是枉然。换言之，对于任何表面的、浅薄的情感煽动，学生并不轻易“买账”。

【拓展延伸】

如何提升教学语言的抒情性？①

富有诗情的语言，“没有蜜甜，但能粘住学生”。抒情性强的语言犹如春风雨露，在潜移默化之中浸染陶冶学生的心灵，满足学生身心发育时期对美好事物的向往和追求。抒情性的教学语言是有韵味、有光亮、有色彩的生动的语言，是学生特别喜欢的语言。培养和提高学生的想象能力、审美情趣和道德情操是语文教学的一个重要任务，抒情性的教学语言是完成这一任务的重要的语文手段。

1. 善用经典，情动辞发

语文课程标准明确指出：“要认识中华文化的丰厚博大，吸收民族文化智慧”；“提高文化品位和审美情趣”。学习文学经典，对学生大有益处：可以以美的形式陶冶情操，启迪智慧，塑造人格，增强文学素养和对祖国文化的热爱。而教师对经典的信手拈来，既能表现出教师的文学素养，又能很好地提升教学语言的抒情性和感染力！

特级教师王崧舟在教学《长相思》时，引导学生思考：“作者的‘身’在哪？‘心’又在何

① 肖春林．用诗意引领对话［J］．教育，2015（8）．

方？”巧妙引用了多组经典诗歌，富有底蕴的抒情性语言深化了学生的感悟。

2. 善用修辞，情见乎词

教师的抒情性语言要提升感染力，必须运用一定的修辞方法。例如，对偶的修辞方式，借助整齐对称的方式，协调匀称的音节，把意义相似、相对或相连的两部分对照突出，让它们互相补充，互相映衬，可以让抒情感情鲜明，令人印象深刻。使用排比，可以把几个密切关联的意思一口气说出来，使语势贯通，直泻而下，感情充沛，给人以气势磅礴之感。用排比来抒情，可以将情感抒发得透彻，使人折服；用排比来抒情，可以将感情抒发得淋漓尽致，激发共鸣。

如特级教师窦桂梅在教学《游园不值》时，概括园中描写的景物时用了一段抒情色彩极浓、修辞极佳的话：

“亲爱的同学们，原来当我们用我们的慧眼去发现的时候，我们突然感觉，这些自然的小生物啊，这苍苔，将我们的眼睛染绿；这红杏，将我们的心田滋润；这柴扉，让我们去感受那自然的回归。如果说，苍苔的绿将生命唤醒，那红杏的红啊，将春天的生命照亮。”

窦老师先利用排比句分别描绘了苍苔、红杏、柴扉给我们带来的不同感受，犹如一幅色彩鲜明的风景画使人神往。然后用对偶，展现了苍苔和红杏与春天的不同关系。斐然的修辞增强了抒情的感染力。

3. 深入解读，入理切情

没有内涵的激情是空洞的。罗丹说：“艺术就是感情。”教师的课堂语言要能感染学生，打动学生，必须建立在深入、独特的解读的基础之上。唯有此，短小的文章才能变得意蕴深厚，给人启迪，平淡的文章才能变得情感跌宕，引人入胜。

特级教师王崧舟在教学《望月》时，通过自己深入解读教材和文本，和学生读出了“望月”中的“江中月”“诗中月”“心中月”，再以排比式的诗意语言引导，让学生进行多元解读，效果令人称绝。

著名的教育学家苏霍姆林斯基在《给教师的建议》中说：“我一千次地相信，没有一条富有诗意感情和美的清泉，就不可能有学生的全面的智力发展。”因此，教师们不妨多多锤炼自己的抒情性语言，让课堂变得充满情感吧！

五、幽默性语言——让课堂欢声笑语

每每研读薛法根老师的课例，我们都会情不自禁地笑出声。课堂上，他智慧的幽默，不仅让人忍俊不禁，更让人的心灵绽放出花朵……在他的课堂，每一位学生都能感到生命的润泽，学习的快乐。你听，薛老师课堂上的那些笑声——

1. 幽默中含善意

（1）幽默，让“批评”也“温柔”。

【典型案例】

特级教师薛法根苏教版三年级上册《卧薪尝胆》教学片段

师：（板书：会稽）这个词谁会念？

生：会（huì）稽。

师：有不读会（huì）稽的吗？

生：我觉得也是会（huì）稽。

师：你们查过字典吗？查过了也念会（huì）吗？那我的字典可能和你们的不一样。这个字念会（kuài）（带学生读两遍）这是个地名，谁知道会稽在哪里？

【教学艺术评析】

明明是学生没有查字典弄错了读音，薛老师却说："我的字典可能和你们的不一样。"这样"温柔"的"批评"发挥的效用比教师动辄发怒要好得多。当学生再遇上没有把握的字词，回忆起薛老师的"会稽"教学时，还敢不请教"字典先生"吗？

（2）幽默，让"尊重"存心头。

【典型案例】

特级教师薛法根苏教版三年级上册《第八次》教学片段

（师要求学生替布鲁斯王子写一份简短有力的动员书）

师：谁愿意来发布自己的动员书？注意，其他同学认真听，假如你就是苏格兰的人民，你听了这位王子的动员，会愿意参加抵抗吗？如果愿意，在他读完之后，举手欢呼。不愿意参加就——

生：吹口哨、喝倒彩。（众笑）

师：默默不语就行了，给人家王子留点面子。（众笑）

【教学艺术评析】

薛老师一句"给人家王子留点面子"，让学生懂得了什么叫"尊重"，即使别人发言不够精彩，也应以宽容的心来接纳，甚至想办法帮助别人"精彩"起来。懂得尊重他人，也一定会受到尊重。

（3）幽默，让"信心"心中留。

【典型案例】

特级教师薛法根苏教版三年级上册《哪吒闹海》教学片段

（生读第一段）

师：读得真流利！你还能读得更好些。这段话当中有些词语很重要，要读重音。是哪些词语呢？——称霸一方、兴风作浪、治一治。

（生再读，重音突出了）

师：嗯，有轻有重，就有起伏，就好听了。这就是进步！这一段讲东海龙王父子怎样呢？

生：（齐读）称霸一方、兴风作浪。

生：治一治。

师：是他要治一治你呢，还是你要治一治他？

生：治一治他！

师：哎，这就对了！你还知道什么？

（生茫然）

师：啊，不知道了。龙王称霸一方，你被吓坏了是不是？

（众笑）

【教学艺术评析】

当学生回答不上来时，薛老师顺水推舟——龙王称霸一方，你被吓坏了是不是？将“错”算在龙王身上，让人捧腹。但是这样的幽默，保护了学习暂有困难的学生那脆弱、敏感的心。试想，如果薛老师和其他同学一起笑话他或怒目斥之，这个学生，以后还会高高举起小手吗？

2. 幽默中见智慧

（1）幽默，让导课如磁石。

【典型案例】

特级教师薛法根苏教版三年级上册《小露珠》教学片段

师：谁见过小露珠？

生：我见过。我在路边的草丛中看到过，露珠只有在早晨的时候才可以看到。

师：所以看露珠要早起，睡懒觉的孩子是看不到的。

生：老师，我爷爷说在农村的田野里，晚上的时候也会有露珠。

师：你真会学习！的确，有时候在夜晚的田野里也会出现露珠。

生：睡懒觉的孩子也可以看到露珠了。（众大笑）

生：我在爷爷家的阳台上看到过。那些花朵上有一颗一颗小小的露珠。阳光一照，亮亮的，还有颜色呢！

师：真可爱！

生：我在荷花塘里看到的。荷叶上有一颗颗水珠，很大很漂亮。

师：你是什么时候看到的？

生：下雨过后。

生：那是水珠，不是露珠。

师：露珠也是水珠，不过是在特定条件下形成的水珠。雨水不叫露珠，但依然像露珠一样美丽，特别是荷叶上的水珠。

生：从冰箱里拿出来的东西上也会出现小水珠，那叫不叫小露珠呀？

师：那是人造露珠！因为原理是一样的。

生：那睡懒觉的孩子不就可以自己制造露珠看了吗？

师：看来，小小的露珠有这么多的学问。我们今天就来学习《小露珠》。

【教学艺术评析】

薛老师关注学生已有的知识经验，联系他们的经验世界，开课时和学生聊“小露珠”，聊得十分有趣味。他把自己当成一个孩子，与学生们敞开心扉对话，在这样轻松的“对话场”里，学生无拘无束，思维活跃，敢想，敢问，妙语连珠。薛老师的幽默，唤醒了学生的幽默；薛老师的智慧唤醒了学生的智慧：“睡懒觉的孩子也可以看到露珠了。”“睡懒觉的孩子不就可以自己制造露珠看了吗？”

教师在课堂上，以真诚倾听为“根”，以幽默为“露”，学生的思维之“芽”，才会不断地萌发，学生的语言之“苗”才会抽出新鲜、明亮的“叶子”。

（2）幽默，让纠错无痕。

【典型案例】

特级教师王琴《从一滴水说起》教学片段①

师：生活中，我们什么时候要用到水？

生：早上起来刷牙洗脸。

生：妈妈中午洗菜烧饭。

生：上完厕所冲马桶。

师：是的，马桶可不能干洗。（众生大笑）

师：同学们，你们在生活中曾经有过浪费水的行为吗？

生：有，我以前洗澡的时候，都是先打开水龙头把冷水白白地放掉，等到热水出来了才开始冲洗身体。

师：你这样洗澡有多久了？

生：好多年了。

师：怪不得我家经常停水（众生善意地笑），知道以后该怎么做了吗？

生（不好意思地笑）：知道，以后会将冷水放进盆子里，用来冲马桶，不再白白地浪费掉。

---

① 王琴．细雨湿衣看不见　闲花落地细无声：用语言营造品德课堂的情感磁场［J］．小学德育，2010（19）．

【教学艺术评析】

在生活中，幽默的人往往最受欢迎，他们所到之处定是欢声笑语、轻松愉快。课堂亦如生活。课堂上，老师时不时地幽上一默，诙谐一番，往往可以起到“画龙点睛”的作用，沉寂的课堂也会因此而焕发生机。细细地品味一下上述教学片段，我们就会发现王老师正是以她幽默风趣的语言来引领学生学习和成长的。老师没有直接干巴巴地批评学生的浪费行为，而是幽默地开了一个玩笑，以自身来说事。学生听后，都善意地笑了，而该生也在轻松愉悦的氛围中不好意思地笑了，明白了节水的重要性及今后该如何节水，这样的课堂上，学生怎能不兴致饱满、情趣高昂？这样的课堂教学质量又怎能不高？

幽默大师查理·卓别林说过，幽默是智慧的最高体现，具有幽默感的人最富有个人魅力，它不仅能让我们与别人愉快相处，更重要的是能让我们拥有一个快乐的人生。教学是一段诗意的旅程。如果我们在教学中也能像王老师那样恰当、得体地运用幽默，那么，我们的课堂该多么有吸引力，师生共同走过的“旅程”该多么幸福难忘。

【拓展延伸】

教学幽默艺术

教学幽默不仅能活跃课堂气氛、和谐师生关系、激发学生求知欲，还具有开启学生心智、优化学生个性等艺术功能。什么是教学幽默艺术呢？李如密教授认为它是一种“将幽默运用于教学并以其独特的艺术魅力在学生会心的微笑中提高教学艺术效果和水平的活动”。教学幽默艺术的特点是既要有幽默的一般特点——机智性和娱乐性，又要有其特殊规定性——在教学中的教育性。可以说它是形神兼备的——其“形”是幽默，而“神”则是教育；也是寓庄于谐的——其外部表现是“谐”，给人以娱乐感受，而里面的内核是“庄”，给人以教育收益。

教学幽默艺术以其较高的审美情趣和显著的教学实效，赢得了越来越多的关注。特级教师薛法根一句幽默的话语“给人家王子留点面子”，让学生懂得了什么叫“尊重”。“没听出来是正常的，听出来的是超常的！”这样幽默的话语，既让读错音的学生不显尴尬，保持良好的心态继续听课，又无声地教育了其他无礼的学生。海因兹·雷曼麦指出：“用幽默的方式说出严肃的真理，比直截了当地提出更能为人接受。”J. 道格拉斯·吉布比较了幽默和不幽默的授课，研究显示幽默的授课显然使学生记得更牢靠。那么幽默艺术的类型有哪些呢？一般说来，有以下四类。

其一，语言幽默。培根说：“善言者必善幽默。”可见幽默在很大程度上是一种语言风格。教学语言幽默包括口头语言幽默和书面语言幽默两种。口头语言幽默指像薛法根老师那样的授课语言，特别是在导语、插语和结语中有意采用妙语警句、双关语、故错、飞白等手法来制造幽默，而收到愉悦谐趣的艺术效果。书面语言幽默，是指教师在板书或作业评语中运用幽默手段来“幽默之”，以达到教育学生的目的。

其二，体态幽默。即指教师在教学中利用幽默化的眼神、表情、体态手势等来引起学生的注意或沉思。如魏巍《我的老师》中，蔡老师用教鞭在孩子们头上晃了一下，但并没有打下去，孩子们笑了，这一场景魏巍多年后还铭刻在心，可见其感染力之大。

其三，辅助幽默。即指教学辅助手段中的幽默因素。如教具幽默即指辅助教师教学的直观教具如模型、标本、挂图、表格等“幽之默之”出一种视觉形态，而具有引人发笑的特点。再如，特级教师宋运来老师执教“童漫作文”教学时出示的一张张幽默搞笑的漫画，让学生不想言说都很难，达到了很好的教学效果。

其四，整体幽默。当幽默成为一个教师教学中经常出现的较稳定的手段，进而形成自己一贯的以幽默为基调的教学特点，即可称之为整体幽默教学风格。

六、评价性语言——让学生走向自信

“评价”作为教师在课堂教学中进行问答所表现的重要教学行为，对整节课起着至关重要的作用。评价不单单是一句“对”或者“错”，它不仅涉及教师教学设计中的提问，更要联系到学生的回答。它既需要对学生有激励作用，同时也要准确判定学生答案的正误，应该说，评价是一个复杂的教学行为。“教师充满魅力的课堂评价语言虽不是蜜，但可以粘住学生；虽不是磁，但可以吸引学生。”走进特级教师的课堂，他们的评价语言抑或是饱含激励、深情款款，抑或是妙趣横生、引领点拨。

1. 评价中饱含善意的激励

【典型案例】

特级教师华应龙《平行四边形的面积计算》教学片段

特级教师华应龙在上《平行四边形的面积计算》时，出示了一道习题让学生判断：两个图形的面积是否相等？大部分学生都做出了准确的回答，只有一位学生有异议，这位学生的解释是：两个图形其中一个像影子一样，所以它们的面积相等。其他的学生哄堂大笑，这位学生很是局促不安。华老师说：“老师很欣赏他的理由，因为人的影子就有与身高一样长的时候。”这位同学的脸上露出几分自豪。华老师停顿了一下接着说：“不过，大家想一想，人的影子是不是也可以比身高长或者短呢？”同学们点头。“既然这样，我们能不能根据其中一个图形像影子，就判断它们的面积相等呢？”刚才有异议的同学摇了摇头。“他想出了别人从没想到过的理由，这个想法对了一半。我们为有这样的同学而自豪！”教室里响起了掌声，提出异议的学生体面地坐了下去。

【教学艺术评析】

作为师生交流的有效评价，贯穿于课堂教学的始终，它使课堂教学更趋完整，华老师除了对学生的积极参与做出评价外，更重要的是保护了学生参与的积极性，及时肯定了孩子发言中的合理成分。这种评价起点低、目标小、反馈快，最容易拨动孩子的心弦。

"我们为有这样的同学而自豪"，这样的动情话语使学生们身心愉悦，形成了教师与学生的良性互动。

2. 评价中饱含褒扬的激情

【典型案例】

特级教师窦桂梅《晏子使楚》教学片段①

她使劲夸张地拍拍学生的肩："你怎么这么会读书呢？看你把晏子的心理活动都读出来了！"

她握学生的手："我非常想和你较量一下。"

她频频点头："可以。你们认为呢？真不错，特别是哪一句读得好？"

她有力地抚摸孩子："你看，你的朗读、你的认识让我们感受到这么多的快乐。"

【教学艺术评析】

教育家陶行知说过："教育是心心相印的活动，唯独从心里发出来的，才能打动心的深处。"窦桂梅老师课堂上富有激情的评价，就如一团烈火迅速燃起学生心中的那团火。当孩子们与文本对话时迸出了智慧的火花，她更是热情地给予了褒奖，用教师的激情点燃学生学习的热情。窦老师把激情灌注到整个课堂，也灌注到了每一句评价之中。

3. 评价中蕴藏否定的妙趣

【典型案例】

特级教师张齐华《轴对称图形》教学片段②

教师出示一组图形，让学生判断是否是轴对称图形。

师：在判断前，张老师提醒一下大家，不要过分地相信自己的眼睛。因为有些图形看起来像轴对称图形，但却不是，有些图形不像轴对称图形，但却确实是轴对称图形。

师：有没有办法呢？大家可以先猜猜，然后在口袋拿出这些图形折一折，验证一下。

学生自由猜，验证。但在汇报交流时，两个学生出现了截然不同的两种答案，引起了争论。

生 1：我认为平行四边形是轴对称图形。因为平行四边形分成两个部分，就可以完全重合了。

生 2：不是，因为平行四边形沿着对称轴不可能重合。

这时，张老师来到那个回答错误的学生身边，握着他的手说："我跟你握手不是我赞成你的说法，而是感谢你为课堂创造出了两种不同的声音。想想，要是我们的课堂只有一种声音，那

---

① 窦桂梅，陈世荣．天机云锦妙剪裁——窦桂梅《晏子使楚》教学实录与赏析［J］．教育科学论坛，2016（1）．
② 陈赛．开放课堂，让学生享受数学：张齐华老师《轴对称图形》教学片段赏析［J］．青年教师，2005（5）．

该多单调啊！”

在学生再次进行操作验证后，那个答错的学生改变了自己的看法，知道了平行四边形不是轴对称图形。

这时，张老师对他说：“你经过动手操作，动脑思考，转变了自己的观点，也站到了真理这一边，欢迎你！”

课堂讨论继续进行，当全班学生一致认为正五边形只有五条对称轴，张老师说：“老师真佩服你们，尽管老师喜欢课堂上有许多不同的声音，但是当应该只有一种声音的时候，你们坚持了自己的意见。”

【教学艺术评析】

学习是学生不断尝试错误的过程。因此在对学生进行鼓励与赞美的同时也需要善意的批评。面对心灵极易受到伤害的稚嫩的小学生，进行否定评价时，要善于运用自己巧妙的语言来纠正学生的错误，鼓励学生的回答，注意情绪导向有效地保护学生的积极性和自信心。学生课堂回答错误，张老师没有直接指出，而是走过去跟他握手并称赞他。张老师的评价既暗示学生答错了，又从积极的角度对其进行激励，使学生感到答错了也没关系，从而增强了心理安全感。当这个学生经过动手动脑纠正错误时，张老师对其进行了表扬鼓励。而当全班学生“一致认为正五边形只有五条对称轴”时，张老师赞赏并佩服学生没有迎合老师喜欢“不同声音”的心理，敢于坚持自己正确的意见，使学生在潜移默化中受到了求真、求实的学习态度的教育。的确，课堂中总是会有孩子发出第二种“声音”。教师如能巧妙应对评价，则能有效激发学生参与思考的积极性，把这些与众不同的声音变为即时有效的生成资源，让这些“弦外之音”在课堂中奏出动人的乐曲。

4. 评价中蕴藏方法的点拨

【典型案例】

特级教师孙建锋《最大的麦穗》教学片段①

师：苏格拉底看到弟子们两手空空，一无所获地走到麦地的尽头，他是怎样开导弟子的呢？请朗读课文的第六小节。

师：看来你是严肃派的苏格拉底。（笑声）这一节谁再读一遍？

（一位女同学柔声细语地读起来）

师：你的朗读如春雨，润“心”细无声。看来，你是温柔派的苏格拉底。（同学们一听爽朗地笑了）

师：课文还剩下最后一节，愿意朗读的同学请站起来！（同学们争先恐后地站起来。顿时，

① 陈道龙．基于文本，超越文本：孙建锋《最大的麦穗》教学片段赏析［J］．江西教育，2015（11）．

书声琅琅）

师：短短的十几分钟，你们把课文读得正确、流畅，有的同学还能读得声情并茂，真是好样的！接下去，如果你们能够潜心地默读课文，与苏格拉底“对话”，一定会有许多美丽的牧获！

【教学艺术评析】

语文学习离不开“听、说、读、写”，评价不是单一的对孩子的表达能力进行评价，更应关注学习方法等的指导。特级教师孙建锋在《最大的麦穗》这节课中，评价孩子的朗读独树一帜，“严肃派的苏格拉底”“温柔派的苏格拉底”这样的“高帽子”式评价，既给学生以特殊的表扬，肯定其模仿人物朗读的水准，又恰如其分地提醒学生要注意表情和语气，不要过于严肃和温柔。在评价语中蕴藏对朗读方法的指导，有利于保护学生的学习热情，师生交流也变得和谐、顺畅。

孙老师不仅将文化知识教给了学生，同时也将人生的知识传授给了他们，赞赏有个性的回答，让孩子自己思考，变“要我学”为“我要学”，课堂变得更加高效。

5. 评价中应有全面的引领

【典型案例】

特级教师于永正《梅兰芳学艺》教学片段[①]

著名特级教师于永正在杭州娃哈哈小学执教《梅兰芳学艺》一课，在学生按要求自由初读课文后，这样风趣地评价：“不愧是‘娃哈哈’！只读了两遍，课文的意思就基本上读懂了。刚才大家读书的时候，我发现有一位小朋友做了不少记号，这是个好习惯。可惜只发现了一个。也许大家光顾着了解课文的意思了，还没来得及做记号。下面，请小朋友再默读课文，把不懂的词语、句子画下来，在你喜欢的地方画上波浪线。会做记号，就是会思考。”

【教学艺术评析】

在这段评价里，于永正老师不但呵护所有孩子的学习兴趣，同时注重学习方法的引领，他表面上看只是在评价“一位小朋友”，实质上巧妙地“以点带面”，引领全班同学培养学生良好的读书动笔习惯。对学生的肯定评价应当能够兼顾全体，点面结合。

【拓展延伸】

评价性语言[②]

特级教师们的课堂评价语言值得好好玩味，细细揣摩。作为普通教师，如何能够进一步优化课堂的教学评价语言呢？“功夫在诗外”，还需要我们从以下几个方面着手。

---

① 余佳佳．课堂教学中评价语的有效性——由两位特级教师的课堂评价语言说起［J］．教育，2014（21）．
② 邵军．基于学生成长的语文课堂评价应注意的问题［J］．辽宁教育，2014（9）．

1. 熟稔教材教法，充分预设评价

钻研教材、吃透教材是保证课堂评价具有针对性和实效性的首要条件。每堂课前，教师都要钻研教材，精心设计教学，对教学过程中可能出现的情况做好预设。不仅要预估学生可能出现的知识理解误区，做出有指导性的评价预设，还应预估这种评价对学生产生的影响，顺接到整个教学过程中，实现教学目标的达成。正如重庆市特级教师翟玉成所言："教师在设计课时，哪一个地方用到评价、用到什么样的评价，都应当心中有数；甚至可以把你预先的评价语写下来，这样才能做到评价到位，激励有效。"对教材把握准确，并精心预设，课堂评价才会游刃有余，富有深度。

2. 用心观察倾听，精准评价时机

课堂评价相对于课堂提问来说，具有更大的不确定性与随机性。机智的课堂评价，不仅能调动学生的学习兴趣，而且能在瞬间产生神奇的教学效果。机智的课堂评价主要表现为教师能抓准三种时机：一是学生精彩作答时，此时具有激励功能的课堂评价能催人奋进，起到树立榜样和示范的作用；二是学生欲答而不能时，及时点拨的课堂评价能启发学生，使之豁然开朗；三是学生回答有误时，巧妙的课堂评价能指点迷津、明确方向。而能否及时抓住这三种时机，取决于教师在课堂上倾听与观察的水准。一个善于细致观察和用心倾听的教师能够因人而异，做出及时有效的评价，从而营造出热烈而又轻松和谐的学习氛围。

3. 参透评价内涵，多维达成目标

有效的课堂评价是落实课程目标的一个重要途径。要注重课堂评价的科学性和准确性，既要指出学生的不足，又应当点拨努力的方向：要注重课堂评价的指导性，用启发性的评价激发学生的思维；要注重发挥课堂评价的激励和导向作用，使学生得到情感的熏陶。在具体的教学过程中，要根据教学内容和教学对象的不同，灵活应变，有所侧重，不必强求面面俱到。

知识链接

教学语言艺术的作用

教学语言艺术是指教师创造性地运用语言进行教学的艺术实践活动。教学语言是教师最主要的教学手段，教学艺术水平制约着教学效果和效率，教学语言艺术影响到学生多方面能力的发展。教学语言艺术具有主导性、科学性、讲解性、教育性、启发性、灵活性、趣味性、时空性、口语化和个性化等特点。根据语言的功能性质的不同，可将教学语言分为系统讲授语言、个别辅导语言和组织协调语言等类型；根据教学语言的信息流向不同，可将教学语言分为单向传输语言、双向对话语言和多项交流语言等类型；根据教学语言的表达方式的不同，可将教学语言分为说明式语言、叙述式语言、描述式语言、论证式语言和抒情式语言等类型。教学语言的修养途径有三个：一是切实提高内部语言修养的质和量；二是在内部语言转化为外部语言的过程中锻炼教学语言表达能力；三是在教学语言艺术实践中不断提高教学语言艺术水平。

教学语言艺术在授课中的作用是独特的，不可替代的。它以美的声音吸引学生，以美的情感打动学生，以美的意境陶冶学生。一个优秀教师教学语言的艺术魅力对学生的感染是不可估量的。著名数学家陈景润的中学老师曾在一节数学课中这样来介绍“哥德巴赫猜想”：“自然科学中的皇后是数学，数学的皇冠是数论，而‘哥德巴赫猜想’则是皇冠上的明珠”。诗一般的语言描绘使学生一下子就了解了数学在自然科学的地位和“哥德巴赫猜想”的深奥，也打动了陈景润的心灵，激发他产生了浓厚的兴趣和强烈的知难而进的欲望，使他从此登上了摘取数学皇冠上明珠的漫漫征程。可见，无论数学手段如何变革，教学形式如何多样，但始终无法替代教学语言艺术在教学活动中的作用和效果。

一、有利于提高教学质量和教学效果

教师的教学语言艺术水平综合地反映着教师的全部教学素养，它对教师的教学质量和教学效果有决定性的意义。教学语言艺术的内在逻辑性，可使所表达的内容系统、条理，增强语言的说服力和论证性。教师教学语言逻辑混乱，只能使教学陷入困境。我国著名美学家朱光潜曾说：“话说得好就会如实地达意，使听者感到舒适，发生美感，这样的说话，就成了艺术。”

教师教学语言的动听程度，决定了教师语言感染力的大小和学生的语言接受程度。准确、鲜明、生动、富有吸引力、感染力、号召力的极具艺术魅力的教学语言是激发学生兴趣、调动学生积极性的重要一环，从而直接影响教学质量的好坏。可以说，没有语言艺术的教学是枯燥的教学，是失败的教学，它是不可能卓有成效地提高教学质量的，教学语言艺术水平对教学质量的影响是直接和深刻的。

二、有利于促进学生能力的发展

教师艺术性的教学语言还直接影响到学生多方面能力的发展。

1. 思维能力的发展

语言是思维的工具，既影响思维，也体现思维。“口才”好的根源在于思维敏捷，会说在于会想。学生通过教师高超的教学语言艺术，可以探知到教师的思维进程，学习到思考问题的良好方法，体验到思维过程中的快乐，从而提高自身思维能力的水平。由此看来，具有艺术魅力的教学语言，不仅可以给学生正面的示范作用，而且可以让学生从老师那里学到提出问题、分析问题、解决问题的方法，从而提高自身的思维能力。一般来说，生动形象的教学语言会影响到学生的形象思维，理性概括的教学语言会影响到学生的抽象思维；教师的智言慧语会影响到学生思维的敏捷性和灵活性，教师的语言观点会影响到学生思维的独立性和批判性，教师的语言材料会影响到学生思维的广阔性和深刻性等。艺术性的语言能使思维活跃，从而使思维具有灵活性、流畅性、创造性。

2. 语言能力的发展

教师的教学语言不仅是传授知识的工具，而且是教师给学生做出的运用语言的最直观、最有效的榜样，即教师的语言表达是学生模仿学习的样板，教师的教学语言对学生语言习惯与能力的影响是日积月累、潜移默化的。实践证明：学生受到言之有序、言之有理、言之动情、言之生趣的教学语言的长期熏陶，就会逐步产生对语言的浓厚兴趣，进而掌握灵活运用语言的本领。如果教师掌握的词汇多，运用词语准确鲜明，讲究修辞，讲课生动，对学生影响深刻，必然有利于学生语言能力的发展。

3. 审美能力的发展

苏霍姆林斯基曾说过，教师讲的话要带有审美色彩，这是一把最精致的钥匙。它不仅开发情绪记忆，而且深入到大脑最隐蔽的角落。教师富有艺术魅力的教学语言，会使人心旷神怡，就像欣赏一首名曲，旋律不绝于耳。教师富有艺术魅力的教学语言，犹如诗歌语言的精炼，小说语言的生动，散文语言的优美，戏剧语言的传神，相声语言的风趣，演说语言的雄辩。这些优美的教学语言本身就是十分丰富的审美材料，可以使学生从中得到美的享受，获得审美感受，激发审美想象，丰富审美情趣，从而锻炼和提高学生的审美能力。

三、有利于调动学生的学习积极性

具有艺术魅力的教学语言，能够吸引学生的注意力，激发学生的求知欲和学习兴趣，启发学生积极主动地思考。有研究资料表明，学生的学习积极性和主动性，课堂纪律的好坏，学习成绩的高低，乃至学生的成长，都同教师的教学语言密切相关。在课堂教学中，如果教师的语言知识平铺直叙，或只是单纯地照本宣科，那么学生就会感到枯燥无味，自然也就无法从中体会到乐趣，但如果教师使用具有艺术魅力的教学语言，自然就能吸引学生、打动学生。

第三章　特级教师教学的讲授艺术

导　读

讲授艺术是指教师在课堂教学中根据学科特点，在充分把握教材内容的科学性和思想性，熟悉学生情况的前提下，运用生动的语言、恰当的姿势、充沛的感情去传授知识、培养品德、训练能力。在课堂教学实践中，存在着各种各样的讲授：有的精雕细刻，面面俱到；有的大刀阔斧，突出重点、难点；有的工于抽象思维，有的富于形象直观；有的平铺直叙，有的波澜起伏；有的是教师的独角戏，有的是师生的二重唱；有的是课堂的催眠曲，有的是心灵的净化剂。不同的讲授，有不同的教学效果，这取决于讲授是否有艺术性以及艺术性的强弱。

语言是课堂讲授的基本媒介，语言的质量制约课堂讲授的质量；语言的艺术影响课堂讲授的艺术。要提高课堂教学质量，教师既要有知识有学问，又要有讲授的艺术和技巧，在课堂讲授仍然是最基本的教学形式下，特级教师们是如何使课堂讲授不离主题、重点突出而又生动活泼呢？本章探讨的教学讲授艺术有讲述法、讲解法、示范法、归纳演绎法、启发法等。

一、讲述法——旁征博引，形象生动

讲述法是教师运用生动形象的语言，叙述、描绘或概述所要讲的知识内容。如，用形象具体的语言，描述事态情境；有声有色地讲述人、物、事、理；在教学之中，穿插使用某些政、文、史、音、美等百科知识；恰当地使用比喻、成语、名言警句等。讲述法能够增强讲授的吸引力和说服力，能唤起学生的激情和想象，学生听课津津有味，学到的知识印象深刻，经久不忘。

1. 化讲述为猜谜：引人入胜

【典型案例】

特级教师霍懋征《“聪明”》教学片段[①]

师：你们愿意做聪明的孩子吗？愿意的，请举手！（霎时，每个学生都争先恐后地举起了小手）

师：好！我们每个人都有“四件宝”，如果我们用好这“四件宝”，人就会聪明起来。这四件宝是什么呢？我暂时不讲，先让你们猜几则谜语。

师：东一片，西一片，隔座山头看不见。

生：耳朵。（学生讲耳朵的作用）

师：上边毛，下边毛，中间一颗黑葡萄。

生：眼睛。（学生讲眼睛的作用）

师：红门楼，白门槛，里面有个嘻嘻孩。

生：嘴。（学生讲嘴的作用）

师：白娃娃，住高楼，看不见，摸不着，缺了它就不得了哇！

生：脑。（学生讲脑的作用）

师：上课时，要仔细看，但不要东张西望；要认真说，但不要随意说话。总之，要多听，多看，多想，多说。

师：同学们，“聪”字，左边是耳朵的“耳”；右上方是两点，代表两只眼睛；右边中间是“口”字，就是嘴；右下方是个心，代表“脑”。这四件宝合在一起，正好是个“聪”字。“聪”字后边加个“明”，是因为对这四件宝要天天用，月月用，天长日久，你们就会聪明起来。

师：（翌日，霍老师课时）同学们，你们的“四件宝”带来了吗？

生：（昂首大声地）带来了！

【教学艺术评析】

霍懋征老师关于“聪明”的教学，堪称识字教学，亦是讲述教学之典范。识字教学中，引导学生记字形、明字义是重点所在。如何讲在关键点上并讲到学生心坎里去是需要“艺术创造”的。霍老师以“人有‘四件宝’，用好‘四件宝’，人就变聪明”这一悬念开

① 李如密．教学艺术论［M］．北京：人民教育出版社，2011.

启，学生的好奇心、求知欲一下子被激起，究竟是哪“四宝”呢？他们特别想知道。老师却偏偏不讲，而要学生连猜四道谜语，让学生的注意力与思维力始终处于高度集中和快速运转状态。直至猜谜结束，老师才巧妙运用刚才的猜谜成果，作水到渠成的讲述。此时“聪”字的字形记忆化繁为简、化难为易，让学生印象深刻。而且，霍老师接着拆解“明”字为“日”“月”，并渗透对学生的思想教育：“对这‘四件宝’要日日用，月月用，天长地久，人才会聪明起来。”让学生明白人的聪明不是天生的、不是别人给的，而是科学合理地运用自己的“四件宝”，勤奋学习的结果。

2. 化讲述为对话：真切体验

【典型案例】

特级教师夏青峰执教《8 的组成》教学片段①

师：小朋友们，帮老师想个问题：如果老师在两个盆子里各撒了一把米，有 8 只小鸡跑过来吃，每只盆子边会有几只小鸡在吃米？

生：每只盆子边有 4 只小鸡。

师：一定吗？

生：不一定。还可能是一边 3 只，一边 5 只。

师：还有什么可能呢？

……

师：一共有多少种情况呢？小朋友能分别把它们画出来吗？

学生画，然后老师组织交流。

【教学艺术评析】

对于孩子来说，没有体验，就没有知识的获得。没有亲身体验，就没有积极的参与，很多知识便如同“过眼云烟”，很难在学生的头脑中扎根。把“学习”变为在有趣的情境中“做”，把“书本中的知识”变为“活动中的知识”，让学生在活动中去体悟与理解知识，这是知识建构过程中应大力倡导的，一线教师应当积极践行，以增强教学的时效性。

3. 化讲述为故事铺陈：突破难点

【典型案例】

特级教师刘德武《可能与一定》教学片段②

师：这节数学课，我们研究“可能与一定”。刘老师先给大家讲个故事。很久很久以前，有

① 夏青峰. 怎样促进学生的动手实践［J］. 江苏教育，2003（18）.
② 詹明道编. 名师课堂经典细节：品读名师课堂 100 个经典魅力［M］. 南京：江苏人民出版社，2007.

一个古老王国的监狱里关着一位犯人，这个犯人即将被执行死刑，但这个国家有一个非常有趣的规定，在每个犯人被执行死刑之前给他一次机会抽签，盒子里有两张纸条，一张写着“生”，一张写着“死”，小朋友们猜猜有可能摸到哪一张？

生：摸到“生”。

生：摸到“死”。

师：对！犯人摸到“生”就释放，摸到“死”就杀头，两种可能性都有。但是很可惜，这个犯人有一个仇人，这个仇人希望他一定死掉，于是偷偷把“生”这张纸条换成“死”，两张纸条都写着“死”，犯人不管摸到哪一张，他的死是“可能”？还是“一定”？

生：一定。

师：这个犯人是不幸的，但他又是万幸的。犯人从好朋友的口中知道了这件事。他想了一夜，终于想到一个好办法。临刑前，法官让他抽签，犯人抽出一张，你们猜他抽到的一定是什么？

生：一定是“死”。

师：于是他没有把纸条打开，而是一下子吞到肚子里。因为剩下的那张纸条上写着“死”，所以大家推断犯人吃下的纸条一定是“生”。犯人当场释放。

【教学艺术评析】

案例中，“可能与一定”是一组比较抽象的数学概念。如何激起学生学习与研究这组概念的积极性？刘老师课始精心设计了一个扣人心弦的“生死牌”故事，既顺应了低年级学生爱听故事的心理需求，又巧妙地将“可能与一定”这组概念暗含其中，随着故事的推进，多次出现：两张纸条，分别写着“生”与“死”，那犯人摸到“生”被释放、摸到“死”被杀头的两种可能性都有；但两张这条都被换成“死”字，则死成为“必然”和“一定”；而犯人最终获得释放，正是智慧地运用了“一定”的逆向推理：既然剩下的纸条上写着“死”，那他抽到并吞下的，一定是“生”。看，在故事铺陈中讲述，既制造了冲突，引发探究，又渗透了新知，完成了思维热身，可谓一举多得。

4. 化讲述为排比设境：渲染主旨

【典型案例】

特级教师程晓琳《从一滴水说起》教学片段[①]

师：同学们请看这样一组画面。（播放凄婉悲愤的二胡曲《江河水》）这里，没有郊外踏青时的杨柳依依和芳草青青，有的只是呼号的北风和漫天的尘沙，他们多么缺少——

生：水啊！

① 詹明道编．名师课堂经典细节：品读名师课堂 100 个经典魅力［M］．南京：江苏人民出版社，2007：1.

师：在这里，没有绿油油的麦苗，没有阡陌纵横的田地，有的只是干涸龟裂，贫瘠至极的泥土，他们最需要的就是——

生：水啊！

师：在这里，没有孩子们的欢声笑语，没有播种耕耘收获的喜悦，有的只是渴死的牛羊和农民伯伯绝望的眼神，我们仿佛听到他们急切地呼唤——

生：水啊！

师：孩子们，看了这样一组画面，你们还有什么想说的？

生：水很珍贵，没有水就长不出庄稼，农民伯伯就要饿肚子。

生：水很宝贵，水是生命之源。没有水，所有的动物都无法生存。

生：在西部地区，水是稀有的宝贝，是一家人生存生活的希望。

师：原来，这随处可见、随时可用、随时可买、随处可扔的水是那么的稀有！

这看似普普通通、平平常常、取之不尽、用之不完的水原来是那么的宝贵，那么的珍贵！孩子们，回想我们刚才看到画面，拿出笔来，为节约用水设计公益广告语，写下我们心中的希望吧！

（生写下）

珍爱一滴水　　绿色多一点

滴水之恩　　惠泽万物

惜爱滴水　　世界更美

绿色生活　　源于滴水

珍惜一滴水　　奉献一片绿

善待水源等于善待自己

【教学艺术评析】

此教学片段旨在帮助学生深切感知西部干旱地区因为缺水而导致的环境恶化，一切生命的生存受到严重威胁的严峻现实。帮助学生移情，激发学生珍惜水资源、保护水资源、爱惜每一滴水、爱惜生命之源的情感。学生先观看画面，酝酿情感，教师用排比句的方式进行抒情性讲述，播放由双管独奏曲改编的二胡名曲《江河水》，凄婉悲凉的乐曲起到了很好的渲染作用，学生深深沉浸其中。在此过程中，教师富有感染力的语言、强烈视觉冲击力的画面、凄怆哀怨的乐曲，创设的听觉与视觉共融的特定情境，如同磁场一样牢牢抓住学生的心，让学生从内心深处迸发强烈的情感：水是多么的宝贵！珍贵！稀有！浪费水等于伤害其他的生命。浪费水就是一种“犯罪”！教学目标的达成自然水到渠成。

【拓展延伸】

打动人心的讲述艺术

讲述，是课堂中使用频率最高、应用最广泛的一种讲授类型，是教师在课堂上运用自己的口头语言向学生描述事件、论证道理、说明事物，使学生获得知识的教学方法。但是，讲述有着优劣之分：劣质的讲述常常不知不觉沦为“灌输”“告知”“填鸭”；唯有优秀的讲述，即教师通过情趣盎然的描述，鞭辟入里的分析，入木三分的概括，恰到好处的点拨，才能把学生带进瑰丽的知识殿堂，并开启心智，陶冶情操，获得“听一堂好课，如观赏一首名曲，余音在耳，袅袅不绝；如欣赏一幅名画，心动神移，流连忘返”的精神愉悦。那么，优秀的讲述有哪些要义？怎样讲述才能讲在点子上、讲到学生心里去？

1. 优秀的讲述能够打动人心

美国教育家哈·曼说：“那些不设法勾起学生求知欲望的教学，正如同捶打着一块冰冷的生铁。”的确，优秀的讲述首先要能诱发学生的学习积极性，要能如磁石一般深深地吸引学生。不论是课始预热、新知导入阶段，或是深入探讨、重难点突破阶段，还是归纳总结、提升建构阶段，好的讲述都要能紧扣学习主题，紧贴学生的心理及发展需求，做到有境有情、深入浅出，让学生听后产生探究的欲望或情感的共鸣，甚至完全沉浸其中，被问题的理趣所吸引，被推敲的过程所迷住。真正的名师能够“讲到学生心里”，让人流连忘返。

上述案例中，刘德武老师以一个扣人心弦、悬念迭起的“生死牌”故事，于矛盾冲突及思维热身中开启“可能与一定”；霍懋征老师将一个“聪”字拆成四个谜语，将“明”字拆成“日”和“月”，在环环相扣中完成字词教学及思想渗透。这些讲述或讲述的变式，无不像强磁力似的，深深地吸引着学生。

2. 优秀的讲述能够引发思维对话

好的讲述并不满足于“让人知道”，更追求“让人思考”。因而，优秀的讲述不是教师滔滔不绝的独白，而是要善于唤起师生心与心的互动，思与思的碰撞。在课堂教学的不同阶段，不同的讲述承担着不同的责任——

教学起始阶段的讲述，教师要善于激活学生的已有经验，有效建立学生经验与新知学习的内在联系。如特级教师徐斌在教学“解决问题的策略”一课时，开门见山地提出：“同学们，知道什么叫策略吗？你们在哪里见过或使用过策略”，学生由《三国演义》到《孙子兵法》，由《三顾茅庐》到《田忌赛马》，经验与思维的闸门一下子被打开，而且把具体的方法与“策略”建立起有效的联系，在具体的情境中感悟到了“策略”的意义，为后续的学习打好了良好的知识基础和心理基础。

教学推进阶段的讲述，教师要以资料引入、问题情境设置等方式，激起学生新的认知冲突，激扬学生进一步探究的热情。如特级教师华应龙在教学“我会用计算器吗”一课时，设计了“在尝试中学，体验计算机使用中的困惑”“在游戏中学，感受使用计算器的前提”“在视听中学，了解计算工具发展的历史”“在挑战中学，享受借助计算器又超越计算器的快慰”四个层层递进的教学版块。其中第三版块中教师有一段资料引入式讲述："在远古时代，人们是用石子计数或者结绳计数的。两千多年前，我国使用的计算工具是'算筹'。一千多年前，我国又发明了算盘，使计算的速度加快了。400 多年前，法国和德国数学家发明了可以计算加减乘除的机械计算机。50 多年前，美国人发明了世界上第一台计算机，每秒可以运算 5 000 多次。现在世界上运算最快的计算机每秒可以运算 1 000 万亿次，原来需要几十年时间运算的题目，现在只需要 1 秒钟就可以完成。"翔实清晰的讲述让学生真切感受到计算工具的发展史和现代科技的飞速发展，同时领悟到计算机功能再强大，也都是人创造出来的，进而为后续学习——既要借助计算器，又要超越计算器埋下了伏笔。

教学收尾阶段，教师的讲述可侧重在画龙点睛，或拓展延伸，或留下悬念，以营造"课已毕，兴犹浓"的教学效果。特级教师张齐华在"圆的认识"一课结尾时，就从"解释自然中的圆"走向了"欣赏人文中的圆"。张老师做出了这样的拓展式讲述："上帝是按照数学原则创造这个世界的……""至于古老的东方，圆在我们身上遗留下的痕迹更是深刻而久远：中国人特别重视中秋、除夕佳节，表达美好祝愿时喜欢用'圆满''美满'……让我们走进历史，走进文化，走进民俗，走进圆的美妙世界吧！"此时的"圆"，已远远超越了数学概念的冷峻和理性，具有了浓浓的文化特性，给学生留下了无限美好的遐想、思考和回味。

3. 优秀的讲述讲究张弛有度

会讲述的老师会选择，能够运筹帷幄，很清楚哪些问题需要讲述，什么时候需要讲述，讲述应该讲到什么程度。会讲述的老师，绝不会自己占据讲台，绝不会只用一种方法。除上文提到的"化讲述为猜谜""化讲述为对话""化讲述为故事铺陈""化讲述为排比设境"而外，名师的讲述总是充满了灵动和变化，如"化讲述为游戏""化讲述为运用"等，此处不再一一举例。

4. 优秀的讲述能够产生思维成果

好的讲述给人以启发，可让学生举一反三，自主建构出"思维产品"，让学生品尝到学习与创造的深度愉悦。特级教师孟晓东在《去打开大自然绿色的课本》的诗歌教学中，引导学生结合自己的经历讲述"你觉得大自然是一本什么书呢?"，学生的答案精彩纷呈："美术书。大自然处处是风景，像一幅幅色彩斑斓的画"，"科学书。大自然里蕴藏着无穷无尽的知识"，"语文书。大自然里有标点符号，有汉字，有成语，有古诗……"，"音乐书。小溪叮咚，是钢琴曲；百鸟齐鸣，是大合唱……"，"品德书。一分耕耘一分收获，无限风光在险峰，我们从自然中可以得到启示。"……教师则鼓励学生"稍加整理，写下来，又是一首诗，题目是'大自然是本什么书'"。

二、讲解法——抓住关键，深入浅出

讲解法是教师通过简明、生动的口头语言，系统而有重点地传授知识、启迪思维或渗透思想教育的一种教学方法。优秀的讲解，或直奔重点，要言不烦；或抓住关键，层层递进；或紧扣难点，善用类比、类推、对比、比喻、拓展等多种方式，准确生动，精讲巧讲，让学生豁然开朗，心领神会。

1. 比较中讲解

【典型案例】

特级教师于永正口语交际《学会赞美》教学片段[①]

师：可能有人会说，赞美不就是夸奖人吗，这个还要学吗？是要学习的。请看一幅图——（投影：妈妈做好了饭，一家人准备吃饭）

师：妈妈上班很劳累，回到家又忙着做饭，吃着妈妈做的可口的饭菜，你准备对妈妈说什么？想一想再说。

生：妈妈，你今天做的菜可真好吃！

生：妈妈，你今天做的菜味道真美，不咸也不淡，正好！

生：妈妈，你今天做的菜真香，我本来不想吃饭的，有了这道好菜，一碗米饭准不够！

生：妈妈，你做的菜越来越好吃了！

师：说得都不错。大家说说，妈妈听了哪句话会更高兴？

生：说得比较具体一点的，妈妈会更高兴一些。例如第二句。

生：第三位同学虽然没说菜的味道怎么样，但说有了这道菜，胃口大开了，也挺会说的。这句话妈妈听了会更高兴一些。

师：有比较才有鉴别。这么一比较，哪句话更好一些就看出来了。所以，赞美也要学一学，要会赞美。我们可以总结出两条：第一，赞美要尽量说得具体一些，虽然只是一句话，如第二位同学说的"味道美""不咸不淡"，这就不是笼统的夸奖。如果说到某一盘菜，就更好说具体了，比如红烧肉，炒韭菜，就可以说味道怎么样，烂不烂，嫩不嫩，脆不脆，等等。第二，有时可以不直接说，而是换个角度说，如第四位同学说的。假如我们赞美一位同学写的字好，你可以说他写得得体，可以说他写得匀称，可以说写得有力，但也可以不直接说字的本身，而说："哟，这是你写的！你不说我还以为是请书法家替你写的呢！"

……

师：你们学过一篇课文叫《狐狸和乌鸦》，课文中的狐狸是不是在赞美乌鸦？

生：不是的，它说的都是假话。

师：那是奉承。奉承人和赞美人是两回事。一个是虚情假意，说假话，企图不良；一个是发自内心，真心实意，说真话。还有一条，会赞美人，首先得善于发现别人的"美"，能正确对待别人、关心别人、尊重别人。不然的话，别人的优点就发现不了，即使发现了，也不愿意去赞美。一句话，我们要做个会发现美、会赞美的好人。

---

① 徐祥林．小学语文课程与教学论［M］．北京：教育科学出版社，2014.

【教学艺术评析】

案例中，有比较才有鉴别。在比较中讲解，能让知识要点更为清晰明白，一目了然。本片段中，于老师设置了两处比较情境：其一，是充分利用学生的课堂生成资源，让学生去比较“同样是对妈妈的赞美，妈妈听了哪句会更高兴”，进而提炼揭示出“赞美要尽量具体”和“赞美可以不直接说，有时换个角度说更妙”；其二，是通过辨析《狐狸和乌鸦》中的狐狸是不是在赞美乌鸦，让学生去比较“奉承”和“赞美”的差异，进而对“赞美得真心实意”“赞美得善于发现”两条要义有了深切的体会。

2. 运用中讲解

【典型案例】

特级教师贲友林《7 的乘法口诀》教学片段①

师：7，是个奇特的数。古代许多事物都与 7 结下了难解之缘。（课件出示《枫桥夜泊》）

师：大家看到的这是唐代张继写的一首诗，与咱们苏州有关，我们三年级即将学习。你能用哪一句口诀算出这首诗共多少字？

生：四七二十八。

师：对！每句七个字，这样的诗，又称七言诗。

（屏幕出示由 5 副七巧板拼成的“刻舟求剑”故事图）

师：小朋友继续看，这是用七巧板拼成的故事图，这 5 副七巧板一共有多少块？

生：五七三十五。

师：从古至今，人们生活在数的世界中。在实际生活中，在我们周围，还有哪些现象与 7 有关？能用 7 的乘法口诀解决哪些问题？

（结合学生的回答，屏幕上随机采用对话、图文等形式出示一些问题）

师：还记得七个小矮人吗？

（屏幕出示与课始准备题的画面相同的七个小矮人画面，并以滚动字幕形式出示儿歌并同期配音：1 个矮人 1 张床，7 个矮人 7 张床；1 个矮人 2 只碗，7 个矮人 14 只碗……）

（学生情不自禁地跟着读起来）

【教学艺术评析】

学以致用是最好的讲解。在《7 的乘法口诀》教学课尾，贲老师设计了一组别具一格的数学练习：在这组练习中，古诗、寓言、童话、儿歌、七巧板等自然、人文、社会生活内容与数学巧妙结合，化教材上静态的教学内容为学生动态的思维内容，让学生在操作、讨论、对话、歌唱中思考，把 7 句抽象的口诀转化为具体化的生活场景图，把枯燥的口诀记

① 詹明道编．名师课堂经典细节：品读名师课堂 100 个经典魅力［M］．南京：江苏人民出版社，2007.

忆变为有趣的认知记忆，充分体现了教师高超的讲解艺术。

3. 拓展中讲解

【典型案例】

特级教师蒋军晶《趵突泉》教学片段[①]

（教师引导学生理解“冒”，学生找出“一年四季”“昼夜不停”、四个“永远”等关键词体会趵突泉“冒”的时间已经很长了）

师：是啊，同学们，你们知道吗？老舍先生在济南生活了7年，温暖的春天，他去看趵突泉，它在——冒；炎热的夏天，他去看趵突泉，它在——冒；凉爽的秋天，他去看趵突泉，它在——冒；即使是寒冷的冬天，他去看趵突泉，它还是在——冒。白天去看趵突泉，它在——冒；晚上去看趵突泉，它也在——冒。所以数次观赏趵突泉的老舍在文中这样写——（生读）“看那三个大泉，一年四季，昼夜不停，老那么翻滚。”

……

师：你们觉得这趵突泉究竟这样接连不断地冒了多少年，以至于老舍先生用了四个“永远”？（生纷纷猜测：3年，10年，80年，100年……）

师：这趵突泉究竟冒了多长时间呢？100多年前，清朝一个叫刘鹗的文人写了《老残游记》这部小说，他曾这样描绘趵突泉（屏幕显示）：“三股大泉，从池底冒出，翻上水面有二三尺高……”（学生读，简单说感受）

师：900多年前，北宋文学家曾巩写的《齐州二堂记》中第一次出现趵突泉的名字（屏幕显示）：“有泉涌出，高或至数尺，其旁之人，名之曰趵突之泉。”（学生读，简单说感受）

师：1400多年前，北魏郦道元所写的著名地理学著作《水经注》中也写到趵突泉（屏幕显示）：“奮涌三窟，突出雪涛数尺，声如隐雷。”

师：早在3500多年前，就有文字记载趵突泉，当时人们称趵突泉为“泺”。也就是说，这趵突泉至少这样冒了将近4000年。（指导朗读）

师：如果你就站在趵突泉旁边，看着趵突泉不停往上冒，想着它就这样冒了几千年，你有什么问题要问，有什么想法要说？

生1：趵突泉这样冒，难道不感到疲倦吗？

生2：趵突泉的水不会枯竭吗？

生3：这实在是太奇怪了，太不可思议了。

生4：大自然太伟大了！

【教学艺术评析】

案例中，如何让学生体验到趵突泉不断奔涌的勃勃生机，体验到大自然不可思议的

---

① 李振村，陈金铭编．小学语文名师新秀大辩课［M］．福州：福建教育出版社，2011.

神奇与伟力呢？蒋老师在教学中紧扣一个“冒”字，层层设问引思：“为什么老舍先生要连用三个‘冒’，作者要强调什么呢？”，“读读这段文字，你从哪些关键词感受到这趵突泉冒的时间已经很长了？”，“你们觉得这趵突泉究竟这样接连不断地冒了多少年，以至于老舍先生要连用四个‘永远’？”，尤其是教者关于趵突泉史料记载的引入，呈由近及远之势，让学生一遍遍惊叹：原来，趵突泉不只是老舍先生生活在济南的这 7 年中，这样一年四季、昼夜不停地冒，冒，冒，也不是 30 年，80 年，100 年这样冒着，而是 900 多年前，1 400 多年前，3 500 多年前就开始而且一直不停地冒，冒，冒了！学生怎能不由衷地震撼与惊叹：大自然实在太伟大、太神奇、太不可思议了！这就是拓展式讲解的魅力！

【拓展延伸】

教学讲解艺术

讲解法在教学中广泛运用并且源远流长，从两千多年前孔子的“私学”和柏拉图的“学园”，延续至今。中央电视台的“百家讲坛”，明星荟萃，个个妙语连珠，层层推理，点滴入微的讲解，让听众是欲罢不能，用的也是讲解法。

教学中讲解法的主要作用在于：其一，帮助学生理解较抽象的知识，指导学生掌握教材中重要的思想方法；其二，扩大学生的知识领域，促进学生的智力发展。运用讲解法时，一般要注意以下几点：第一，有明确的讲解计划，抓住教材内容的中心、关键讲解，抓住学生认识上的难点讲解；第二，讲解时，语言要准确、简练、生动，前后连贯，要有启发性，激发学生的学习兴趣和引起积极的智力活动；第三，讲解内容要清楚明确，层次鲜明。既要注意科学性和思想性结合，又要注意抽象性与形象性结合，理论性与实践性结合。

通常，讲解法若运用得好，能够保持教师在教学中的主导地位，教学时间和进度便于教师控制，并且所授内容能保持流畅与连贯；便于重点内容的分析、难点的突破，易于帮助学生抓住问题的关键，节约教学时间。而若运用不好，也会呈现“教学中学生参与少，容易造成被动接受知识的状态，不利于能力的培养”“不易照顾学生中思维反应快与慢的两端，只能面向中等学生”等缺点。

其实，研读名优教师的讲解艺术，我们就不难发现：讲解，并非指教师的机械灌输、一讲到底；讲解，亦非只能教师中心、独占讲台。优秀的讲解，至少具备以下三大特征。

第一，从讲解的内容层面看，优秀的讲解必然基于教师对学科特点、学科性质任务以及对教材重点、难点的准确把握。唯有如此，讲解的目标指向才能清晰，讲解的内容也才能紧扣核心要义和关键所在，不枝不蔓，清晰流畅。

第二，从讲解的方式方法看，优秀的讲解一定是丰富灵动的，它会循着具体学科、学情、具体教学内容的不同而灵活变动。除上文经典案例中提到的“在比较中讲解”“在运用中讲解”“在拓展中讲解”之外，视频讲解法（借助视频多姿多彩的流动画面视觉冲击，配上适当的画外音讲解）、借力讲解法（充分发挥课堂教学中学得快、学得懂、学得会和学得通的优秀生资源优势，让他们担任讲解与示范、指导与纠错小助手）、顺口溜讲解法（将知识或方法要点归纳为短小精炼、易说易记、朗朗上口顺口溜教给学生）、板演式讲解法（借助板画或图解，进行对照式讲解）、设问讲解法、比喻讲解法等，只要选用得当，都能在实际教学中起到很好的教学效果。

第三，在优秀讲解者的心里，还必然时时装着学生，装着学情。优质高效的讲解，得讲在学生的需求点上——若学生产生学习需求且通过自己努力不能实现所追求目标时，教师的指导式讲解就能及时地“雪中送炭”，让学生在提高学习能力的过程中满足学习追求；若学生需求不高不能积极参与到教学过程中时，教师则应通过互动式讲解，让学生在互动中受到激励和鼓舞，增强其参与的信心和动力。优质高效的讲解，还要讲在学生的兴奋点、思考点、感悟点上——讲解中，善于发现和借助学生的兴奋点，才能开发学生的潜能，打开学生的思维空间，培养学生的创新精神；当学生深入思考某个问题而难解疑困时，教师应给予帮助式讲解，使学生的思考深入下去，引导他们获得学习成果；当学生用自己习惯的思维方式不能深入分析问题时，教师要给予点拨式讲解，鼓励学生换一种角度、换一种思路思考问题；而当学生通过学习有所感悟、有感而发、有感而问、有感而究时，正是教师通过讲解进一步深化学生感悟、培养能力、启迪智慧的好时机。

三、示范法——垂范引路，授之以渔

示范，即“做出某种可供大家学习的典范”之意。好的示范教学，并非“设限框定”“我做你学”“简单模仿”，而是“巧妙激趣”“垂范引路”并“授之以渔”。

1. 样例示范

【典型案例】

特级教师宋运来《天游峰的扫路人》教学片段①

师：现在有一个小小的问题请教在座的同学。刚才说，第一次遇见是“傍晚时分”，随着时间的推移，天色越来越晚，光线越来越暗，作者却借着淡淡的星空，继续打量这位扫路人。老师有点纳闷了，扫路人身上什么东西深深吸引了“我”这位游客？是他的长相还是他的穿着？

生：（沉思）都不是。

师：孩子们，请拿出笔来，默读课文，然后汇报你的发现。待会你怎样交流呢？你先说扫路人的什么吸引了我，然后再说，因为什么什么。让我们做个例子吧。请看第四段。大家一读就知道，老人身上什么吸引了我？

生：热情。

师：“热情”这个词还不够。

① 宋运来．天游峰一道独特的风景：《天游峰的扫路人》课前思考与课堂实录［J］．小学语文教学，2014（16）．

生：热情好客。

师：你说话可以这么说：扫路人的“热情好客”吸引了我，因为——你就引用第四自然段来说。

生：因为老人引我走进小屋，给我沏了一杯浓茶，茶很热，很香，仿佛一阵暖流把我俩的心灵沟通了。

师：先说你的观点，再找文中的语言材料。可以不用一字不漏地读出来，可以就这一段，重新组织语言，添字，漏字都没关系。

（生默读课文，思考）

生：他的“年龄”吸引了我，因为我问老人说，“您老有六十岁了吧？”老人摇摇头，伸出了7个手指。

师：他多少岁？

生：70岁。

师：这个年龄如果脱离他干的活能不能吸引“我”？这个要补充上去。扫路人70岁的年龄吸引了我，因为——

生：因为他70岁了，还每天早上扫上去，晚上又扫下来，扫了一千八百多级。（掌声起）

师：这应该是年轻人干的活，而这个70岁的人干这个活，吸引了我。不容易啊。你是用自己的话来说的，不简单。

生：扫路人的“自信”吸引了我，因为他说30年后再来看我，他现在已经70多岁了，30年后，就是100多岁了，但是他依然说30年后，他依然健在。（掌声热烈响起）

生：扫路人的“毅力”吸引了我。

师：哎哟，他的用词跟别人不一样。

生：因为扫路人70多岁了，还扫上山，扫下山，他的毅力是非常强的。

师：游人有没有那个毅力？

生：没有。游人半途而返，望而却步。

师：怎么理解“望而却步”？小女孩你到前面表演一下，什么叫“望而却步”。

（生表演，掌声响起）

生：老人有情调的工作吸引了我，因为他扫地都是颇有节奏的。

师：我们注意他的用词“情调”，课文哪里发现的？

生：课文第二自然段，说“我”下山的时候听到“哗——哗——”的扫路声。（掌声骤起）

【教学艺术评析】

本片段教学，一改以理解为取向的阅读教学，为表达取向的深度阅读教学。在引发思维矛盾点的问题引导下，深入文本，借用有逻辑关系的“句式”——观点 + 事例，来表达批注文本的发现。教师先放一个言说的句式样例，然后再让学生去阅读，既减轻学生表达的难度，也是从学情出发，即使没有这样言说习惯的班级学生，也能依瓢画葫芦，尝试先摆观点后说事例。如此有序、有根有据的言说习惯正是当下课堂最为稀缺的教学样态。

2. 体态示范

【典型案例】

特级教师斯霞关于“饱满”一词教学片段①

（给学生讲解“颗颗稻粒多饱满”后，要求学生用“饱满”造句）

师：哪个小朋友能用“饱满”造句？

生：菜籽结得多饱满。

生：颗粒长得多饱满。

师：（走到教室门口，迅速转身，抬头挺胸，面带微笑地大步走进教室）你们看，老师今天精神怎么样？

生：老师精神很饱满。

师：现在再让老师看一看，小朋友们上课精神是不是很饱满。

（学生们都抱臂伸直，眼睛注视黑板）

【教学艺术评析】

查字典，“饱满”有两个义项：一是表示丰满（如粮食颗粒），二是表示充足（如精神状态）。第一个义项孩子们不难理解，然而精神的饱满对于低年级小学生来说理解上无疑有一定难度。斯霞老师没有生硬解释，没有让学生死记硬背，而是借助一个巧妙的体态示范，让学生很容易地理解了词义，完成了造句练习。更为可贵的是，最后斯霞老师还利用“饱满”一词渗透对学生学习习惯的培养——“现在让老师来看一看，小朋友上课精神是不是饱满？”一句话，孩子们马上抖擞起了精神。这样的教学，不但内化了语言，而且强调了课堂常规，使学生以更饱满的热情集中了学习注意力。一个体态示范、一次词语训练具有多种功能，这充分体现了斯霞老师精湛的教学艺术，看似平淡，却异常深刻。

3. 操作示范

【典型案例】

特级教师华应龙《神奇的带子》教学片段②

师：（出示一张白纸条）请拿出这样的白纸条，这张纸条有几条边、几个面？

生：（齐声地）四条边、两个面。

---

① 吴兴林．从教学案例中解读斯霞识字教学思想［J］．小学教学研究，2012（4）．

② 詹明道编．名师课堂经典细节：品读名师课堂100个经典魅力［M］．南京：江苏人民出版社，2007.

师：一个正面，一个反面。（边比画边说，学生也随着说）现在我会变魔术，我能把它变成只有两条边、两个面。你会吗？（停顿，学生摆弄着纸条，无人应答）

（师微笑着把纸条变成纸圈）

师：是不是两条边、两个面？（师边问边比画）

生：是！（同学们都笑了）

师：你会吗？

生：会！（学生都做成了纸圈）

师：我看那位同学的笑很特别，什么意思？

生（笑着说）：这没什么神奇的！

师：是啊，地球人都知道。奇妙的是我还能把它变成一条边、一个面。（师停顿，环视学生）

（学生们瞪大眼睛，兴趣一下子被激发起来了。有同学在想，有同学在试）

师：非常好，有同学在大胆尝试！有五六个同学已经做出来了。太棒了！是不是这样的？

（老师把纸条放在背后操作，做成莫比乌斯圈）

（学生们笑了）

师：不想让你看到！（出示莫比乌斯圈）想想吧，是怎么做的？（学生们微笑着、尝试着。成功了的，快乐着。没成功的，纳闷着）

【教学艺术评析】

布鲁姆说过：学习的最好刺激乃是对学习材料的兴趣，它是推动学习的内在动力，是开发智力的钥匙，是学生进入主体角色的重要保证。本片段教学最大的精妙，便是华应龙老师用自身的两次操作示范，将学生对莫比乌斯圈的学习兴趣推向了极致：第一次示范尚显得有些“波澜不惊”，“我会变魔术，我能把它变成只有两条边、两个面”，说着便“微笑着把纸条变成纸圈”，此刻学生似乎还有些不以为然，“地球人都知道！”（其实教师的示范中已渗透了“化直为曲”的思想与操作方法）；第二次示范则“故布疑阵”，吊足了学生的“胃口”，“奇妙的是我还能把它变成一条边、一个面”，学生瞪大了眼睛，兴趣一下子被激发起来！有的在想，有的在试。教师还故意将纸条放到背后去操作，嘴里还说着“不想让你看到”，如此“激将”，将学生跃跃欲试、欲罢不能的求知欲充分“点燃”！

4. 朗读示范

【典型案例】

特级教师支玉恒《第一场雪》教学片段[①]

师：男同学读前面壮阔的句子，女同学读后面的三个细节，注意我的手势，开始！

① 周成平编．中国著名特级教师课堂魅力经典解读［M］．南京：江苏人民出版社，2006.

男生：大雪下了整整一夜……太阳出来了……

师：（打断）太阳出来了人们高兴不高兴？

生：高兴。

师：我没听出高兴来，再读。

男生：早晨，天放晴了……好大的雪啊！（学生一边读，教师一边配合手势）

师：（打断）不对，听我来读。“推开门一看，嗬！好大的雪啊！”（读的声音高昂、激昂）是这个样子吗？（众生无语）再听我读一遍（重读一遍，但与第一遍的语气不一样）哪个读得对？

生：第二遍。

师：对，他不是站在讲台上在朗诵：“嗬！好大的雪啊！”（做夸张动作，众笑）不是这个意思，他是自己在跟自己惊叹，是内心的惊叹。应该读得低沉、内向。（再范读）是不是？最后那个“啊”变成“呀”。（生复读课文）

师：（打断）不对，万里江山你们读得十里都不够，我要求不高，现在先读成一百里。

男生：万里江山……

师：（打断）比刚才多了一点，但还不够一百里。（众笑）再重读。

男生：万里江山变成了粉妆玉砌的世界……

师：这回够二百里了，（众笑）再提高一步，这回读到一千里！（学生再读）

师：听我读，一百里是“万里江山”（普通读法），万里是“万里江山”（舒缓、深沉、绵长地），这么读，四个字都要有波浪起伏。（配合手势）想学不想学？

生：想。

师：好，看我的手，开始。

男生（配合老师的手势）：万里江山变成了粉妆玉砌的世界。

师：再重来一次，才能保证一万里以上。（男生又重读一次）

【教学艺术评析】

如何让学生通过朗读置身于课文情景之中，与作者心灵融通，和作者同观察、同体会、同想象、同思考，进而鲜活贴切地彰显出语言文字的“形”和“味”？支玉恒老师的朗读示范及对学生风趣幽默、形神兼备的朗读指导堪称我们的学习典范——他的示范朗读或朗读指导极具针对性、层次性、启发性和激励性：当学生读书冷冰冰不带情感色彩时，他追问“太阳出来了人们高兴不高兴”，并直截了当地点评“我没听出高兴来，再读”；当学生不会用恰当的语气表达“嗬！好大的雪啊！”的内心惊叹感，他就以自己的两次范读引导学生比较辨析“哪个读得对”；当学生始终读不出“万里江山”的气势感，老师则以“先读成一百里”“这回够二百里了”“能不能再读到一千里”循循善诱，并再次范读与讲解，让学生深入体会“普通读法”和舒缓、深沉、绵长、四个字都要有波浪起伏的“声情并茂读法”的不同表现力，进而真正地学会朗读传情。

5. 语境示范

【典型案例】

特级教师沈峰执教译林版《牛津小学英语》4A Unit7 It's late 教学片段

（PPT 呈现教师在家吃早饭的画面，旁边时钟显示时间为 7 点钟）

T：Who is the woman? Do you know, xxx?

S：It's you, Fanny.

T：Yes, It's me. And what's the time now? Please look at the clock, xxx.

S：It's seven o'clock.

T：Yes, It's seven o'clock. And at seven o'clock I...（教师故意停顿，让学生尝试补全句子）

S：Have breakfast.

T：Yes. You are so clever! I have breakfast at seven o'clock. And what time do you have breakfast, xxx?

S：I have breakfast at six forty.

T：Oh, xxx has breakfast at six forty. What time do you have breakfast, xxx?

S：I have breakfast at six thirty.

T：Ah, I see. Thank you.

（在此基础上，教师通过 PPT 逐一呈现一名学生"起床""去上学""吃午饭""回家""看电视"和"睡觉"的画面，每幅画面都有相应的钟面，引导学生用重点句型"I... at..."来描述）

【教学艺术评析】

在学生熟悉的生活语境中示范和操练，是本片段教学最大的特点。对重点句型"I... at..."的学习，沈老师始终通过师生轻松、自然的问答方式，引导学生在情景中逐步感知、理解和掌握语言的结构。从一开始教师示范"抛砖引玉"，到话题的延续和拓展，沈老师有意识地引领学生们由此及彼，由易到难，不断地在情境运用中强化对"I... at..."句型的多角度多层次操练，使学生顺利地掌握语言知识，同时也培养了学生的语言能力。

6. 写生示范

【典型案例】

美术特级教师魏瑞江《挑战自己——写生书包》教学片段①

师：我们今天这节课要求在 25 分钟内画出 5 个书包，而且每个同学只能选择其中的一个书包来画。你们想一想今天的挑战难度大不大？（大）但是难度越大挑战越有意思，对不对？所以，接下来要做的是，请同学们看我进行挑战。看我能不能在 5 分钟内画出一个完整的书包。

① 李力加 . 名师如何炼就名课（美术卷）[M]. 重庆：西南师范大学出版社，2010.

在我画的过程中会暗示大家一些写生方法，希望同学们一定要注意看、注意听。

师：我画的书包是我眼前的这个。在我画的时候我用很短的时间观察它的特征，同时用线条把它表现出来，一个小的细节我也不会把它放过。因为我画的角度是你们看不到的，你们可以想象。你们看我用的线条是非常流畅的，而且兼顾了前后左右，有的书包带子在前面，同时每一个带子都有一个厚度，我也能够注意它的形体特征。这个同学的书包里还有些文具在里面（侧兜透明），可以把它画出来，现在谁可以提醒我一下用了多长时间？

生：1 分钟！

师：现在可以放慢速度了，对不对？（师继续演示，一点也没有放慢）这个书包有一个特点，这个地方有一个什么？

生：饰物。

师：可以画书包上的小饰物。现在几分钟？

生：2 分钟！

师：剩下的时间留给你们，我画完了，同学们感觉怎样？（生鼓掌）

师：（启发学生）这是用一种单线来表现的，还可以用重复的线条从局部进行表现，也就是用短线画出来的效果也好。如果我赢得了时间还可以把书包整理整理，画一点明暗，把这个地方装饰装饰。有的书包有一些网格，你们可以把它细致描绘一下。（通过讲解边演示单线表现法和重复线法，在演示过程中采用心理暗示法打消学生顾虑，向学生注入自信）

【教学艺术评析】

在“造型·表现”学习领域，用短暂的 25 分钟时间，让学生以同一书包完成 5 个不同面的造型练习，并让学生尽情表达，充分展示自己的能力水平，这在很多老师看来是几乎不可能完成的事。但魏老师却做到了，原因何在？第一是目标任务明确，第二是挑战情境的创设，当然最重要的是魏老师的身先垂范——利用示范法演示单线和重复线表现方法，在示范过程中采用心理暗示法消除学生的顾虑，帮助学生树立自信。由于学生的注意力都被吸引到完成具有挑战性的任务中，迸发出内在的潜能去挑战极限，因此完成的作品竟然比平时画一个角度的书包还要好！

【拓展延伸】

教学示范艺术

示范教学，通常是指教师通过直观的形象、图片，现场操作或自身演示等行为，给学生做示范，帮助学生领悟并掌握某种原理和技能的一种教学方法。示范教学的应用非常广泛，写字、歌唱、舞蹈、体育、美术、语文、数学等教学中，都不难看到好的示范既能充分激发学生的学习兴趣，又能有效缩短学生掌握技能的时间，提高学习效率，有的甚至还能取得事半功倍的教学效果。优质上乘的示范教学，通常具有以下共性。

1. 优秀的示范具有明确的目的性和针对性

课堂教学中，重点示范什么、安排什么时间示范、示范多少次、以何种形式示范，并非教师的即兴发挥、信手拈来，而是在备课时，教师已对教材的特点、重点难点以及学生的学习起点、认知水平及能力等做出了充分的预设后确定的。如上述经典案例中，于永正老师关于“介绍信”的引入，目的性与针对性就极强，既让学生明白介绍信是现实生活中经常用得到的应用文，又让学生以“活生生的样板”对介绍信的格式规范以及正文的写作要点等做出迅速感知。细加剖析，斯霞老师示范“精神饱满”、支玉恒老师示范朗读、魏瑞江老师示范写生，无一不具备明确的目的性和针对性。事实上，也唯有针对性强的示范，才能在课堂上起到垂范引路或画龙点睛、醍醐灌顶的作用。

2. 优秀的示范讲究典型性和正确性

小学生向师性强，教师的示范常常构成学生学习的榜样。尤其是在教师第一次示范时，学生往往受对新鲜事物的好奇心驱使，观看或听讲时会注意力特别集中，留下的印象也最深刻，一旦教师示范不够正确或典型性不强，就会使学生对概念或方法的领会不清楚，甚至可能会出现错误。比如体育教学中的技能训练，常常需要老师的动作示范，一旦教师的示范不够准确和熟练，就会使学生对动作概念理解不清晰不到位，致使自己做时出现错误动作，错误动作经过多次重复，就会形成错误的动力定型。因此，教师必须认真地做好每一次示范。

3. 优秀的示范讲究层次性和启发性

示范的层次性主要指充分考虑学生的年龄特点和接受能力，示范方法的采用因人而异、因学生的年龄段而异。如针对低年级学生教学时，教师的示范教学应充分结合儿童的认知能力，采取低龄学生喜闻乐见的示范教学方法，多些直观，多些形象，多些感性；而对中高年级的学生做示范时，基于他们已经具备一定的能力与方法，教师在示范过程中，就可以引导学生细观察，谈发现，或适当添加一些技术技能的讲解与分析，思维与理性的成分明显增加。

示范的启发性则指示范教学不可做得太“满”，要留有余地，引导学生自主思考与实践。像上述“写生示范”的教例中，魏老师的示范就意在引出书包写生的一般表现手法，而不是面面俱到，精细示范，完整示范。这样就给学生的创意性、探索性创作留下了较大的表达空间。

4. 优秀的示范常与讲解相结合，与学生练习相结合

示范与讲解相结合，能使学生的直观（看到的）和思维（通过示范提炼得出方法、步骤等）结合起来，收到更好的效果。示范与学生的练习相结合，则能趁热打铁，学以致用。如教师领着学生练习舞蹈或体育等动作技能，把教师的示范与学生的练习结合起来，就能使学生把看到的（条件刺激）立即与肌肉活动联系起来，能大大提升学生掌握动作要领的速度。

5. 示范并非教师的“专利”，同伴示范亦是极好的教学资源

学生的学习能力、学习速度、学习方式等，均存在着差异。这种差异是课堂中宝贵的教学资源。有时候教师适当的“退后”，将示范的舞台让给能力强、掌握快的学生，不仅可以起到与教师示范相同的作用，还能增强学生学习的信心。有时甚至同伴示范比教师示范更具优越性和说服力，因为同龄人之间会有更相似、更易沟通的“交流密码”。

除上述共性外，“示范教学”的运用还应注意以下几点：一是示范过程必须简洁明快，能清晰明了地将过程展示出来，让学生感到简练易学；二是要有所侧重，能切实解决本堂课的教学重点、难点。“取法乎上，得乎其中”；三是一定要做到短时高效，要在短时间内把主要内容展示出来，给学生留出足够的动手练习时间；四是教师不断提升自身的专业能力，提升自身的示范水准，让学生对老师刮目相看并积极效仿；五是教师示范既要面对全班同学，也要关注对有些学生的个别示范。

总之，“示范教学”的方法是灵活多样的，巧妙的示范教学是课堂教学的催化剂，不仅可以激发学生的学习兴趣，还可以让学生由此及彼，触类旁通，举一反三。

四、归纳演绎法——融会贯通，相得益彰

归纳和演绎，是思维的两种基本方式。归纳，是从个别到普遍、从部分到整体、从特殊到一般的思维过程；演绎，则反之。教学中，顺应儿童学习心理规律，恰如其分地应用归纳和演绎思维，辅以教师合理的引导与讲解，可使得学生的学习有如推窗观江，既有看“巫峡千寻、走云连风”的惬意与惊喜，又有“领其茹强、蓄素守中”的理性遐想。

1. 归纳法——由个别到普遍，由部分到整体，由特殊到一般

（1）归纳，应需而生。

【典型案例】

特级教师徐斌《一位数乘两位数》教学片段[①]

教师出示情境图——两只猴子摘桃，每只猴子都摘了 14 个，求两只猴子一共摘了多少个桃子？列出算式后，学生自主探索算法，结合教学具的操作演示，学生形成了初始的竖式：

$$\begin{array}{r} 1\ 4 \\ \times\quad 2 \\ \hline 8 \\ +\ 2\ 0 \\ \hline 2\ 8 \end{array}$$

师（在学生理解了初始的竖式后）：我们一起来用这样的竖式计算。（学生用这种初始的竖式又算了三题）

师：我们观察一下，这些算式有什么共同的地方？

生：它们都是两位数和一位数乘。

生：第一次乘下来都得一位数，第二次乘下来都得两位数。

① 张俊平．名师的教学主张［M］．南京：江苏科学技术出版社，2011.

生：我发现第二次乘下来都得整十的数。

生：我发现得数个位上的数就是第一次乘得的数，得数十位上的数就是第二次乘得的数。

师：大家观察都很仔细，那么你觉得像这样写怎么样？

生：比较清楚。

生：清楚是清楚，不过有点烦，有些地方不用写两次的。

师：是啊，要是能简单一点就好了。

生：其实这个竖式积里十位上的数字可以移到个位数字的左边，其余可以擦去的。

师：哦，你的想法挺好的，我们一起看：这样是不是简单多了？

$$\begin{array}{r} 1\ 4 \\ \times\quad 2 \\ \hline 2\ 8 \end{array}$$

生：是！

师：刚才写的三道题，你们能不能把它们改成简单的写法？

【教学艺术评析】

以上教学过程中，教师没有简单地立即让学生用所谓的简化竖式，而是在实际计算中使学生进一步理解一位数乘两位数的算理，同时通过观察、比较，找出这些初始竖式的共同点，进而产生简化竖式的需要，在此基础上归纳简化模式。“教是为了更好地学”，对儿童学习心理规律的深度洞察，使得课堂中的归纳活动应需而生。通过这样的过程，学生明白了算理，学会了探究，学会了思考，学会了比较，学会了归纳，这是简单的“灌输”所不能达到的。

（2）归纳，诱而导之。

【典型案例】

特级教师张兴华《分数化小数》教学片段[①]

教师出示题组：把$\frac{3}{10}$、$\frac{27}{100}$、$\frac{250}{1000}$、$\frac{43}{10000}$化成小数。学生对答如流。

师：这些分母是 10、100、1000……的分数，大家很快把它们化成了小数——那么，你们一定在想——

生：分母是 10、100、1000 的分数是一小部分，大量的分母不是 10、100、1000 的一般分数怎样化成小数呢？

① 张俊平 . 名师的教学主张［M］. 南京：江苏科学技术出版社，2011.

师：真会想问题！好，现在我们就来研究这个问题。（出示例题：把$\frac{3}{5}$、$\frac{7}{20}$、$\frac{9}{40}$、$\frac{5}{2}$、$\frac{2}{9}$、$\frac{5}{14}$化成小数）

生：可以把这些分数改写成分母是10、100、1000等的分数，再化成小数。

师：嗯，是个办法，动笔试试。

生：分母9很难扩大成10、100、1000等。也化不成小数。

生：$\frac{2}{9}$不能改写成十进分数，$\frac{5}{14}$也不行。

生：看来改写成十进分数的办法不能解决所有问题？

生：可以把分数改写成除法，用分子除以分母，除得的商就是小数。

师（学生逐一计算后）：那这个办法适用前面的分数吗？

生（计算验证后）：看来，把分数改写成除法，用分子除以分母的方法就能把所有的分数化成小数。

生：化成十进分数的方法只适用于那些能化成十进分数的分数。

师：看看这些分数化成小数的情况，你们又在想什么问题了？

生：我想，为什么有的分数能化成有限小数，有的分数不能化成有限小数？

生：我发现，那些不能化成十进分数的分数都不能化成有限小数，这是为什么呢？

师：是啊，为什么呢？

【教学艺术评析】

归纳，不仅需要发现，还需要追因。课堂中，教师语言恰当的留白、必要的停顿、巧妙的拖音，为学生打开了思维的闸门。探究的过程中，学生不断遭遇新问题，教师不断加以诱导，学生思维被激活，他们的例证越来越丰富、发现越来越完善，追因越来越深入，归纳越来越科学，自然而然地获得了分数化成小数的一般方法和能化成有限小数的分数的一般特征。

（3）归纳，一种思想与精神。

【典型案例】

特级教师王凌《分数除以整数》教学片段[①]

师：这节课我们学习分数除法。事实上，有一些分数除法同学们是会计算的，下面口算几题：

$\frac{3}{8}\div\frac{3}{8}$　　$0\div\frac{4}{9}$　　$1\div\frac{2}{5}$　　$\frac{3}{4}\div1$

① 单广红．删繁就简三秋树　领异标新二月花：朱国荣、钱守旺、王凌《分数除法》教学赏析［J］．新课程研究（基础教育），2013（12）．

（学生逐一汇报结果）

师：上面这四道题是一些特殊的分数除法，我们继续学习其他的分数除法。一张纸的$\frac{3}{4}$平均分成3份，每份是这张纸的几分之几？（图略）

生：$\frac{3}{4}\div3=3\div\frac{3}{4}=\frac{1}{4}$

师：你能归纳这种分数除以整数的计算方法吗？

生：分数除以整数，用分子除以整数的商作分子，分母不变。

师：你认为这种计算方法适用于所有的分数除以整数吗？能举例说明吗？

生：例如$\frac{1}{5}\div3$。

师：在数学学习过程中，我们经常遇到新问题，这时需要考虑如何将新问题转化为已学过的旧知。现在看一看，我们已经掌握了哪些分数除法的知识？

生：（1）分数除以整数，用分子除以整数的商作分子，分母不变。

（2）1除以一个分数，结果是该分数的倒数。

（3）一个分数除以1，结果是原分数。

师：你能将$\frac{1}{5}\div3$转化成已经掌握的分数除法吗？

生：（1）$\frac{1}{5}\div3=\frac{3}{15}\div3=\frac{1}{15}$

（2）$\frac{1}{5}\div3=(\frac{1}{5}\times5)\div(\frac{3}{5})=1\div15=\frac{1}{15}$

（3）$\frac{1}{5}\div3=(\frac{1}{5}\times\frac{1}{3})\div(3\times\frac{1}{3})=\frac{1}{5}\times\frac{1}{3}\div1=\frac{1}{15}$

（4）……

师：你能归纳自己小组讨论的分数除以整数的计算方法吗？

生：（1）先将分子和分母同时扩大相同的倍数，使除数能整除分子，再用前面的方法计算。

（2）利用商不变性质，将分数除以整数转化成1除以一个数，再计算。

（3）利用商不变性质，将分数除以整数转化成一个分数除以1，再计算。

（4）……

师：观察第三种方法$\frac{1}{5}\div3=(\frac{1}{5}\times\frac{1}{3})\div(3\times\frac{1}{3})=\frac{1}{5}\times\frac{1}{3}\div1=\frac{1}{15}$，这个计算过程还可以更简洁$\frac{1}{5}\div3=(\frac{1}{5}\times\frac{1}{3})\div(3\times\frac{1}{3})=\frac{1}{5}\times\frac{1}{3}=\frac{1}{15}$，观察$\frac{1}{5}\div3=\frac{1}{5}\times\frac{1}{3}$，你能说一说吗？

生：分数除以整数，等于分数乘整数的倒数。

师：刚才小组讨论时，每组用一种方法计算了$\frac{1}{5}\div3$，现在你能用其他的方法计算一下吗？（学生计算后）你喜欢哪种方法？为什么？请你总结分数除以整数的计算法则。

生：分数除以整数（零除外），等于分数乘整数的倒数。

师：对其他的方法，你又有什么要说的吗？

生：当分子能被整数整除时，可以直接用分子除以整数的商作分子、分母不变的方法。

【教学艺术评析】

数学归纳，不仅仅是为了获得知识性结论，经历，体验，本身就是一种收获。“在数学学习过程中，我们经常遇到新问题，这时需要考虑如何将新问题转化为已学过的旧知。现在看一看，我们已经掌握了哪些分数除法的知识……”“你能归纳自己小组讨论的分数除以整数的计算方法吗？”“请你总结分数除以整数的计算法则”“对其他的方法，你又有什么要说的吗？”教师从学生已有基础出发，提供富有挑战性的、有利于学生进行观察、试验、猜测、推理、归纳的学习内容，加以适时的引导和点拨，力求学生能运用化归思想自主推导分数除以整数的计算方法。学生获得的，显然不仅仅是计算法则，更是经历数学活动过程而体验到的化归思想与探究精神。

2. 演绎法——从已知向未知、从一般到特殊、逻辑严密的步步深入

（1）演绎——严密的推理过程。

【典型案例】

特级教师李烈《两位数乘两位数》教学片段[①]

师：口算，大家应该没有问题吧，看谁反应快。

生：21×3=63　　21×30=630

师：我们把它们放在一起，也要看看它们之间有什么联系，算完以后要琢磨。

生：下面的数是上面的 10 倍。

师：好！继续。

生：34×2=68　　41×5=205　　15×2=30

340×2=680　　41×50=2050　　15×10=300

（稍后学生纠正：15×10=150）

师：这两个算式有前面的联系吗？

生：没有了。

师：是不是受前面影响了，其实发生变化了，是你出题还是我出题呀？可要认真审题呀！继续。

生：27×3=81　　36×3=108

27×20=540　　36×30=1080

① 詹明道．名师课堂经典细节：品读名师课堂 100 个经典魅力［M］．南京：江苏人民出版社，2007.

……

【教学艺术评析】

演绎，是从已知向未知、从一般到特殊步步深入、逻辑严密的推理过程。在这个过程中，至少需要一个正确的大前提、一个正确的小前提，才能推出一个正确的结论。李老师组织学生口算时，通过第一个题组的计算，帮助学生再现了关于“两个数相乘，其中一个乘数扩大10倍，所得得积也扩大10倍”的认识。稍后的几个题组，学生以这一认识为大前提，结合“这里每组第二题的一个因数扩大了10倍”的小前提，迅速推理得到“得数是第一题得数10倍”的结论。此时，教师给出了一个变式题组，学生按刚才的经验凭直觉给出了错误的得数。由于数据比较小，他们又通过计算修正了错误。在对错误的纠正与反思过程中，教师通过有效的对话“这两个算式有前面的联系吗”，让学生意识到，虽然大前提正确，但“其中一个因数扩大10倍”的小前提已经不存在，所以无法推理出“得数也扩大10倍”的结论。这一变式练习，表面上是在培养学生仔细观察的习惯，从思维的角度看，其本质是教给学生演绎推理的基本方法和过程，经过这样的训练，学生思维的条理性、层次性、逻辑性能得到非常有效的发展。

（2）演绎——有例证更具说服力。

【典型案例】

特级教师邱学华《数字与编码》教学片段[①]

师：年满16岁的公民都有身份证，每个人的身份证号码各不相同，在公安局只要输入这个号码到电脑里，就能找到这个人。课前你们调查了父母、亲戚的身份证号码，请到黑板上写出来。能不能说出这些号码是怎样编出来的？

生纷纷主动到黑板上写出身份证号码，各自说出18位号码各表示什么。

师：身份证编码有18位，比较复杂，同学们通过调查已经知道其中的奥秘。想不想知道邱老师的身份证号码，说说从中可以获得哪些信息。

32 04 04 1935 0726 061 7

生：邱老师是江苏省常州市人。

生：邱老师生于1935年7月26日。

生：061最后一位是单数，表示是男人。

生：从出身年月看，邱老师已经68岁了，我总觉得邱老师只有50多岁，是不是弄错了。

（听课全场哄堂大笑）

师：邱老师真的68岁了，不信你查老师的身份证。现在你们没有身份证，按照编码规律，

① 王建华．革新教材 创新教法：邱学华老师《神奇的数字编码》教学实录［J］．小学教学设计（理科版），2003（6）．

能够先给自己编一个身份证号码？可以现在小组里讨论一下，编好后写到黑板上。

（学生热烈讨论，纷纷把编好的自己未来身份证号码写到黑板上，并说明编码的理由。教师提出两个号码讨论：32 07 05 1991 0506 051 6；32 07 05 1992 0226 ** 单 *）

生讨论后：第二个写得合理些，因为前6位是地区码，8位出生码都可以确定，后面4位不能确定，是公安局电脑里编的，所以用 * 表示比较合理，因为是男生，所以倒数第二位的数字可以确定是单数。

师：其实，每个人的身份证号码一出生就已经确定了，你们可以到户口本自己的那一页去对照一下，这是一件很有意义的事情。

【教学艺术评析】

数学探索活动的目的不仅仅是发现规律，运用已经发现的客观规律、事实，通过演绎推理，更好地说明问题、分析问题、解决问题，同样非常重要。邱学华老师的这一教学片段，精彩诠释了这一道理。学生通过大量调查和观察活动，获得了身份证号码编排的基本规则，并以此为前提，通过演绎推理，从一般规则到具体的个例解读，分析出了老师身份证号码中隐藏的丰富信息。正因为有了严密的演绎推理，课堂中才会产生“老师68岁”这一推理结论和孩子的直观感受“感觉老师只有50多岁”的矛盾冲突，此时，孩子的困惑、成人的哄笑都是最真实情感和认知的流露。成人有相对成熟的演绎推理能力和认知力，当然地确信其推理的结论，孩子则未然，当运用演绎推理获得的结论与自身主观感受不一致时，自然产生困惑之情，这时，老师的确认就显得尤为宝贵。这是培养孩子演绎推理能力和认知力的一次宝贵经历——当前提正确、推理过程正确时，得出的结论就是正确的，哪怕这个结论看起来不那么可信！有了这样的认知力，让学生自编身份证号码，就不再是天马行空、随心所欲的创编，而是科学严谨、逻辑严密的推理。

（3）演绎——由一到百的推演。

【典型案例】

特级教师刘永宽《周长的认识》教学片段[①]

（课堂中大量学生表达了自己对周长的理解之后）

师：大家看，周是什么意思？

生：周围。

师：周围、一周；那么，长呢？

生：长度。

师：那么，周长就是围成一周的——

① 刘方明．提供“渔场”让其学“渔”：听刘永宽老师教学“周长的认识”有感［J］．中小学数学：小学版，2004（10）．

生：总长度。

师：平面图形一周的长度，就是它们的——

生：周长。

师：好，大家看，刚才这个小朋友指的这个周长从这里开始，过来，过来，再到原来的起点，这段长度就是它的周长。哪个小朋友也来试试看。这个五角星呢？

生：它的周长就是从起点沿着这条边一直再到起点。

师：对，哪个小朋友再来指指三角形的周长。

……

师：树叶面的周长在哪里？

（生用手比画）

师：不错，理解得很好！大家再找找，在我们教室里，讲台上找一找，你找的物体它的这个面，周长在哪里？

（生纷纷一边指一边介绍物体一个面的周长）

师：不错，不错！很多物体都有面，这个面都有一个周长，如果我们要知道这个周长到底有多长，有什么办法吗？大家都有自己喜欢的一个图形，现在请你研究自己喜欢的图形。要知道这个图形的周长是多少，可以用什么办法。

师：要知道这个三角形的周长怎么办？

生：要知道这个三角形的周长，我用尺子量。把三条边的长度加起来。

师：要知道这个圆的周长，怎么办？

生1：要知道这个圆的周长，我用软的量腰的尺子量。

生2：也可以用一根线沿着边围在这里，画一个点再量一下。

师：假如老师软尺也没有带，线也没有带，只有一把直尺，怎么办？

生3：把圆片放在尺子上滚动。

（师依次拿出台阶状图形、五角星图形、正方形、长方形等图形，学生纷纷介绍计算周长的方法）

【教学艺术评析】

华罗庚先生曾经说过："教师之为教，不在于全盘授予，而在于相机引导。必令学生运其才智，勤其练习，领悟之源广开，纯熟之功弥深，乃为善教者也。"小学数学课堂中，学生通过对大量具体现象的观察、比较、归纳、总结，把知识内化成自己的科学意识后，对相关的内容加以利用，再通过分析思维演绎出具体推论，能获得其他事实结果，从而扩大知识层面并解决问题。本课中，教师根据学生的年龄特点和认识水平，以学生发展为本，为学生的数学思考活动提供了丰富的感性材料，帮助学生在直观理解周长的含义的基础上，根据不同图形的特点，自主推演出各图形周长测量或计算的方法。

【拓展延伸】

归纳演绎法教学艺术

归纳法和演绎法有悠久的历史渊源。最早是古希腊哲学家亚里士多德在其逻辑学中关于推理方法的思想，亚里士多德主张在推理中采用演绎法。17世纪英国经验科学的鼻祖弗兰西斯·培根从认识论的角度指出了演绎法的缺点，研究了科学归纳法，奠定了归纳逻辑的基础。19世纪英国的逻辑学家穆勒推动了归纳法在科学研究中的应用，提出了著名的归纳方法——穆勒五法。与此同时，与培根同时代的西方近代哲学之父笛卡儿则强调用理性演绎法来认识事物。此后德国哲学家莱布尼茨又试图用数学方法来处理演绎逻辑的问题，为数理逻辑开拓了道路。可见，归纳法和演绎法自问世以来，就各有其所是。实际上，归纳法和演绎法作为认识的工具已被人们广泛应用于各学科领域中，在教学实践中也不例外。赏析特级教师运用归纳法和演绎法展开教学的艺术，是为管窥其内在的理念，汲取其思想的精华，以小见大、以点带面，取得教学真经。

1. 准确把握归纳法和演绎法教学的特点

归纳法是在观察、感知事实之后用分析、综合概括出共性之处，形成相关概念、规律或观点。运用归纳法教学时，归纳法不能给人以必然的结论，为防止学生错误的认识和走弯路，教师应该给予必要的提示和指导，这在探究性学习中尤为凸显。演绎法是根据已知的概念和原理推理得出新的知识结论，运用演绎法可在短时间内掌握必要的知识，是获得新知的重要方法。当然，学生在演绎之前需要有一定知识准备，并在推理之后进行相关验证。

2. 科学认识归纳法和演绎法的教学意义

归纳法教学有助于培养学生观察、分析、比较、发现的能力，有助于激发学生的思维灵感，培养学生的创新能力；演绎法教学则有助于培养学生运用知识解决问题的意识和能力，有助于培养学生逻辑严密的分析推理能力，有助于培养学生尊重客观事实的理性态度。因此，归纳和演绎都是不可或缺的基本的思维方法，运用归纳和演绎法展开教学，不但可以帮助学生主动获取知识，还能帮助学生积累丰富的学习经验和体验，发展学生的思维能力，形成相应的思想方法。

3. 合理运用归纳法和演绎法展开教学

在实际思维的过程中，“归纳与演绎”不可以绝对分离，在归纳过程中包含有演绎的因素，在演绎过程中同样也包含着归纳的因素，不存在只有归纳而无演绎或者只有演绎而无归纳的思维过程。细读上述名师授课案例，徐斌老师引领学生归纳笔算方法，是为了学生更好地演绎运用；李烈老师引导学生演绎应用乘法中积随乘数变化而变化的规律，是基于上节课学生大量运算、发现、归纳获得规律的基础之上的；张兴华老师引领学生归纳出分数化小数的方法之后，通过追因活动，演绎说明了转化的内在原理，深化了学生的理解；邱学华老师引领学生演绎说明身份证号码包含的意思，需要通过例证帮助学生确信演绎的结论。实际教学中，我们要根据学生的年龄特点、心理发展规律，根据教学内容、教学目标的需要，合理选择教学方法。《孙子兵法》说："兵无常势，水无常形，能因敌变化而取胜者，谓之神。"教学中归纳法、演绎法的运用，关键在于灵活合适与融会贯通。

五、启发法——不愤不启，不悱不发

启发艺术，堪称课堂教学的"点金术"。所谓"启"，乃"开其意"，是打开学生思路，而不直接告诉结论；所谓"发"，乃"达其辞"，是提示学生通畅表达，而非代替学生去表达。课堂教学中，如何紧扣思维关键点，把握最佳时机，选用或创造适切方法，通过巧妙的"启"和"发"，使学生破"愤"而通、变"悱"为达？

1. 设疑启发

【典型案例】

特级教师刘德武《认识厘米》教学片段

师：1 厘米有多长？看投影。（投影出示一把尺子，在"0"和"1"之间有一条红色的线段）在尺子上 0 到 1 就是 1 厘米。你知道 1 厘米有多长了吗？对着你的尺子看一看。

师：是不是尺子上只有从 0 到 1 才是 1 厘米呢？

生：1 到 2 也是 1 厘米。

师：这是以 1 为起点的。以 2 为起点呢？

生：2 到 3 是 1 厘米。

师：谁说说在尺子上 4 到几是 1 厘米？

生：4 到 5 是 1 厘米。

师：你们都是这么想的吗？如果不许说 5，还可以怎么说？

（生愣住了，课堂出现短时沉寂）

生：4 到 3 是 1 厘米。

师：谁完整说一遍？

生：4 到 5 是 1 厘米；4 到 3 也是 1 厘米。

师：说得好，这个"也是"说得好。

【教学艺术评析】

"设疑"启发，要求教师要做到深研教材，了解学生的需求及困惑，有目的、适时地、不失时机地在关键地方设"障"立"疑"。

案例中，学生认识厘米时，说从 4 到 5 是 1 厘米，是顺向思维，符合学生的认知规律，因为学生认识数字通常是从小到大，画线段也是从左到右的，学生往往想不到从 4 到 3 也是 1 厘米。这时刘老师抛出疑问："你们都是这么想的吗？难道只能这样顺着说吗？如果不许说5，还可以怎样说呢？”老师在这里“故布疑阵”，引发学生的思维冲突，学生的思维就像一艘顺风而下的小船，突然遇到了一个漩涡，要来个急流回旋，使学生不得不调整思维的方向。老师给足学生思考的时间，最终学生突破思维定式，绝处逢生。

2. 设喻启发

（1）以夸张故事设喻。

【典型案例】

特级教师孙卫胜《面积单位》教学片段①

（课件出示，配乐朗读）放学回到家，马小哈一家三口坐在1平方分米的方桌上吃午饭，可一不小心，咬到了一粒石子，马小哈那颗表面约1平方米的大门牙，被咯掉了，鲜血直流，马小哈忙掏出1平方厘米的手帕，捂住嘴往医院跑！哈哈哈，你信吗？（随着字幕的出示，教室里爆发出一阵前呼后仰的笑声）

师：笑什么？说给大家听听！

生：我笑的是这里在吹牛！1平方米的大门牙，多大呀！是妖怪！（哈哈）

生：1平方分米方桌，哪能坐三口，那简直是小人国！应是1平方米还差不多！

生：1平方厘米的手帕那多小了，应该是1平方分米！

（其他精彩答案略）

师：看来大家都很聪明，从这里你能得到什么启发？

生：面积单位不能乱用。用错面积单位是会闹出笑话的！

生：使用面积单位时，脑子中要先想到底有多大！

【教学艺术评析】

设喻，即打比方。孙老师在教学“面积单位”的练习阶段，没有按常规套路抛出习题让学生直接操练，而是将三个面积单位融于一个小故事中，创设一段极为夸张的反差情境，一下子就激发了学生的思维力和表达欲。学生在“细数”马小哈的可笑之处，其实也是在调用大脑所储存的面积单位表象进行认真辨析。在一派欢笑声中，学生对三个面积单位的表象有了更清晰的认识，正确使用面积单位的意识也悄然生根。

（2）以生活实例设喻。

【典型案例】

特级教师吴正宪《平均数》教学片段②

① 周成平．新课程名师精彩课堂实录（小学数学卷）[M]．北京：中国科学技术出版社，2005.

② 詹明道．名师课堂经典细节：品读名师课堂100个经典魅力[M]．南京：江苏人民出版社，2007.

师：我们再研究一个问题：一条弯弯曲曲的小河，穿过了这片土地，平均水深 110 厘米，你们看谁来了？小明来了。哈哈，我不会游泳，但是我告诉大家，我的身高可是 135 厘米耶，如果我在这条河里玩耍，有没有可能遇到危险？

生：有可能。

师：有可能，谁这节课还没有发言的，你来跟我们解释解释，为什么有可能遇到危险？

生：平均水深就是……

师：说明有的地方水怎么样？

生：很深。

师：还有的地方——

生：很浅。

师：但是平均起来是多少？

生：平均起来是 110 厘米。

师：那小明如果到了深的地方？

生：他就会淹下去。

【教学艺术评析】

以生活实例设喻，常常能令数学概念或数学问题变得切近可感。本片段教学，设置"身高 135 厘米的小明，在平均水深 110 厘米的河中嬉戏是否会有危险"的生活情境，为学生的思维碰撞搭建新的平台，现实生活问题的情境辨析，再一次加深了对核心概念"平均数"的理解，实现了教学内容的"化生为熟""化理为趣"和"化难为易"。

（3）巧譬妙喻点睛。

【典型案例】

特级教师孙建锋《最大的麦穗》教学片段①

师：大学者苏格拉底教育学生有哪些独到之处呢？

生：苏格拉底教育弟子不是直接告诉他们一个道理，而是让他们亲自实践、体会，最后悟出人生的道理。

师：直接告诉学生一个道理不是很省事吗？何必兜圈子、绕弯子？

生：直接告诉我们一个道理，有时会记不住，如果是自己体验、悟出的道理，往往是刻骨铭心的。

师：你的回答很精彩！我赞同你的看法。有时靠着别人告诉的道理，就好像戴在自身的假发、假牙一样，看上去也很逼真，但却没有生命力；而靠自己体悟出的道理就像扎根沃土的大树一样，生机勃勃。

---

① 周成平．中国著名特级教师课堂魅力经典解读［M］．南京：江苏人民出版社，2006.

【教学艺术评析】

"别人告诉的道理，就像假发、假牙一样，看上去逼真，却没有生命力；自己体悟的道理，就像扎根沃土的大树，生机勃勃。"多么生动形象的比喻！看似信手拈来，实则画龙点睛。苏格拉底教育弟子是让他们亲自实践、体会和感悟，孙老师让学生去发现苏格拉底教育学生的独到之处也是让学生亲历读书、自主思考，当学生有精彩发现呈现，孙老师马上以一个精妙比喻作点评，既是对发言学生的高度肯定，更是对全体学生的深度引领。

3. 设境启发

（1）故错情境。

【典型案例】

特级教师孙建锋《只拣儿童多处行》教学片段[①]

师：儿童是小天使，请看课文第一节。哪位小天使愿意读一读？

生：（第一个站起来，读得比较好）

师：你听一听孙老师读一读，然后大家议论。（像"散戏似的"，读出那种散漫，"闹嚷嚷"，读出那种嘈杂，"挤了出来"，读出那种粗野）

生：这不像小天使，这是一群令人讨厌的孩子。

生：这样一念，让人感觉这群孩子混乱、闹嚷、无序，就像闹事的足球流氓。

生：这样读冰心奶奶肯定不愿意的。（笑）

师：你当一下冰心奶奶，读一读好吗？

（生读得很投入）

师：其实，课文的文字是活的，它有声音（"闹嚷嚷"）、有色彩（"大红门"）、有动作（"飞涌"），更重要的是它有情感，儿童就是"小天使"。"小天使"在你们的想象中是怎样的？

生：有着洁白的翅膀。

生：天真、活泼、圣洁、可爱……

师：是呀！偌大的颐和园就像一个充满神奇魅力的魔术匣子，从中飞涌出一个个天真、活泼的小天使。多么美丽的图画，多么美妙的场景，多么可爱的孩子……再来读一读这一节。

（生读得有声有色）

【教学艺术评析】

故错情境，是指教师在教学中故意做错或说错，致使学生觉得乖谬而产生警觉，进而受到有益的启示。孙老师教学《只拣儿童多处行》一文时，为渗透"文字是活的，它

① 周成平．中国著名特级教师课堂魅力经典解读［M］．南京：江苏人民出版社，2006.

有声音、有色彩、有动作，更有情感，读课文就要贴着文字的情感，边读边想象”的读书方法，在示范读第一自然段时故意出错，引发学生辨析讨论。此处“故错情境”的设置，使师生角色互换：教师成了出错的“孩子”，学生俨然成了指点“出错孩子”的“老师”。于是，不用老师“说教”或“告诉”，学生真的便能有声有色读书了，岂非妙哉！

（2）对比情境。

【典型案例】

特级教师孙建锋《只拣儿童多处行》教学片段①

师：孙老师读这篇文章的时候，发现课文的第六节（春光这样地烂漫！它把一冬天蕴藏的精神、力量，都尽情地发挥出来了！）与原著的第六节不一样——“春光，竟会这样地饱满，这样地烂漫，这样地泼辣，这样地华侈，它把一冬天蕴藏的精神、力量，都尽情地挥霍出来了！”请发表你们的看法！

（有的认为原著好，有的认为改编得好）

师：改编派（甲方）与原著派（乙方）陈述各自的观点。

甲方：文章不是写给儿童看的吗？“华侈”我们不懂。

乙方：不懂，正需要学习。我方认为，“这样地饱满，这样地烂漫，这样地泼辣，这样地华侈”排比在一起，一气呵成，情感贯通。

甲方：“挥霍”是贬义的，不如“发挥”用得好。

乙方：“发挥”，是有所限制的，显得有些温柔；“挥霍”是无所顾忌的，显得很洒脱。还是用“挥霍”更显得春光的饱满，饱满到可以大把大把地抛撒。

【教学艺术评析】

比较出智慧。对比情境的设置，常常能为学生的思维开启、展开和碰撞搭建有益平台。此处，孙老师出示课文与冰心原文片段，让学生进行比较阅读，甚至是展开“改编派”和“原著派”的激烈辩论，一方面锤炼了学生遣词用句的敏感度（学生对排比“一气呵成”“情感贯通”的作用，以及对“挥霍”贬义褒用的理解等，说得多好！）；另一方面，也充分渗透着对学生“学习书本而不迷信书本，崇拜作家而不盲从作家”优秀思维品质的培养，可谓一举而多得。

【拓展延伸】

教学启发艺术

教学启发艺术的思想与实践，在中外教育史上可谓源远流长。

---

① 周成平.中国著名特级教师课堂魅力经典解读[M].南京：江苏人民出版社，2006.

在我国，孔子的“不愤不启，不悱不发。举一隅不以三隅反，则不复也”，和《学记》中的“君子之教，喻也。道而弗牵，强而弗抑，开而弗达”等，都堪称教学启发艺术的经典论述。在国外，古希腊思想家苏格拉底的“产婆术”(在教学中用对话、提问、暗示、诘难、归纳等方法，激发学生思维，以使之主动寻求答案，即称之为“产婆术”)，则开创西方启发艺术之先河：苏格拉底认为，教育应是由内而外，是将儿童心灵中的智慧不断引出、发展的过程，而不是由外而内的，注入、训练和铸造的过程。他说：“我不是授人以知识，而是使知识自己产生的产婆。”中西方思想家、教育家对启发式教学不谋而合的青睐，足见教学启发艺术在教育实践中举足轻重的地位。

熟谙并能灵活运用教学启发艺术，相信是每位教师心中的希冀。但既然是“艺术”，我们就不能仅停留在“方法论”层面，满足于了解启发性教学有哪些具体的方式方法以套用，而是应对启发性教学的目的意义、实施原则等作清晰认识和自我解读，方能随机应变地运用、甚至创造更为丰富的教学启发方式。

启发性教学的目的意义，可以归纳为三条。

其一，激发情感。情感是学习的“门卫”。这里的情感包括学生的学习注意力、浓厚的学习兴趣、积极的学习状态等。因为对学生的学来说，教师的“启发”这个外因只有通过学生“真心内动”这个内因才能起作用。否则，就会像王夫之所说：“若教则不愤而启，不悱而发，喋喋然徒劳而无益也。”上述经典案例，若细加品读就不难发现：无论是“设疑启发”“设喻启发”还是“设境启发”，都关注了学生积极情感的启动、激发或维持。

其二，激活思维。激活并促进思维发展是教学启发艺术的主旋律，也是教学启发艺术的核心旨归所在。苏霍姆林斯基认为，“真正的学校乃是一个积极思考的王国”；贝斯特在《教育的荒地》一书中也说，“真正的教育就是智慧的训练。……经过训练的智慧乃是力量的源泉”。因而，衡量启发教学是否切实有效一个最重要的标志，就是看教师的启发引导能否促进学生思维方法的获得、思维品质的培养或思维能力的提升。上述几则教学案例，之所以堪称“教学启发艺术”之典范，是因为每一则都蕴含着学生思维力的培养和发展：或以疑激思，或以问促思，或纠错展思，或辩论明思，培养着学生对话教材的能力、独立思考的能力、顺向思维的能力、逆向思维的能力、发散或聚焦思维的能力等。

其三，激励表达。启发教学不仅要关注“开其意”，还要助力学生“达其辞”。因为学生的学习是一个完整的过程，学习、思考的经过及结果，唯有通过一定的言语组织表达出来，才能在师生的彼此对话与倾听中被观察、被判断是否真正地学懂、学会。上述案例中，老师们或引领学生研究诸葛亮“笑”的丰富内涵，或启发孩子们深入探究“卧薪尝胆”的真正含义，或引着孩子们探讨“平均数”“面积单位”“厘米长度”，甚至组织学生纠错与辩论，虽然教学的内容不尽相同，但共性之处在于：都给了学生较为开放的话题，引发学生积极思考，并鼓励学生大胆表达。

实施启发性教学，还要注意以下原则。

第一，适时合度，“时雨化之”。“适时”主要强调教师启发引导要把握最佳教学时机，当学生心愤求通、口悱难达，急需教师启示开导时，教师适时而教，则如“时雨化之”，可收到事半功倍的效果；“合度”则指教师启发思维的问题深度难易要适中，速度快慢要得宜，广度大小要恰当，量度多少要相应，恰到好处地引发学生积极思维，“跳一跳，摘到桃”，使学生的思维提高到“最近发展区”水平。

第二，适法而启，“润物无声”。教学启发艺术的具体方法是多种多样的，除上文提到的设疑启发、设喻启发、设境启发而外，还有直观演示启发、表情动作启发、类比启发、图示启发、点拨启发、警示启发等。在具体教学中，方法的选用应和具体的学情、教师的气质特征、兴趣特长，以及教学的目标要求、具体内容、教学情境等相匹配。切不可为方法而方法。

第三，启在关键，“举重若轻”。教学启发应启在主要矛盾、关键节点上。找准关键点、核心处展开启发式教学，常常能起到一举多得、四两拨千斤的功效。那么，如何才能找准关键点、做到启发教学时的“举重若轻”呢？不妨加强三个研读：① 研读课标，把握课标对学生学科素养及思维发展等的年段要求；② 研读学生，了解学生的身心发展特点，了解学生的思维发展水平，了解学生的学习需求；③ 研读教材，读出教材的特点与特色，读懂教材的核心教学价值。然后，在课标要求、学生需求和教材提供的教学可能性中找整合点，找聚焦处。

知识链接

教学讲授艺术的特点

讲授法是教师通过语言向学生描绘情境、叙述事实、解释概念、论证原理和阐明规律的教学方法。它是一种不受学科、年级、地域限制，应用范围广、高效、经济、简便又常用的教学方法。

讲授法的运用，由来已久。原始社会，没有专门的学校，教学、生活、劳动一体化，教育主要靠口耳相传；奴隶社会，无论是我国西周以后出现以“六艺”为主的学校教育，还是古埃及、巴比伦、印度等出现的宫廷、神庙学校、文史学校、古儒学校，基本都采用注入式的口授教学；封建社会的教学方法基本仍是讲授法；17 世纪随着西方资本主义发展、生产力提高、科学技术进步、社会对受教育人群需求的扩大、“班级授课制”的出现，讲授法更是得到快速的发展：1632 年，捷克伟大的民主主义教育家、西方近代教育理论的奠基者夸美纽斯在《大教学论》中认为教学是“把一切事物教给一切人类的全部艺术”，并确定了班级教学的基本轮廓，使讲授法得到充分肯定；1806 年，德国哲学家、心理学家、世界教育科学之父赫尔巴特在《普通教育学》中提出著名的“形式阶段理论”，将课堂教学划分为明了、联想、系统、方法四个阶段，班级授课制得以进一步完善并基本定型，这一理论后来就被他的学生发展成“五段教学法”，更强调了教师系统的讲授作用；1939 年，苏联著名教育家凯洛夫在《教育学》中指出课堂教学是学校工作的基本组织形式，并对赫尔巴特的“五段教学法”进行改进和修正，使班级授课这种组织形式形成一套完整的体系，教师系统的讲授得到进一步的发扬。

可以说，不论西方还是东方教育史上，讲授法都是一种流行久远、不可缺少的重要的教学方法，它在课堂教学中具有举足轻重的地位。但是，它的成长与发展却伴随着人们的一系列的批评与指责。讲授法被误认为就是“教师讲，学生听”，讲授法带来的就是被动学习，是学生“鹦鹉学舌地背诵和机械记忆”，是“无须多加考虑的旧教育传统的残余”。在当今中国基础教育课程改革背景下，一些人之所以谈“讲”色变，也就是认为新课程提倡自主、合作、探究的学习方式，需要充分发挥学生的自觉性、积极性、主动性，而讲授法强调教师主导，势必会妨碍学生主体性的发挥。其实，这是对讲授法的一种误读。

实际上，讲授法并不等同于“注入式教学”，也不等同于被动学习和机械学习。考察特级教师的讲授艺术便知：优秀的讲授同样可以极大地调动学生的学习主动性、积极性和创造性，有力地促成学生的有意义学习。

通常，优秀的讲授艺术具有以下特性。

其一，科学性。这是讲授艺术的首要特点。讲授的科学性表现为四个方面：首先是内容科学，即讲授的内容准确无误，能经得起实践检验，毫无虚假，并具有一定的系统性、逻辑性；其次是态度科学，即讲授要以科学的世界观和方法论为指导，实事求是，严谨认真，不故作玄虚，更不弄虚作假；再次是语言科学，即教师讲授要用大家都听得懂的词汇、语法、修辞和学科术语，力求语言清晰、准确、简练、形象、条理清楚、通俗易懂，讲授的音量、速度要适中，语音语调要注意抑扬顿挫；最后是方法科学，即讲授的方法要多样化，富有灵活性，方法要符合学生的心理特征，具有适应性，容易使学生接受。

其二，形象性。讲授过程中，教师要对讲授内容进行加工，把抽象的理论形象化，变为学生易于接受的知识，要借助于语言、表情、动作、直观实物、绘画及音响等手段，对讲授内容进行形象描绘。在讲授形象性的诸多因素中，教师语言的形象性是最主要的，正如夸美纽斯所言，“枯燥的语言如炎日的蝉鸣，使人心烦，而风趣幽默又意味深长的语言会将人引入对知识殿堂的向往”。教师借助形象化的语言，通过比喻、修辞、类比等形式，就会把要讲授的内容变得生动、形象、具体，使学生立得要领，茅塞顿开，透彻理解。教学实践表明，越是抽象的概念，讲授中就越需要形象性的描述。这样才能使学生真正了解其内涵。

其三，情理交融性。优秀教师的讲授艺术，都是以情传理、寓理于情、情理交融的，更形象地说，是以理为骨、以情为肉、骨肉丰满的。现代心理学研究也表明，任何心智活动都不能截然分割为理智生活和情感生活两个领域。因而，特级教师的讲授艺术中，特别注重“情感性”的运用。因为他们深知，首先，情感具有感染性，“不精不诚，不能感人”（庄子），“感人心者莫先乎情”（白居易），教师的教学情感往往对学生有直接的感染作用；此外，情感影响着人的认识活动，诚如苏霍姆林斯基所言，“情感如同肥沃的土壤，知识的种子就播在这个土壤上。种子会萌发出幼芽来：儿童边认识边干得越多，对劳动快乐的激动情感体验得越深，他就越想知道得更多，他的求知渴望、钻研精神、学习劲头也就越强烈”。的确，积极的情感对认知具有动力功能，教学讲授艺术当然不会忽略情感动力功能的充分发挥。

其四，启发性。不懂教学艺术的教师是直接把知识告知学生，一个高明的教师则启发学生去发现探究真理。讲授法和启发式教学非但不矛盾，而且，“启发性”恰恰构成特级教师讲授艺术中极为关键的标志性特点。讲授的启发性包括三层含义：一是启发学生对学习目的意义的认识，激发他们学习的兴趣和热情，使学生有明确的学习目的和主动性；二是启发学生的联想、想象、分析、对比、归纳、演绎，激发他们积极思考，引导他们分析问题、解决问题；三是启发学生的审美情趣，丰富学生的思想感情。

当然，讲授艺术永远都不可能成为某种程式或定论，它是教师娴熟地运用综合的讲授技巧，依照美的规律进行的创造性活动。教学讲授艺术没有最好，只有更好！

第四章 特级教师教学的提问艺术

导　读

清代刘开曾说：“非学无以致疑，非问无以广识。”可见，“广识”从提问开始。问，对获取知识很重要，对课堂尤为重要。课堂提问是实施课堂教学的必要环节，是督促学生认真听课，积极思维，激发学生兴趣的重要手段，也是了解学生知识起点的有效方式。西方学者默加德有这样一种看法：“提问得好，即教得好。”陶行知先生也说：“教学的艺术全在于如何恰当地提出问题和巧妙地引导学生回答问题。”教师应精心设疑，努力优化课堂提问，通过合理设计问题，营造民主宽松的环境，培养学生的问题意识，引导学生发现和提出问题。

古人云：“学起于思，思源于疑。”提问能唤起学生注意、启迪学生思维。课堂提问可以引起学生的学习兴趣，唤起学生学习的激情，营造一种浓厚的学习氛围，可以给学生提供思维的线索，使学生获得分析问题的方法，并运用所学知识解决新问题，同时还可以及时地获得教学反馈，以便随之调整教学内容和方法，提高课堂效率。特级教师的课堂教学往往波澜起伏、有声有色，令学生入情入境、欲罢不能，其中一个重要原因，就是他们那精彩迭出的提问艺术发挥了不容忽视的作用。本章探讨的教学提问艺术有巩固型提问、关要处提问、方法类型提问、提问后的导答等。

一、巩固型提问——温故而知新

巩固型提问是指教师在课堂教学中，为了使学生更好地掌握学过的知识而设计的一类提问。这类提问不仅可以帮助学生在理解知识的基础上牢固地掌握所学的知识，并且能持久地保持，在需要时准确无误地再现和运用，为学生的进一步学习和发展智力打好基础。

1. 复述型提问

复述型提问是指教师在课堂教学中让学生用语言把现成的学习材料表述出来。[①] 比如，复述重要的概念、原理、方法；复述问题的条件和结论；复述解题过程；复述演示、实验的过程和结论；复述课堂小结；复述课文等。这样，不仅有利于吸引学生的注意力，引导他们的思维活动，理顺知识结构，突出教学重点，还可以使学生对学习材料的感知更充实、更完整、更清晰。

【典型案例】

特级教师薛法根《哪吒闹海》教学片段[②]

师：同样一件“哪吒闹海”的事，龙王和哪吒都在李靖面前讲述了一遍，这样的讲述都是对原来这件事情的转述。龙王和哪吒两个讲的一样吗？

生：不一样，一个是讲哪吒干坏事，一个是讲龙王干坏事。（众笑）

生：龙王是告状，哪吒是解释。

师：对！因为他们的目的不一样，所以说法也不一样。那么，这篇课文的编者，他是站在谁的角度写的？在帮谁说话？

生：帮哪吒说话。

师：你是怎么看出来的？

生：称霸一方、兴风作浪、胡作非为，这些词语都是说龙王是坏人。

生：坏人都被哪吒打死了，为老百姓出了一口气。

生：夜叉举起斧头便砍，三太子举枪便刺。这些都不是好人。（众笑）

生：作者说哪吒有法宝，还把哪吒打死三太子的事情省略了。

师：编者把哪吒当成了什么来写的？

生：英雄。

师：对！目的是为了颂扬这样一位英雄。现在我们看一下，一个故事有了三种说法，都因为——

生：目的不同！

师：今天我们先是朗读了课文；然后是概述课文，一件事说成三句话：原因、经过、结果，说得清楚，完整；我们还练习了讲述故事，一句话变成三句；最后我们学习了转述，一个故事有三种说法，目的不同说法不同。那么，《哪吒闹海》这个故事的真相到底是怎样的？还是让我们

① 赖新元．教师课堂教学的十大技能［M］．长春：吉林大学出版社，2010.

② 伍怀林．“简”出的精彩：薛法根《哪吒闹海》教学片段赏析［J］．江西教育，2013（2）.

回去读原著《封神演义》吧！

【教学艺术评析】

同样一件“哪吒闹海”的事，薛法根让学生变换角色尝试挑战，扮演龙王和哪吒都在李靖面前讲述了一遍，这样的讲述都是对原来这件事情的转述，学生的思维活跃起来了，想象也更大胆了，这样用教材引导学生复述课文真的是妙趣横生，学生学得兴味盎然，老师教得轻松自在。学生能顺着课文的思路说出来，语言很有童趣，说得较为顺畅，在教师的点拨下，说得生动了，人物形象一下子鲜明、丰满。可以说是闻其声，见其人。经过这样的练习，说故事就变得生动具体多了，达到了教学的一大目标。

这样的教学方式适用于故事性比较强的课文，离不开语文的基本规律：言语是通过习得才发展。我们留意发现，语文课本中很多内容都是一个个故事，也可以这样尝试着讲一个个故事，让学生学语文犹如听故事，再将故事讲出来，实现这样的过程：走进故事，理解故事，提炼故事，展开故事，说出故事。言意兼得，不脱离语文的本质。

2. 回忆型提问

回忆型提问是指教师让学生对已经学过的知识，如概念、原理、法则、方法等，进行再现和确认，从而巩固学生对基础知识和基本技能的掌握，这种方法通常用在课堂导入中，为学习新课提供铺垫，通过知识的迁移性，以旧引新，达到水到渠成的教学效果。

【典型案例】

特级教师虞大明《珍珠鸟》教学片段①

师：同学们五年级了，一定读过许许多多的书，但是，这本书——你们读过吗？读得怎么样？

（课件呈现“单元导读提示”：有这样一本书——书中没有一个字，却处处都是学问；书上没有作者的姓名，但每个人都是书的作者。这本书的名字叫“生活”。善读这本书的人，不仅会从中有所发现，得到启示，还会为这本书增添更新更美的篇章）

师：从你们懂事开始，就一直在读这本书。但是，可能称不上善读，因为，你们还小，你们还是五年级的小学生，你们还在学习读好这本书的本领。在我的印象中，但凡作家，都是善读生活之书的人。

（课件辅助呈现《落花生》《通往广场的路不止一条》《钓鱼的启示》这三篇文章）

师：谁来说说本单元的三篇课文的主要内容以及作家从生活之书中感悟到的人生真谛？

（生逐一回答）

---

① 虞大明．从课堂开始，让孩子“善读”——人教版五年级略读课文《珍珠鸟》教学设计［J］．江苏教育（小学教学），2012（3）．

师：再比如当代著名作家冯骥才——在他的生活中，曾经与珍珠鸟为伴；而且这段与珍珠鸟为伴的生活，冯骥才读懂了。因此，就有了我们今天要学习的文章。（师板书课题，生读课题）

【教学艺术评析】

人教版教材是以主题单元的形式编排的。《珍珠鸟》一文是该单元的末篇。因此，虞大明老师教学时从单元导读提示入手，回顾前三篇文章的主要内容以及作家“善读”之后的人生感悟，然后引出《珍珠鸟》一课，旨在引领学生关注“生活之书”，从而走上“善读”生活之书的美好“旅程”。

3. 例证型提问

例证型提问的目的是将学生学到的知识具体化，使学生能够理论联系实际。

【典型案例】

特级教师张齐华《分数的意义》教学片段[①]

师：生活中还有分数吗？

（出示题目：我国小学生中，睡眠不足的人数大约占总人数的$\frac{2}{3}$）

师：乐观吗？（请生回答）

师：你自己是$\frac{2}{3}$中的一个吗？老师再提供一个信息：小学生每天睡眠时间应占一天总时间的$\frac{3}{8}$，快速算一下，你知道把什么看作单位“1”吗？你希望我国小学生中睡眠不足的占总人数的几分之几？

师：（出示一张海上冰山图）认识吗？这是冰山，通常冰山露在海面上的部分只占冰山的$\frac{2}{3}$ $\frac{(\quad)}{(\quad)}$。猜一猜。老师提供两个条件，给大家选。（1）$\frac{1}{2}$，（2）$\frac{1}{10}$。

（生猜。师请猜$\frac{1}{10}$的学生说理由）

师：老师给你们看张图片（出示完整的冰山图），看图后你说应该是多少？

【教学艺术评析】

这一案例例证不多，但颇精，体现了张老师对教材的深度挖掘能力。两个生活中的例子教学可谓匠心独运，第一个例子既让学生理解了两个分数的含义，又通过猜希望睡眠不足的人占几分之几渗透了比分数比大小的知识，冰山图让学生在直观中理解$\frac{1}{10}$的意义，而且也明白了“冰山一角”的含义，拓宽了学生的知识面，体现了学科的整合，妙哉！

---

① 单广红．干脆利落处，余音绕梁时——特级教师张齐华“分数的意义”教学赏析［J］．教育科学论坛，2010（4）．

【拓展延伸】

巩固型提问

巩固型提问还有理解型，诱导性，深化型，纠错性，技能技巧型等，提问时要注意以下几点。

1. 理解型提问要注意坡度

理解型提问是指教师检查学生对知识技能的理解、掌握的程度。要求学生对材料加以解说、概述、辨析、排列和整理。这一提问应在学生达到一定的知识水平才能做到。因此在教学实践中，应注意阶段性地、台阶式地提问，使学生在渐渐加深与扩展的过程中问题能逐步得到解决。

如在《I'm a Young Pioneer》的课文学习中，可提出如下的问题：

What's the date today？

Is it Children's Day？

When is Children's Day？

Why is today a special day for them？

Do they feel excited？

What do they wear at last？

Is the red scarf the symbol of the Young Pioneers？

Are they proud of it？

Where can you see the Young Pioneers pennant？

What do all the Young Pioneers salute to？

How do you salute？

这些提问，可以帮助学生在回答的过程巩固和理解之前所学的知识。

2. 诱导型提问要注意启发性

诱导型提问指通过一系列提问，诱导学生发现知识的结论，启发学生的思维。一位品德老师在讲“五四运动”这节课中，提出一个问题，“为庆祝中华人民共和国诞生，在开国大典鸣礼炮时，你们知道当时设置了多少门礼炮，齐鸣了多少响吗?”然后告诉学生：“是54门礼炮齐鸣了28响。设置54门礼炮是为了纪念‘五四运动’，齐鸣28响是为了纪念中国共产党从1921年成立到1949年建国领导人民经过28年浴血奋战，终于取得了新民主主义革命的胜利。那么，为什么要在如此隆重的时刻来纪念‘五四运动’?‘五四运动’是怎样爆发的? 为什么会爆发? 它有什么重要意义?”教师这样的提问会使学生兴趣盎然，从而在主动、轻松的心态中进行学习。

3. 深化型提问要注意深度

深化型提问是指在学生得出知识的结论后，引导学生进一步深化对知识的理解。如一位特级教师老师在复习等腰三角形时，问：“什么样的三角形是等腰三角形?”这样的问题太容易，而且答案只属于记忆性的，起不到深化知识的作用。如果换一个问法：“等腰三角形一边为4厘米，一边为6厘米，求第三边?”（答案：第三边为4厘米或6厘米）“如果一边为4厘米，一边为 10 厘米，求第三边？”（答案：第三边为 10 厘米）“为什么前一问是两个答案，后一问只一个答案？”这紧接着的第三个问题，就是要求学生在等腰三角形的知识外，运用“三角形两边之和大于第三边”的知识来解答问题。像这样的深化性提问不但具有启发性，而且通过问题的变化，逐步推进，使学生对所学知识融会贯通。

4. 纠错型提问要注意难度

纠错型提问的目的是把学生头脑中一些隐性错误认识诱发出来，加以纠正。例如：“a2 与 2a 之间有什么关系？甲比乙多 15，乙比甲少几分之几？0.95 小时等于多少分钟？当正方体的棱长是 6 厘米时，它的表面积和体积是不是相等？为什么？”

纠错性提问适用于学习难度较大的知识，如进、退位加减法、稍复杂的分数应用题；知识相似而产生泛化，如周长与面积，整除与除尽，正比例与反比例；或者数学概念含混不清等方面。

5. 技能技巧型提问要注意及时性

技能技巧提问是指教师为了检验和提高学生对已学知识的熟悉程度。这种提问要做到经常性、及时性，讲课中和讲课后都可以组织提问，以巩固学生知识。

二、关要处提问——牵一发而动全身

提问是课堂教学的重要手段之一，是教师开启学生心智、促进学生思维、增强学生主动参与意识的基本控制手段。但问题太多、太琐碎，不仅会降低课堂教学效率，而且会阻滞学生的自主、个性化学习，用北京大学温儒敏教授的话说：这些问题是脱离课文的无“语文性”，缺少思维深度的“浅问题”。

而特级教师在他们的课堂教学中善于在关要处提出问题，这些问题能从整体参与性上引领学生深入阅读文本，引发学生思考、讨论、理解、品析、创造，从而有效地避免课堂上浅层次的“碎问碎答”。

1. 从题目入手——开门见山式的“关要处提问”

根据阅读文章的标题来设计关要处问题，往往能起到事半功倍的效果。教学课堂上老师可以引领学生以问促思，以问促读，这样会使课堂教学思路更清晰，重点更突出。

【典型案例】

特级教师戈向红《Just like dad》教学片段①

T：What will we learn today. do you know?（示意学生看课题）

S：“Just like dad”.

T：So from the title. do you know who is in the story?（据题猜测，激起阅读欲望）

① 戈向红 . 在讲故事和学语言中培养学生的核心素养——英语绘本故事“Just like dad”教学实例剖析及思考［J］. 小学教学设计，2016（27）.

S1：Maybe a boy and his dad.

T：What does the title mean? Does it mean the boy only likes his dad?

S:（没把握，都不敢说）

T：Does “like”mean “喜欢” in this sentence?（换一种更易于理解的方式提问）

S2：Yes/No...（因为不敢确定，所以都在小声说）

T：In the story. the boy says：“When I grow up. I want to be just like dad.” So what does “like”mean here?

S3：I think it means “ 像 ”.

T：Yes.Maybe his dad is a superman. he does a lot of great things. So the boy wants to be just like dad. What do you think?

S4：I think his dad works hard and makes a lot of money（众人笑）.

T：May be.

S5：I think his dad is very brave and kind. He always help others.

T：That’s sweet.

S6：I think his dad is a teacher. He can teach him a lot of things.

T：Who is right? I’m not sure about the answers. Let’s watch the cartoon and find out：What is the story about?

【教学艺术评析】

课眼，是教者根据文本的精华所在或是关键之处而设置的课堂教学切入点、突破口，又是文本教学目标的聚焦点，更是学生知识能力培养的生长点。找准课眼，可以纲举目张，牵一发而动全身。戈老师由“Just like dad”这一题目关要处切入，抓住课眼“like”展开提问，准确地引导学生把握文本的主旨所在。因为 like 存在一词多义，学生以前学过的 like 意思是喜欢，而在此处是“像”，这是文本解密的钥匙。通过戈老师的第一次提问，学生理出文中主人公，接下去戈老师追问 like 在此处是“喜欢”的意思吗？有效地激发学生的思考。由于学生受旧知迁移的影响，他们有疑惑，但又不敢做出明确的判断。此时，教师提供文中小男孩说的话“When I grow up，I want to be just like dad”，引导学生在句子中理解单词的意思，学生一下子就能领会。接着，通过思考小男孩为什么想要成为像爸爸那样的人，对爸爸的特质进行预测，使学生对“Just like dad”这一题目有了更深入的理解。整个过程都是由这个关要问题牵引，在问中理解，在思中感悟，学生起疑、思考、辨读、自解，极大地发挥了个人和集体的智慧，调动了学生的积极性，充分体现了以教师为主导、学生为主体的教学意识，优化了课堂教学结构，使学生的学习和理解能力在提出问题、解决问题中得到提高。

2. 从重点句段入手——突破重围式的“关要处提问”

在教学中，教师如能指导学生理清文章段落，把握课文的某些关键点，诸如一个中心句，甚至一个过渡段，并围绕这些关键点去探究，是非常有助于学生整体感知课文内容，把握文章的结构特点和写作思路，从而提高学生分析理解能力的。

【典型案例】

特级教师王显才《伟大的友谊》教学片段①

师：马克思和恩格斯的友谊为什么是伟大的？

生：（读）在生活上，恩格斯热忱地帮助了马克思。在共同的目标——共产主义事业上，他们互相关心，互相帮助，亲密地合作，对对方的照顾是无微不至的。

师：所以说——

生：他们的友谊是伟大的！

师：真好！她说的这段话，你们听来是不是感觉很熟悉？这么多同学举手，你们真聪明，书上有这段话，谁来读一读？

生：“在生活上，恩格斯热忱地帮助马克思。更重要的是，在共产主义事业上，他们互相关怀，互相帮助，亲密地合作。”

师：这段话能不能体现友谊的伟大？谁再讲一讲？

生1：因为它不仅说明了课文的主要内容，还起到了承上启下的作用。它不但说了恩格斯在生活上帮助马克思的事，还说了恩格斯和马克思在事业上的互相帮助。

生2：在生活上，恩格斯热忱地帮助马克思。我从“热忱”一词体会到恩格斯对马克思的帮助是无微不至的。

生3：我从“他们互相关怀，互相帮助，亲密地合作”，体会到他们之间有伟大的友谊。我从“亲密”这里体会出了他们在工作上是互相取长补短的，他们的友谊是伟大的。

师：从刚才那位女同学的发言，我们知道这一段在文章中有很重要的作用。那么把这个重点段的内容整理到黑板上，应该写一点什么呢？

生：在生活上恩格斯热忱地帮助马克思。

师：请简练点说。

生1：生活上热忱地帮助马克思。

生2：生活上热忱地帮助。

师：那么，相应地下边写点什么？

生1：事业上他们互相关怀，互相帮助，亲密地合作。

生2：简单地概括，就是事业上亲密地合作。

师：同学们对这段话的理解是不错的，我们能不能把这段话读好呢？同学们先练习读一读。

---

① 王显才.《伟大的友谊》教学实录［J］. 湖南教育，2000（4）.

师：谁来读一读？

生：（读）

师：读得很好。如果停顿注意一些，感情再充沛一点会更好。还想读吗？想读的同学都起立。

生：（起立读这一段）

师：这样看来，我们循着生活和事业这两条线索，抓重点词、句、段进一步来体会马克思、恩格斯友谊的伟大，能不能？

生：能！

【教学艺术评析】

在教学中，教师如能指导学生理清文章段落，把握课文的某些关键点，诸如一个中心句，甚至一个过渡段，并围绕这些关键点去探究，是非常有助于学生整体感知课文内容，把握文章的结构特点和写作思路，从而提高学生分析理解能力的。特级教师王显才老师教学《伟大的友谊》一课时，抓住课文中“恩格斯不仅在生活上关心马克思，更重要的是他们在共产主义事业上，互相关心，互相帮助，亲密合作”这个过渡段，设计了两个关要处问题：恩格斯在生活上怎样热忱地帮助马克思？他们在共产主义事业上，又是怎样互相关心，互相帮助，亲密合作的？教师根据这两个关要处问题，引领学生朗读课文，品词析句，领会主旨。这种居高临下式的关要处问题设计，可以使学生充分把握文章的结构特点和写作思路，提高整体感知课文内容的能力。

3. 从留白处入手，激活思维的“关要处提问”

刘熙载在《艺概》中说，“文有不言者”。可见，文章除了直接用文字表达外，还可用“不言”传情达意。“不言”，就是指作者有意或无意留下的、没有写明的、召唤读者想象的课文中的“空白”。语文教材中入选的文章，多属言简意赅的上乘之作。作者在斟字酌句、谋篇布局的写作过程中，往往不喜欢把什么都写出来，而希望留下一些艺术上的“空白”，让读者用丰富的想象去填补，使作品达到“余音绕梁”的境界。在教材中，这些留白，给了学生无穷遐想和无尽感悟的空间，常常可以激发学生用灵动的思维对文本进行个性化的解读，深化对课文的理解。教师要以独特的视角、敏锐的悟性挖掘文本中的训练点，设计教学关要处问题，让学生植根于课文，想象于书外，通过想象补白，促进学生的语言生长。

【典型案例】

特级教师王崧舟《草船借箭》教学片段[①]

师：我发现这篇课文写诸葛亮说的地方一共有 11 处，前面诸葛亮说“水上交战用弓箭最

① 叶刚．巧问妙点，让学生尽享探究的快意——王崧舟《草船借箭》课堂解析［J］．河北教育（教学版），2016（C2）．

好”，诸葛亮说“既然就要交战，十天造好必然误了大事”，诸葛亮说“我怎么敢和都督开玩笑，我愿立下军令状，三天造不好甘愿受罚”，都是诸葛亮说诸葛亮说。但是我们发现，只有这个地方在诸葛亮说的前面加了一个“笑”字，诸葛亮笑着说。咱们一起来读一读，诸葛亮笑着说——

生：（齐读）诸葛亮笑着说：“雾这样大，曹操一定不敢派兵出来，我们只管饮酒取乐，天亮了就回去。”

师：就两个同学笑了，其他都没笑。一本正经那可不行。诸葛亮是笑着说，得笑，笑出来，咱们再来一遍，诸葛亮笑着说——

生：（齐读）诸葛亮笑着说：“雾这样大，曹操一定不敢派兵出来，我们只管饮酒取乐，天亮了就回去。”

师：是啊，你们研究研究看，你们觉得诸葛亮他在笑谁？自己读书，你们觉得诸葛亮他在笑谁？

（生自由读）

师：诸葛亮在笑谁？你说。

生：诸葛亮表面上是在笑曹操，因为雾这么大，笑曹操不敢出来迎战，其实应该深沉一点。同时他也是在笑鲁肃，前面说过鲁肃吃惊地说“如果曹军出来怎么办？”诸葛亮认为曹兵不会出来，也是在笑鲁肃。

师：诸葛亮是在笑曹操，雾这么大，曹操一定不敢派兵出来，说明诸葛亮对曹操怎么样？

生：了如指掌。

师：了如指掌，是啊，这叫什么笑？这叫讽刺的笑，这叫轻蔑的笑。曹操，哼！我早就有数。来，你读，把这种感觉读出来。

生：诸葛亮笑着说：“雾这样大，曹操一定不敢派兵出来，我们只管饮酒取乐，天亮了就回去。”

师：是啊！这是在笑曹操。

生：我觉得他是在笑他自己神机妙算，笑他自己有这么大的本领，对所有人都了如指掌。

师：他非常满足、非常自信，对草船借箭充满了必胜的信心。对呀，这叫自信的笑，这叫胜利的笑。来，把这种感觉读出来。

生：诸葛亮笑着说：“雾这样大，曹操一定不敢派兵出来，我们只管饮酒取乐，天亮了就回去。”

师：不错，诸葛亮还在笑谁？

生：他还在笑鲁肃，鲁肃前面问诸葛亮。

师：鲁肃是怎么说的？

生：吃惊地问诸葛亮说：“曹兵出来怎么办？”诸葛亮后面回答了鲁肃。

师：他是在——

生：解释。

师：在解释，是在宽慰鲁肃，是不是？鲁肃啊鲁肃，你真是个老实人，你怎么到现在还没明白我的用意呀！是吧？这是一种幽默的笑、一种宽厚的笑。来，读读看，把这种感觉读出来。

生：诸葛亮笑着说："雾这样大，曹操一定不敢派兵出来，我们只管饮酒取乐，天亮了就回去。"

师：不对不对。我跟你说啊，鲁肃是吃惊地说："如果曹兵出来怎么办？"你说。

生：诸葛亮笑着说：雾这样大，曹兵一定不敢出来。

师：啊？不不。你说了应该让我们不吃惊啊。鲁肃吃惊地说："如果曹兵出来怎么办？"

生：诸葛亮笑着说："雾这样大，曹操一定不敢派兵出来，我们只管饮酒取乐，天亮了就回去。"

师：谁来安慰安慰鲁肃？来，请你。我做鲁肃。咱们开始，鲁肃吃惊地说："如果曹兵出来怎么办？"

生：诸葛亮笑着说："雾这样大，曹操一定不敢派兵出来，我们只管饮酒取乐，天亮了就回去。"

师：谁再来安慰安慰鲁肃？请你。

生：请老师配合我。

师：好，我来配合。鲁肃吃惊地说："如果曹兵出来怎么办？"

生：诸葛亮笑着说："雾这样大，曹操一定不敢派兵出来，我们只管饮酒取乐，天亮了就回去。"

师：这回我鲁肃总算放心了。诸葛亮他还在笑谁？

生：笑周瑜。

师：你怎么体会到的？

生：我觉得前面主要是周瑜想害诸葛亮，而诸葛亮就要把十万支箭借回来了，马上就会有十万支箭了，他就觉得周瑜肯定想不到这点。

师：所以诸葛亮那句话最后是怎么说的？

生：他应该是这样说："雾这样大，曹操一定不敢派兵出来，我们只管饮酒取乐，天亮了就回去。"

师：是啊，回去干吗？

生：回去交差。

师：回去交箭，交了箭怎么样？

生：交了箭就自由了。

师：就自由了。我气死你，你不是要害我吗？诸葛亮心里默默地说："周瑜、周公瑾呀，你要跟我斗，还嫩点儿！"是吧？这叫什么笑？这叫会心的笑，这叫自豪的笑。你再读读看，把这种感觉读出来。

生：诸葛亮笑着说："雾这样大，曹操一定不敢派兵出来，我们只管饮酒取乐，天亮了就回去。"

师：你看，诸葛亮算得多准呀！他说曹操不敢派兵出来，曹操果然就不敢派兵出来。曹操又是一个军事家，他又怎么可能让敌人攻打他的水寨呢？所以他一定会叫弓弩手放箭，而且一定会放箭如雨。这样，诸葛亮就一定能够借到十万支箭。你们说，诸葛亮神不神？

生：（齐答）神。

师：妙不妙？

生：（齐答）妙。

师：难怪周瑜听了鲁肃的回答以后长叹一声说——

生：（齐读）诸葛亮神机妙算，我真不如他。

【教学艺术评析】

王崧舟老师在教学这一课时，设计了这样一个问题："全文描写诸葛亮语言的句子共11处，唯有一处是笑着说。那么，诸葛亮在笑谁？这是一种怎样的笑呢？"结果，课堂又营造出了一段高潮，学生对诸葛亮的智慧又有了新的体会。学生联系鲁肃的吃惊感悟其"笑"；联系曹操一定不敢派兵出来感悟其"笑"；联系回去交箭给周瑜感悟其"笑"；联系"我们"只管饮酒取乐感悟其"笑"……而正是对文本的补白的关要处提问，在激活学生思维的同时，悄然地促进了学生的语言生长。

【拓展延伸】

关要处提问设计的注意点

当然，除了以上四种在关要处提问的方法，还可以结合文本矛盾处设计；结合文章脉络设计；根据文章线索设计；根据人物形象设计。从文本互涉角度设计；从学生活动角度设计……套用阿基米德的话：在关要处提问，我们可撬动文本，撬动语文阅读教学的课堂。当然，这个支点——关要处问题的设计——需要精心筹划，设计关要处问题需要注意以下几点。

一要注意准确度。关要处问题的准确度，首先是凸显课的特点。关要处问题设计要切中文本关键，指向文本重点处、学生疑难处，防止并杜绝关要处问题设计游离文本、泛文化甚至去文本化的现象。其次面向学生，关要处问题设计要结合学生思维特点，特别是学生在不同学段所表现出的思维特点，指向学生思维的关键点，既要能辨伪去妄，又要能够促进思维发展。再者，追求准度的关要处问题，还要能够指向学生兴奋点，有利于激发学生研读文本的兴趣。

二要注意梯度。关要处问题的梯度，集中体现在关要处问题之间的序列或与子问题的联系上。关要处问题涵盖面广，需要分解成子问题，并通过追问完成。关要处问题应呈现出梯度，追问也应当将学生思维引向深入。研读文本时，要用最为精要关要处问题形成课堂教学重要活动板块，促进全体学生参与教学，突破教学难点，巩固教学重点；深化教学时，要用有深度的关要处问题激发思考，深化对文本的理解，激发学生持续探讨文本的兴趣，要取得教学结束但对文本的思考仍然持续的效果，促进学生将文本研读由课内延伸向课外。例如，教学《赵州桥》：① 读了课文，赵州桥留给你最深的印象是什么？② 再读课文，各自谈谈对赵州桥"悠久的历史”和“美观的造型”的看法，并用自己觉得合适的方式读一读。③ 建造年代久远及有着美观造型的桥在我国还有不少，为什么唯独赵州桥会如此的享誉中外，举世闻名呢？④ 从哪些方面看出了赵州桥在建桥史上的“创举”？原来的桥是怎么造的？很明显，上面一组关要处问题设计，是由四个小问题组成的。只要稍加注意，便能发现，这四个问题之间并不是一般的并列关系，也不是毫不关联的独立的问题，而是存在着前后之间的相互递进关系，具有一定的梯度。这类关要处问题设计，前一个问题的解决效果，直接影响到后一个问题的解决。后一个问题的解决，必须建立在前一个问题的基础之上才能完成，否则便会成为无源之水，无本之木。

三要注意精细度。关要处问题应少而精。设计关要处问题，就是要避免碎问，避免满堂以“是”或“不是”作答的简单问题。少，就是要控制问题的数量；精，阅读教学中的关要处问题要追求一问抵许多问的境界，以一当十，达到投一石激起千层浪的效果。关要处问题少而精、精而深。这样的课堂，教学问题精要简洁，教学环节简单清晰，探究内容丰富，师生活动充分，教学收益就会巨大。讲究精度的关要处问题，要有贯穿课堂的凝聚力和支撑力。一个有力度的关要处问题能直指文本教学核心，能充分调动学生阅读热情，能丰富探究空间，能组织多样的师生活动。以《月光曲》教学为例，一位教师在教学中设计了一个很好的关要处问题：究竟是什么打动了贝多芬的心，让他创作出传世名作《月光曲》？但仅仅依靠这个关要处问题，显然还不能引领学生深入文本，感受贝多芬的伟大情怀，还必须要抓住文中的几个关键性细节，设计一些细节问题，使课的层次清楚：如，学生谈到走进茅屋，可以设计“贝多芬到底受到了什么感动，才促使他走进了小屋？”这个问题，贝多芬弹了一曲后，又弹了一曲，这时教师又追问，他受到了什么感动又决定再弹一曲？所以，在教学中我们既要为苦苦寻觅一个能“整体牵引”文本的关要处问题而努力，也要为寻找一些能“深挖文本”的细节问题而奋斗，只有这样，“关要处问题”教学才有旺盛的生命力，课堂教学才会显得丰富、饱满。当然，需要明确的是，这里所阐述的细节问题与前文所述的“碎问碎答”有本质的区别，所谓的细节问题应当是“关要处问题”框架下的，对“关要处问题”教学有支撑、有深化、有提升作用的问题。

四要注意灵活度。关要处问题不是封闭的，而是开放的。开放的目的，就是指向生成。关要处问题要能“放得出去”，即放手让学生阅读文本；要“收得回来”，即教师在学生活动过程中，不能淡化、弱化主导作用，要能够借助强调、点拨、牵引、校补、小结等手段，确保学生活动时时处处指向关要处问题的解决，确保教学始终不蔓不枝。开放度还指关要处问题的设计不局限于教师。学生的困惑、疑问，经过教师的整合、点拨，就可以成为课堂教学下一环节的关要处问题。对这种节外生枝的关要处问题，教师利用、点拨得好，可以成为精彩的生成性问题。于漪老师教《变色龙》，中途有学生问：“我想问一个问题，这篇文章中没有一处提到变色龙，而为什么要用‘变色龙’作题目呢？”于老师迅速地说：“全篇从头到尾没有一个地方提到变色龙，为什么以‘变色龙’为题目呢？我倒没有考虑过这个问题，大家一起帮我考虑。”这是利用学生质疑设计关要处问题的一个成功范例。

因此，关要处问题的构建，不仅为学生的自主阅读赢得了时间，也为阅读时抓住重点赢得了机会。而这样的“双赢”又从根本上保证了研究与阅读的有机整合，保证了课堂教学效率。总之，阅读教学中的“关要处问题”设计对牵动学生对文本的深刻理解，提高学生品读的质量，凝聚学生的阅读注意，加深学生思考的层次，有着不可替代的作用，它能引领学生真正走进文本，实现与文本共舞。

三、方法类型提问——各尽其用

马卡连柯认为:“教育学是最辨证的最灵活的一种科学，也是最复杂最多样化的一种艺术。”课堂提问作为教育艺术中的一种手段、技巧，当然也是灵活、复杂而多样的。这里重点列举几种方法类型提问。

1. 正问与反问

正问与反问可以促进学生从问题的两个对立面出发，加深对知识的理解，培养学生顺向和逆向思维的能力，强化行为动机，深化主题，打动学生的心灵。

【典型案例】

特级教师窦桂梅《晏子使楚》教学片段[①]

师：然而，今天，一位历史学家对晏子使楚这样评价：

一个人的智慧不能代表国家的智慧；一次外交胜利并不能获得国家永久的尊重。“晏子使楚”与国家真正的尊严无关。——某历史学家

师：这些观点你赞成吗？不赞成，还是说不清？请小组讨论，各抒己见。

生：这个历史学家说得对，只凭一个人的智慧怎么能挽救一个国家呢？人们应该众志成城，合力对外。

生：只凭一个人智慧远远不够，我觉得应该让晏子当老师，教齐国的人，让齐国人都聪明，这样齐国就会胜利。（众大笑后一片掌声）

生：晏子应该像编《孙子兵法》一样编一本书，把所有的语言记录下来，以便自己国家的人观阅，学习，让大家的语言都充满智慧。

生：我认为晏子很有智慧，并不代表齐国的每一个人都能像晏子这样有智慧，我尊重晏子而不尊重齐国。

生：晏子作为一个外交家，在外交方面他理应为自己的国家赢得尊严，但这是不够的。在外交的领域，晏子做得很出色，这不能完全否定晏子的功劳，所以晏子赢得了这次国家的尊重是事实，不能说和国家尊严没有关系。

生：历史学家说的那句话，有的赞成有的不赞成。前面我同意，比如说最后，可能史学家从

① 陈凤娣．名师课堂提问技巧——从窦桂梅《晏子使楚》看课堂有效提问[J]．广东教育（综合版），2014（2）．

历史的长河去看，说没有“真正”地获得尊严，但是，不能苛求晏子，晏子做了他应该做的。

生：你想啊，历史会拐弯的。国王会变的，他的想法也得变，这个国家的情况就变了，这就和晏子没有关系了。但，想想史学家的话有道理，但我也说不准。

师：各位从语文的角度，从思辨的角度等，多角度发表看法太了不起了。你们用智慧的大脑去分析，判断。让我们继续深入讨论，请同学们拿出《狼和小羊》。

师：这是我们早在二年级就学过的一篇寓言故事，今天重温，我想作为高年级的同学应该知道寓言所表达的含义。如果狼和小羊代表不同国家或者个人，“狼”指谁？

生：楚王。

师：小羊？

生：晏子。

生：是呀，小羊也像晏子一样有理有节、有礼有节地讲理啊。小羊也很有智慧。结果还是被吃掉了。这是为什么？无论是小羊代表个人，还是国家，被吃的原因就是没有和狼对抗的实力，所以这时的智慧一点用都没有。

师：太好了，那晏子怎么就在这次外交上胜利了呢？快回过头来，读课文的第一句话：“春秋末期，齐国和楚国都是大国。”“春秋五霸”还是“战国七雄”，齐国是大国之一啊。结合《狼和小羊》，读了课文这句话，你发现了什么？

生：如果说齐国的这次外交赢得了尊重，那也有国家的力量在后面支撑。所以，参考书上说赢得国家尊重，绝不能说是晏子一个人的功劳。也就是说晏子这次胜利不仅仅是他的外交，是因为他的背后有一个强大的齐国在支持着他。

生：我明白了，国家获得尊重，不是靠一个人或一次外交，需要每个人的努力，（老师在“一个人”前面加“每”）国家的尊严，才能实现由内到外的实力。

师：看看历史学家的话，再看课文结尾的这句话。既然晏子赢得了楚国的尊重，楚国又是大国，而且晏子代表的是齐国，楚王尊重的应该是齐国，可楚王不敢不尊重的却是晏子这个人。如果你是楚王，请讲讲你为什么这么说。（教师把黑板上的叹号变成问号）

生：我首先尊重的是晏子，而不是齐国，因为晏子的才华使我非常佩服。

生：我尊重晏子，就是说我要让大臣们好好像人家晏子学习。

生：没有对晏子的尊重哪来对齐国的尊重?!

师：看来，不管怎样，晏子个人赢得尊重是事实，这也是最重要的。因此，有一组同学讨论时这样说，请默读：

（甲）你以为晏子使楚最神圣的责任是什么？

（乙）还用我说吗？是晏子对齐国的责任。

（甲）晏子还有别的责任同这一样神圣。

（乙）咦？你说说，是什么？

（甲）是晏子对自己的责任。

（乙）首要的是做一个有尊严的人。

师：你读出了什么？你的观点就可以作为课题的副标题。

生：如果连一个使节都没有尊严，那平民百姓又会怎样呢？所以要做一个有尊严的人，让楚国看得起齐国。

生：按理是“楚王不敢不尊重齐国了”，可“楚王不敢不尊重晏子了”，楚王尊重的是晏子这个人，这是为什么呢？因为晏子首先自尊，才能得到楚王的尊重。

生：原来，楚王首先想到的是这个人，如果要实现班级、集体、国家等尊严，每个人，都先要做一个有尊严的人。

师：的确，每个人都努力做一个有尊严的人，在此基础上，才能谈得上班级、集体、学校，乃至国家的尊严。所以，你必须首先做个有尊严的人，除此，才能谈到其他。

【教学艺术评析】

这节《晏子使楚》中，学生的现场表现是相当出色的，让在场的任课教师也吃惊不已，奇怪同样是这群孩子，平时为什么没这么出彩。解释自然很多，至少有一点是站得住脚的，是窦老师解放了他们的思想空间，从外交官的言论到历史学家的评点，既有正问，也有反问，一枚枚“重磅炸弹”如一石激起千层浪，孩子们被老师引入了历史的、人文的、乃至人生的大时空之中，孩子们从正反两个方面去思考，思维不拘泥，不限制，再加上窦老师热情奔放的激励、敏锐幽默的点拨，学生表现得比平常更为主动，成为课堂的主人，便是情理之中的阅读状态了。

2. 直问与曲问

所谓直问，就是开门见山、直截了当地提出问题，直问有助于提高学生的注意力，引导他们积极地分析问题、解决问题。

【典型案例】

特级教师于永正《“番茄太阳”》教学片段①

师：看老师板书，有什么不同？

生：老师板书少了引号。

（投影引号的用法：1. 表示引用的话；2. 表示强调的词语；3. 有特殊含义的词语；4. 表示讽刺否定）

师：用波浪线标出“番茄太阳”出现的段落，看课文中出现了几次？

（生默读，同时进行标画）

师：大家认真读读这三段话，每段中的“番茄太阳”有什么含义？写在自然段的旁边。刚才是朗读，朗读可以走进作者的情感世界，现在是默读，默读可以走进文字背后，进行思考。

① 李兴举，仝伟伟．在语言训练中实现“美丽的转身”：于永正《“番茄太阳”》课堂教学艺术赏析［J］．小学教学（语文版），2011（4）．

生默读，写感受。生写作的时候，师巡视指导评价学生，你写了一句话可以得一颗星，如果写两句话，可以得两颗星。

师指导生读第一处“番茄太阳”，并让生思考这四个字有什么特殊含义。

生：（齐读“明明的爸爸……”）

通过学生的回答，最后得出结论：

第一次：明明心中的太阳

第二次：明明的笑脸

第三次：爱心

【教学艺术评析】

双引号是这篇课文的一大特点，于老师没有赘言，直接将课文中三处加双引号的“番茄太阳”展示在学生面前提问，让学生很快了解了本课的双引号的用法，理解了三次“番茄太阳”的特殊含义。

而有位教师在讲授《孔乙己》一文时，一上课便开门见山地问：“孔乙己是谁的名字？大家试说说。”大多数学生面对老师的这种曲问有些回不过神：“什么？孔乙己就是孔乙己的名字呗！”一下子便陷入了沉思接着一些同学似乎清醒过来说：“孔乙己不是他的名字而是他的绰号。”就在这时老师满意地点头说：“是啊！可见孔乙己的命运。”这里，曲问为老师讲授课文，学生理解课文提供了很好的条件。曲问，就是拐弯抹角，从侧面或反面提出问题，它有助于学生澄清杂念、疏通思路，曲问往往以直问为基础，沿着这条曲径使学生达到知识的深层、高层。

3. 追问与联问

追问，是对某一内容或某一问题，为了使学生弄懂弄通，往往在一问之后又再次提问，穷追不舍，直到学生能正确解答为止。在课堂教学中，追问常常表现为一张一弛，使学生由紧张到轻松，又由轻松到紧张的这样一个学习过程。

【典型案例】

特级教师张齐华《圆的认识》教学片段[①]

师：最后，让我们再一次回到平面图形的世界，感受圆与其他图形错综复杂的关系。瞧，这里有一个正三角形，现在，我们沿着它的中心把它稍作旋转（出示图片）。旋转以后的三角形与原来的三角形有没有完全重合？

生：没有。

师：不行，我还得再旋转一次。

① 肖备荒．在思辨中感悟概念本质——张齐华“圆的认识”教学片段赏析［J］．江西教育，2015（26）．

生：还是没有。

师：再来看圆。想象一下，如果我们沿着圆心把圆也旋转一下，情况又会怎样？

生：不管怎么转，都会重合。

师：是不是这样呢？来，拿出刚才的圆，用铅笔尖抵住圆心，并按在桌面上，轻轻转一转。（学生操作）我们把圆的这一特点叫作旋转不变性。那么，三角形具有旋转不变性吗？

生：没有。

师：不过别遗憾。如果我们按照特定的角度继续把这个三角形旋转下去，情况又会怎样呢？让我们拭目以待。（课件演示）

生（惊讶）：哇，太棒了，居然是一个圆！

生：不对，是一个近似的圆。

师：瞧，直线图形转着转着，又回到了圆，真有意思。不过，刚才我们是绕着平面图形的中心点旋转的。如果绕着其他点旋转，还会出现这样近似的圆吗？

生：应该不会？

生（声音很小）：可能会。

师：会还是不会，还是用事实来说话吧。瞧，这是一个正方形。现在，我们绕着它的一个顶点旋转（课件演示旋转过程）

生（不可思议）：居然也行！

生：好漂亮！

师：更漂亮的还在后面呢！

（课件呈现图片）

生：哇！

师：别光顾着感叹，能看出这两幅图是由什么图形旋转而成的吗？

生：椭圆。

生：线段。

师：想不想看看线段是怎样旋转成这样美妙的图案的？

生：想！

师：观察时，请大家牢牢盯住线段的两个端点，看看线段旋转时，这两个端点是沿着怎样的轨迹移动的。

教师利用课件演示线段旋转的完整过程，学生根据观察到的情形，用手比画线段端点移动的轨迹。

师：其实，所谓圆，就是某个点沿着特殊路线运动后留下的轨迹。到了中学，同学们就会明白。我们还接触了其他平面图形，如长方形、梯形、平行四边形，甚至还有不规则的曲线图。这些图形如果绕着其中的某一点旋转，会不会也出现和圆有关的美妙图案呢？课后动手去试一试吧！相信，一定会有更多的惊喜在等待着大家。

【教学艺术评析】

通过对其他图形一系列的追问和联问，学生对圆的内涵的认识更加饱满、厚重、实在，还体现了曲与直、有限与无限的数学思想。曲与直是在引课时体现的，也就是圆的外在美的体现处。有限与无限，不但在研究特征时的“圆，一中同长也”处有，在结尾拓展圆具有“旋转不变性”时也有。这些正是圆内在美的体现。

4. 设疑与悬念问

所谓设疑，就是有意设置障碍、悬念造成疑惑，创设愤悱情境，激励解决，教师在教学过程中通过设疑、解疑可最大限度地引发学生的学习兴趣，使学生处于一种“情愤愤，心悱悱”的状态，从而激起他们积极思考探索的欲望。当他们处于“山重水复疑无路”时，教师再适时给予解惑，使之感到“柳暗花明又一村”，这比平铺直叙讲解理论更有利于培养学生的能力，更能提高教学效果。

【典型案例】

特级教师李吉林《桂林山水》教学片段[①]

师：这节写漓江的水，写到这儿，李老师有个问题，这段是写漓江的水的，那么从第二节开始就写“我们荡着小船……”可以吗？为什么要写“看过波澜壮阔的大海”“水平如镜的西湖”？

生：写大海和西湖，可以衬托出漓江水又静又清又绿。

师：对，这样才使我们知道桂林的水甲天下，现在请大家念这句话。（生念）

师：“波澜壮阔”就是大海里的波涛很大，一个接一个，气势很大，“水平如镜”的“如”是什么意思？

生：像的意思。

师：你学得很好，水静静的，很平，就像一面镜子，这些句子是衬托的，怎么念？

生：（念第二小节）

师：这节写什么？

生：写桂林的水静、清、绿。

师：这节写桂林的水的特点，写桂林水甲天下。

【教学艺术评析】

以设疑方式，回顾前文，引导学生弄明白：开头一句话，在本节课文中起衬托作用，引起学生兴趣，激发学生思维。

---

① 王洁琼.《桂林山水》语言教学片段赏析［J］. 广西教育，2016（37）.

【拓展延伸】

提问方法探幽

方法类型的提问，从不同角度还可以分为很多类。

1. 设问型

就是精心设计问题提问学生，它的特点是将问题提出后，并不要求学生作答，而是自问自答，它能够引起学生的注意，造成学生的悬念感。设问常用于复习。复习中的设问，一般不是知识的简单重复，而是着眼于培养学生多向思维能力，以利于知识的巩固和提高。设问还常用于引入新课，其作用是设置悬念，以激发学生的学习兴趣、热情和求知欲。这种设问，往往把一节课的重点设计，使与日常生活密切相关，同学生有强烈愿望的问题联系起来。

2. 互问型

就是由学生提出问题、回答问题。互问是一种你来考考我、我来考考你的教学活动。有经验的教师常采用互问、互考激励学生的兴趣，调动学习积极性，收到良好的效果。互问可在局部也可在全班进行。要框定问题的范围，注意引导学生围绕教学重点去展开互问互答，切忌偏离教学内容讲题外话。出现“卡壳”时，教师要及时做好“穿针引线”的工作，使互问顺利进行下去。

3. 急问型

就是教师比较急促地提出一连串问题，促使学生争先恐后地抢答。急问的特点是教师发问的语气较急促，问题与问题之间提出的间隙时间较短，它能够创设热烈的课堂气氛，节省教学时间，训练学生敏捷、灵活的思维品质，但容易形成假象，即学生匆忙应答而忽视思维。这种提问比较适合浅显的教材内容和准备充分的学生。

4. 平问型

就是教师平心静气地提出问题，引导学生思考。平问的特点是教师提出问题的语气比较舒缓，要求学生作答的时间也不匆忙，这种提问适合教学难度较大需要学生认真思考的问题。

5. 开拓型

用于训练学生运用学到的基础知识及原理进行创造性思维。具体可分为三种：① 方法性提问。目的在于引导学生回顾获得知识的学习过程，教会他们总结和运用科学的思维方法，提高探取新知识的效率。② 规律性提问。目的是启发学生将所学知识加以比较和整理归类，学会发现知识规律。③ 创造性提问。目的是培养学生创造性的思维能力，它的主要目标是发展学生的想象力。

四、提问后的导答——引玉需抛砖

善于提问，是教师教学艺术的主要表现之一；善于启发指导学生回答问题，也是课堂教学提问艺术的主要组成因素。课堂上常有这样的情形，教师发问后，学生无动于衷，或者答者寥寥。面对这种情况，如果善于导答，学生就会排除障碍，提问便会成功；否则，就会归于失败。可见，课堂上会不会提问，提问后会不会导答，这是不可分割的两个方面。导答成功与否，取决于教师本身的业务素质和教学应变能力，也离不开一些基本艺术方法的运用。以下列举几种特级教师常用的提问后导答的方法。

1. 鼓励法

在答问出现冷场后用激情的话语直接鼓励学生回答。特级教师非常善于这样鼓励学生："我知道大家都在认真思考，而且有几位同学跃跃欲试，准备回答。看谁先举手？好，一个、二个……很好。××× 你先来说。"既充分发动，又指名预先设计提问的同学回答，点、面都照顾到了。

【典型案例】

特级教师孙双金《落花生》教学片段[①]

初读课文之后，孙老师说："读书最可贵的是能发现问题。下面请大家拿出笔来，默读课文，把自己不理解的地方画出来，待会儿提出来我们一起学习。"学生照着指示做，奇怪的是绝大多数人都是拿着笔做做样子，根本没在课本上画任何记号。

五分钟后，没有人举手提问，都一脸茫然地望着老师。孙老师有些愕然：都读五年书了，竟然还不会提一个问题。

孙老师决定，这节课一定要让他们学会提问，而且要提出有价值的问题，于是笑了笑说："你们有没有不理解的词语？有就提出来，我最喜欢勇敢的同学，谁第一个举手？"过了好一会儿，终于有一个男生小心翼翼地举起了小手。

生：老师，"茅亭"是什么意思？

师：你是班上最勇敢、最聪明的同学，你提了第一个问题，了不起，请大家掌声鼓励！其他学生的眼里有了一丝羡慕。

生：老师，"新花生"是什么意思？

生：老师，"开辟"是什么意思？

由于被激励，许多学生开始产生属于自己的"？"，但都还停留在就词语提问的水平，这时孙老师决定打破他们的思维定式。

师：你们有没有不理解的句子呢？

学生不再像刚才那样茫然，而是陷入了思考。

生："那天晚上天色不大好，可是父亲也来了，实在很难得。"这句话我不懂。

师：你真能干，一下子就找到这么一个重要的问题。（投影该句）我想，就这句话我们起码可以提三个问题，你们动脑筋想想看，我相信你们一定可以提出来。

有了明确的"攻击"目标，大家脑筋开动起来了。

生：那天晚上为什么天色不好？（不着边际的问题，一片笑声）

① 任荣桂，赵兰．一堂开放式的阅读课——特级教师孙双金《落花生》教学赏析［J］．小学语文教学，2001（12）．

生：老师，在我们家里父亲和我们在一起吃饭是经常的事，为什么这家父亲“很难得”呢？

师：真聪明，你联系自己的家庭生活实际，提出了很有价值的问题。

生：那天晚上天色不大好，父亲为什么也来了呢？

又一个有价值的问题出来了。

生：可是父亲也来了，为什么要用上“也”呢？学生开始咬文嚼字了。

生：父亲来就是为了吃花生吗？他还有什么用意呢？

【教学艺术评析】

孙老师说他上课的法宝之一就是不断地给学生戴高帽子，鼓励，鼓励，再鼓励，还不时跟学生握握手，摸摸学生的头，俯下身子和学生拥抱等，拉近师生之间的距离，给学生具体、可感的激励，上面的片段中，孩子们在他的不断鼓励下，一个个精彩的“？”产生了，一个个脑袋里的智慧被唤醒了。

2. “挑战”法

在学生答问都不积极主动的情况下，教师也可以故意说出一个错误的答案，有意挑起“战”火，诱导学生抢答。

【典型案例】

特级教师于永正《草》教学片段[①]

师：小朋友，放学回家谁愿意把诗背给妈妈听？（学生纷纷举手，于老师请一名小朋友到讲台前）现在，我当你妈妈，你背给我听听好吗？想想，到了家里该怎么说？

生：妈妈，我今天学了一首古诗，背给你听听好吗？

师：好！（生背）

师：我女儿真能干，老师刚教完就会背了。（众笑）

师：谁愿意回家背给哥哥听？（指一名学生到前边来）现在我当你哥哥，你该怎么说？

生：哥哥，今天我学了一首古诗，我背给你听听好吗？

师：哪一首？

生：《草》。

师：噢，这首诗我也学过。它是唐朝大诗人李白写的。

生：哥哥，你记错了，是白居易写的！

师：反正都有个“白”字！（众笑）我先背给你听听：离离原上草，一岁……

生：一岁一枯荣。

师：野火烧不尽，春……春……哎，最后一句是什么来着？

生：春风吹又生！

① 孙双金．向经典致敬——于永正《草》一课的教学赏析［J］．江苏教育，2018（33）．

师：还是弟弟的记性好！（众笑）

师：谁愿意背给奶奶听？（指一名学生到前边来）现在，我当你奶奶，你奶奶没有文化，耳朵有点聋，请你注意。

生：奶奶，我背首古诗给您听听好吗？

师：好！背什么古诗？什么时候学的？

生：背《草》，今天上午刚学的。

师：那么多的花儿不写，干吗写草哇？

生：（一愣）嘿，因为……因为草很顽强，野火把它的叶子烧光了，可第二年又长出了新芽！

师：噢，我明白了，背吧！（生背）

师："离离原上草"是什么意思？我怎么听不懂？

生：这句诗是说，草原上的草长得很茂盛。

师：还有什么"一岁一窟窿"？（众笑）

生：不是"一岁一窟窿"，是"一岁一枯荣"。枯，就是干枯；荣，就是茂盛春天和夏天，草长得很茂盛；到了冬天，就干枯了。

师：后面两句我听懂了，你看俺孙女多有能耐，小小年纪就会背古诗，奶奶像你这么大的时候，哪有钱上学啊！（众大笑）好，今天的课就上到这儿，小朋友们，放学回家后请把《草》这首诗背给家里的人听。

【教学艺术评析】

于老师寓教于乐、寓庄于谐，把课堂教学情趣化了。其实，师生不断变换角色交流，不断"犯错误"，绝不是玩花样、哗众取宠，而是为了加大检查和言语交际表达训练的力度，加强学生的挑战欲，加深学生对作者的记忆、对诗句的理解、对诗的感悟。

3. 直观法

有些问题比较抽象，教师可运用实物、插图、教具等提示、启发学生答题。

【典型案例】

特级教师斯霞在教学"灭"字时，做了这样一个实验：在一个透明的玻璃杯里点燃一根蜡烛，然后在杯口盖上一块玻璃，火渐渐熄灭了。

【教学艺术评析】

斯霞老师在教学这个字时，用这样的方法，激发了学生学习的积极性。使学生愿意学习，也学得很好。首先是针对会意字的特点，有助于学生对字义的了解和字形的识记。其次形象生动的直观演示，有利于激发学生的学习兴趣，符合学生认知规律。

4. 示意法

有些抽象的问题，教师还可借助动作、表情等来帮助学生理解。

【典型案例】

有一次，斯霞老师讲到“笑嘻嘻”这个词。她对学生说：“你们看老师脸上的表情怎么样？”同学们都说：“老师表情笑嘻嘻的。”然后，个个孩子都自然地露出笑嘻嘻的样子。她又问：“除了笑嘻嘻，还有什么词可以表示笑呢？”有的说笑眯眯，有的说笑哈哈，还有的说笑呵呵。她又问：“笑哈哈和笑呵呵有什么不同呢？”孩子们积极地回答：“笑哈哈时张大嘴，笑呵呵时嘴张得不是那么大。”斯老师问：“笑哈哈、笑呵呵和笑嘻嘻有什么不同呢？”学生说：“笑哈哈、笑呵呵都有声音，笑嘻嘻没有。”

【教学艺术评析】

从这个例子中，我们可以看到斯霞老师在识字教学中，把抽象的词语和具体的事物以及学生的表象联系起来了。通过自己的一个表情，使学生非常容易地理解了词语，同时通过比较，了解了其他一些词，并弄清了它们的关系以及区别，使学生领悟词义更准确了。当然，这一做法使学生的头脑中建立了语言文学与具体事物的联系，往往不容易遗忘，而且通过一个词的解释，丰富了词汇。

【拓展延伸】

提问后的导答方法

体现师生互动的课堂提问在小学课堂教学中几乎是无处不在。可是经过精心设计和组织的课堂提问后，出现了冷场、卡壳、答非所问等现象，这时教师有的导答无术，越俎代庖；有的左冲右突，环顾左右而言他；有的让学生当“应声筒”；更有甚者，见学生答不出，或冷眼相待，或大声呵斥，或冷嘲热讽等等。诸如此类，不仅影响了学生学习的积极性，也影响了提问的实际效果。在提问后出现与提问者初衷相违背的情境时，怎样才能把学生从“山重水复”中引至“柳暗花明”呢？

1. 激将法

常言说：请将不如激将。有时教师苦口婆心地劝导，学生可能无动于衷，而一句激将，却歪打正着，激起一些争强好胜心较强的学生发言。教师发问后课堂上出现冷场时可采用这种方法。如一位教师在发问冷场后这样说：“我们全班50多位同学，平时个个聪明伶俐，思维敏捷，今天这样一个很简单的问题还能难得住吗？谁站起来打第一炮？×××，你敢不敢？”通过激将，把学生推向答问的前台。

2. 举一法

有些问题，答案内容较多，教师可举一点为例，让学生进行“反三”。

3. 留尾法

有些问题，学生一时答不出，教师可再重复一下提问的主要内容及部分答案，留下另一部分答案，让学生续答。

4. 搭桥法

为沟通知识的内在联系，教师常常在新旧知识的交汇点上发问，这类提问“卡壳”之后，教师不应越俎代疱，自我解困，而应适度地提示思考的范围、对象，或提供旧知识，引起学生联想，打开贮存知识的宝库，让他们迅捷地以旧推新，顺利地完成答问。

5. 指路法

教师发问后，学生答不到点子上，或答非所问，或一时答不出，教师可指明思考的内容和方向。

6. 定向法

有时教师提出的问题难度较大，与学生的年龄和知识不太相符，学生想答而又答不得当，或一时“卡壳”，这时教师可及时调节、缩小或限制范围，或指明思考方向，以便帮助学生排除障碍，确定思维方向，迅速而准确地达到思维目标，完成答题。

7. 迁移法

对有些问题学生一时答不出时，教师可让学生先体会一下与问题中的事物有相似点或相反点的事物，然后采取“由此及彼”的联系、迁移方法，帮助学生接通解答的思路。

知识链接

教学提问艺术的特点

如果说一个有趣生动的情境是促进学生智力活动的开展、吸引学生的注意力的第一步，那么提供学生感兴趣的课堂提问就是教学过程中师生进行思想活动交流、进而激活学生思维、升华情感的关键所在。善教者必善问，善问是一种艺术，只有“善问”，课堂气氛才会活跃，学生的思维才能激活。能否科学地设计出新颖、巧妙、直击重点、触及难点、激发学生思考的问题，是教学成败的关键。

1. 目的明确，精心设计

课堂教学提问不应是随意的，要紧紧围绕课堂教学中心来进行。教师在授课前要精心设计提问内容与形式，所提内容应具有典型性，形式要多种多样，否则就会偏离课堂教学中心，达不到提问应有的效果。提问是为教学要求服务的。为提问而提问是盲目的提问，盲目的提问无助于教学，只能分散精力，偏离轨道，浪费时间。备课时就要描述出提问的明确目标：为引出新课？为前后联系？为突出重点？为突破难点？为引起学生兴趣？为引起学生争论？为促使学生思维？为总结归纳？等等。要尽可能剔除可有可无、目标模糊的提问，保留目标明确、有实际意义的提问。明确提问的目的性，就能使提问恰到好处，为教学穿针引线，产生直接的效果。

2. 问在留白，回味无穷

绘画艺术特别讲究留白，文章亦是如此，讲究留给读者无限想象的空间，所谓“言有尽而意无穷”“回味无穷”。提问就要瞄准文章的空白处，学生的思维与认识、理解、感受上的空白处。

一位特级教师在教学冯骥才的《珍珠鸟》一文时，针对第四自然段中空白提问（“对于小珍珠鸟一点点与‘我’亲近，在这一过程中，我可能会有哪些反应与表现呢？”），设计如下教学。

一是让学生细细阅读这部分，重点品味“小珍珠鸟与我亲近的过程”中哪些文字写得特别细腻入微、生动逼真。学生自然地聚焦到这些细节描写：“只在笼子四周活动”“一会儿……一会儿……一会儿”“一点点挨近”“俯下头来喝茶，再偏过脸瞧瞧我的反应。”“索性用那小红嘴，‘嗒嗒’啄着我正在写字的笔尖。”“我用手抚一抚它细腻的绒毛，它也不怕，反而友好地啄两下我的手指。”二是让学生找出“我”的反应——课文中只有“见我不去伤害它”“我用手抚一抚它细腻的绒毛”这两处，然后让学生想象当时的情景，提问：“对于小珍珠鸟一点点与‘我’亲近，在这一过程中，我可能会有哪些反应与表现呢？”请学生补白“我”的反应。于是学生移情入境，把自己当作冯骥才，补白生动细腻，如：……一会儿把灯绳撞得来回晃动（我装着什么也没看见，什么也没听到）。再如：……再偏过脸瞧瞧我的反应（我对它微微一笑，继续写作）。最后，出示原文语段，让学生在比照中进一步体会这些精彩的细节及背后人物的内心世界。

3. 科学提问，难易适度

提问前，教师既要熟悉教材，又要熟悉学生。要掌握提问的难易程度，既不能让学生答不出，也不能简单地答“对”与“不对”，要使学生“跳一跳才摸得着”。对难度过大的问题，要注意设计铺垫性提问。适度性即所提问题难易适中，不贪大求全。要防止浅——缺乏引力，索然无味；偏——抓不住重点，纠缠枝节；深——高不可攀，“听”而生畏；空——内容空泛，无从下手。太易，脱口而答，无法引起思考，对培养学生思维能力不利。太难，难以下手，造成心理压力，效果适得其反。提问适度，是量力性教学原则在提问艺术上的体现。

4. 趣味横生，新颖别致

课堂提问时要注意内容的新颖别致，使学生听后产生浓厚的兴趣，进而积极思考。一些学生熟知的内容，要注意变换角度，使学生听后有新鲜感。

5. 启发为主，循循善诱

启发性是课堂提问的灵魂。启发性是指提问能触动学生的思维神经，给学生点拨正确的思维方法及方向。缺少启发性的提问，是蹩脚的提问。为此要避免那种不分巨细、处处皆问的做法。要尽量避免单纯的判断性提问（如“对不对”“是不是”等），多用疑问性提问，还要注意运用发散性提问、开拓性提问，使学生在提问中受到启迪。启发性不仅表现在问题的设置上，还表现在对学生的引导上，要适合学生的心理特征和思维特点。教学实践证明，提问后出现冷场，不是学生启而不发，而是问题缺少启发性所致。提问有启发性，是启发式教学原则在提问艺术上的体现。

6. 灵活多变，因势利导

课堂教学是千变万化的。学生答问中也可能出现这样那样的问题，如答非所问，或干脆答不出来等。因而教师在提问时要注意运用教育机智，根据变化了的情况，有针对性地发问。不能不顾课堂情况的变化生硬地照搬照用课前设计好的问题，也不能在学生答不出时一个劲地追问学生。要多运用疏导性提问、铺垫性提问，以适应变化了的情况。

7. 鼓励为主，评价正确

学生答完问题，教师要给予充分肯定，在充分肯定的同时要指出不足，提出期望。切不可对答错的同学白眼相待、讽刺挖苦，也不能无原则地赞美。教师应给每个学生以成功的体验，又指明努力的方向。

8. 面向全体，最近发展[①]

教师提问应面向全体学生，然后根据教学目的、要求与问题的难易程度，有目的地选择提问对象。这样可以吸引所有的学生都积极参加思维活动，促使每一个学生用心回答问题。

维果斯基的“最近发展区理论”，认为学生的发展有两种水平：一种是学生的现有水平，指独立活动时所能达到的解决问题的水平；另一种是学生可能的发展水平，也就是通过教学所获得的潜力。两者之间的差异就是最近发展区。教学应着眼于学生的最近发展区，为学生提供带有难度的内容，调动学生的积极性，发挥其潜能，超越其最近发展区而达到下一发展阶段的水平，然后在此基础上进行下一个发展区的发展。

只有针对最近发展区的教学（提问），才能促进学生的发展，而停留在现在发展区的教学，只能阻碍学生的发展。当然，“过犹不及”——若完全超越学生的最近发展区，超越学生的努力范围，让学生无论如何“跳一跳”，都“够不着”，也是不能促进学生能力发展的。

苏教版五年级上册《少年王冕》，节选自吴敬梓的著名讽刺小说《儒林外史》。课文第五自然段对雨后美景作了具体精彩的描写。很多老师在教学这段时，总是不停地追问：为什么作者要花这么多笔墨来写景？希望学生认识到写景与写人的统一。很多节公开课，学生无一例外地回答：写这段美景是为了具体说明王冕被这里的美景所吸引、所陶醉，因为后面一句说“王冕不禁看得入了迷”，这样王冕才想到学画荷花的，是为后面“王冕画荷”的故事情节作铺垫。而我们的老师则总是穷追不舍：那为什么要写荷花呢？学生答：因为书上说“正值黄梅时节”，正好是荷花开放的时候啊！

教师远未满意，不达目的不罢休：这段景物描写除了过渡到下面情节之外，还有什么作用呢？写景为的是写人，再想想王冕与荷花有什么共同之处？每当问到此处，课堂陷入一片沉寂，学生往往什么也讲不出来了。教师只好自说自话（或出示早已准备好的相关资料）：荷花出淤泥而不染，是花中君子，是君子的象征。所以，荷花就代表了王冕，写荷花是突出王冕的精神与品格。有的老师还进一步介绍：王冕是吴敬梓在《儒林外史》中刻画的少有的几个正面人物之一（有的说是“唯一”），被作者称赞为“儒林楷模，学者典范”，其他的都是一些灵魂扭曲、腐化堕落的糟糕的读书人，所以王冕就像荷花一样，出淤泥而不染。作者运用象征的手法……

① 王祥连 . 语文课堂怎样提问[N]. 中国教师报，2015-09-23.

每当此时，学生往往还是一脸惘然，不知教师一番所云何意。

这是对“最近发展区”的“越位”。对于小学生而言，能够联系下文，体悟到这段具体的景物描写是交代“王冕不禁看得入了迷”的原因，是为后面王冕学画荷花的故事情节打下基础，其实就达到了“在阅读中了解文章的表达顺序”的要求。至于“初步领悟文章的基本表达方法”这一要求，我们或许更应该确定——“课文通过‘辍学放牛’和‘学画荷花’这两个典型事例，并通过人物代表性的语言、神情、行动、心理描写等刻画、塑造人物”这一知识作为本文最基本的表达方法，并重点学习、体悟。而这一写景的语段，在第三学段教学目标也不应该是掌握“象征”的手法、体会荷花的寓意，而应该是在了解这段为上下文所起的衔接过渡的作用外，重点学习、体会作者是如何写景的。这段景物描写何以写得这么美、这么生动、这么有层次？哪些词语运用得特别好？

荷花“出淤泥而不染”的象征意义，应该是第四学段的目标与内容。一来是因为周敦颐的《爱莲说》到了初中才学到，学生才有相关积累。更主要的是因为第四学段才有这样的目标：“欣赏文学作品，初步领悟作品的内涵”“了解课文涉及的重要作家作品知识和文化常识。”教者一厢情愿地人为地超越学生的年段学习能力和课程的“学段目标”，拔高对学生的要求，肯定是得不偿失的。

9. 因材施问，针对性强

课堂提问时要考虑提问内容的难易，事先要根据提问对象的年龄、性格、知识基础与能力水平来设计问题。不同的年级要采取不同的提问形式。

一方面，要针对教材实际。提问要紧扣教材，把握住重难点，有的放矢。教材的重难点，是教学的主导方面。在重难点上发问，在关键段落、关键字句上发问，在突出教材结构的关结点上发问，就抓住了主要矛盾。提问就要指向这些关键所在，于关键处设问，切中肯綮，而不是平均使用力量，到处提问。著名特级教师于永正教学冯骥才的散文《珍珠鸟》时，抓住文章开头“真好！”一词，全文就提出一个问题：“你从文中哪些地方感受到‘真好’，好在哪儿？”这样的提问，使得课堂教学集中于关键一点，深入下去，重点突出。

另一方面，要针对学生实际。对不同基础的学生、不同性格的学生、男生和女生，都应有所区别，因人而异。对基础较好的，提问内容要难些，要求应高一些，使其自感不足，有一定压力；对基础较差的学生，提问内容要相对容易些，还要适当时给以引导和补充，使其增强信心；对性格内向而又胆怯的学生，不仅要考虑提问场合，还要注意提问方式；对女学生，更要在生理、心理和个性上与男学生加以区别。提问有针对性，是统一要求与因材施教结合的教学原则在提问艺术上的体现。

10. 前后关联，逻辑性强

提问要按照教材知识结构的内在顺序和学生认知活动的顺序进行。设置问题，环环相扣；解决问题，层层剥笋；由浅入深，由易到难；循序渐进，逐步提高。提问时不注意逻辑顺序，深一脚，浅一脚，重一脚，轻一脚，会造成学生思路混乱，影响学生逻辑思维能力的培养。提问讲逻辑性，是认知规律及教学的系统性原则在提问艺术上的体现。

第五章 特级教师教学的演示艺术

导 读

瑞典化学家贝齐里乌斯曾有过这样的尴尬，在他任化学和药物学教授时，其渊博的知识、幽默的语句使得他主讲的药物学座无虚席，但主讲化学课时听众却寥寥无几。后来，他讲学伦敦，从一位学者那里得到启迪，仅在课中增补几个演示实验，于是讲坛下挤满了大学生。“演示”一词，译自英文的“presentation”，意为在他人面前陈述、表达、展现或解释某一事物的一种方式。在汉语中，“演示”一般作为动词使用，用来表示表演和展示的过程。在人类发展的历史长河中，演示一直是人与人之间进行信息交流的重要手段。随着技术的进步，演示方式也经历了一个不断发展的过程，由远古时期的肢体动作、事物展示到现代的投影技术、多媒体技术，演示手段越来越先进，演示效果增强，演示效率逐步提高。

演示最大的特点是加强教学的直观性。它不仅为学生有目的地、定向地感知事物创造了条件，同时也拓展了学生的认识空间，扩大了信息来源。完美的演示赋予学生一种美的享受，在欢愉的氛围中学生获得情感陶冶与升华。教师的演示技能已成为影响教学效果的重要因素。当前在黑板教学与多媒体教学并存的条件下，特级教师们是如何寻找它们的有效结合点，充分发挥其互补优势，优化课堂教学的呢？本章探讨的教学演示艺术有实物演示法、多媒体演示法、角色扮演法、直观教具演示法等。

一、实物演示法——课堂与生活的桥梁

实物作为一种最直观的教具，在课堂和生活之间起着桥梁的作用。如果我们在教学中，能根据教材、学生实际，恰到好处地运用一些实物，将会受到事半功倍的效果。因为，用与教学内容有关的实物进行直观教学，能抓住学生的好奇心理，创造运用语言的各种情境。

1．明确演示目的，突出重难点

课堂教学中演示是围绕着一定的教学目标而设计、开展的，有的教学演示是为了直观地展示事物的外形、颜色或者内部结构组成，有的教学演示是为了呈现一种现象，以激发学生探究的欲望、开启学生的思维，有的教学演示则是将科学原理或复杂过程简明扼要形象地表达出来，有的教学演示只是为了烘托一种学习的心理氛围或创设一种深化文本理解的意境，有的教学演示则是作为一种动作技能的示范，如此等等。

【典型案例】

特级教师戈向红《About colors》教学片段[①]

T：What can you see on my table?

S1：Three bottles.

T：Yes，and what's in the bottles?（教师打开其中一瓶，喝了一口）

S：（笑）Water.

T：Does the water have any color?

S2：No.

T：But I can show you magic.（使劲上下摇晃瓶子，瓶里的水马上就变成了红色）

S：Wahhhh...

T：This is red.（教 red）

Ss：red.

T：Do you want to have a try?（请学生来变魔术）

S3：Magic, magic, magic!（晃动第二个水瓶，念念有词，变出 yellow）

S4：Let me try.（上来摇最后一个水瓶，变出 blue）

T：I can make a new color.（把第二和第三瓶里水倒在一起，形成 green）

S：（学习以上颜色）

① 戈向红．思维品质在低年级英语课堂的渗透与培养［J］．小学教学研究，2017（10）．

【教学艺术评析】

颜色这个课题已是老生常谈，可以呈现的方法有很多种，用颜色纸片、颜色球、彩笔等等，但采用这些教学方式的弊端是学生的体验性不够，因此，戈老师采用了变魔术这一招。怎么变呢？先准备好三瓶矿泉水，每一瓶里都只装半瓶水，在瓶盖内侧涂上颜料，不要晃动，提前放在讲台上。上课的时候学生乍一看，三瓶都是透明的水，但是老师当拿起其中的一个瓶子摇晃后就变成了红色，这是因为内盖上的红色颜色融化在水中了，学生觉得很神奇，戈老师因势利导，教了 red 这个单词。这一次是老师变魔术，接下去的第二次、第三次就请学生来变魔术，变出 yellow，blue，最后把黄色和蓝色的水混合，变出一种新的颜色：green，这样的学习过程借助实物，施了一点小小的魔法，既融合了美术学科的色彩变化，又结合了学生的体验活动展开，学生非常喜欢！

2. 讲演合理结合，引导科学有效

演示虽然重在“演”“示”，但是由于演示对象向学生提供的信息毕竟还是比较庞杂、混沌，有时演示的过程还是比较复杂陌生，或者有些演示过程非常短促，学生在感知的过程中很有可能将一些重点细节忽略了，或者学生难以理解连续的复杂现象。因此，在演示的同时进行适度、合理的讲解和引导，一方面可以事先提请学生对一些重要细节给予关注，另一方面可以引导学生将演示的现象和学习内容进行融通，也可以通过启发引导学生的深度思考。

【典型案例】

特级教师宋运来童漫作文《乌鸦喝水新故事》教学片段①

师：我们进一步探讨这个故事。这只乌鸦找到的是大石子可不可以？

生：（齐声）不可以。

师：那应该是什么石子？

生：小石子。

师：找到小石子，如果一把一把地放进去，行不行？

生：不行。

师：应该怎么放进去？

生：一颗一颗地放进去。

师：我们不用“放”字，用哪个字可以替代呢？

生：叼。

师：对啦，乌鸦的嘴巴可不是人的嘴巴，是鸟类的嘴巴，它有个专门的名字，叫——“喙”。所以用“叼”。还有哪些相近的字可以替代呢？

① 宋运来，王建华．相约创新的快乐邂逅意外的精彩——“新编乌鸦喝水”教学实录及评析［J］．小学教学（语文版），2015（3）．

生：衔、扔、含。

师：一个意思，可以用不同的词语来表达。这就不简单了。小石子一颗一颗地放进去，最后乌鸦能不能喝到水？

生：能！

师：认为能喝到水的小朋友把手举高一点。

（每个小朋友都举手）

师：哇！真的能喝到水是不是?!

生：是的！

师：假如乌鸦找到的是这样一个装水的瓶子（手持一个只有小半瓶水的纯净水瓶子走到学生中间），用你的生活常识判断一下，最后乌鸦是否能喝到水呢？

（同学们议论纷纷）

师：认为乌鸦能喝到水的小朋友举手。

（无人举手）

师：我采访一下，为什么认为喝不到水了呢？说说你的看法。"我认为——"

生：我认为不能喝到水，因为石子如果太多的话都覆盖住了水，石子太少的话，水都被石子吸收了，就没有水了。

师：她说水被石子吸收了就没水了。水还在这儿好好呢。理由不充分。发表你的看法。"我认为——

生：我认为它喝不到水。

师：你瞧他多会说话。说说你的依据。

生：因为水流到小石子缝里去了，根本喝不到水。

师：那你判断一下，这只乌鸦应该找到一只装着多少水的瓶子才合适呢？

生：半瓶。

师：大半瓶可不可以？

生：可以。

师：这么一个老故事，如果我们说话一不留神就漏洞百出了。请个小朋友，重新组织语言讲讲这个故事，把语言的漏洞补上去。

【教学艺术评析】

《乌鸦喝水》，是儿童耳熟能详的老故事。然而要讲好这么一个故事不容易，因为一不留神会出现语言的漏洞。宋老师引导儿童不仅关注乌鸦捡来的石子要"小"，投入瓶口的过程要"陆续"，就是那只装水的瓶子，也要有一定"水位"的。在所有学生都认为能喝到水时，通过一只装有少量水的瓶子的直观演示，打破了儿童的思维定式。教学有波澜，思维有冲突，言语有质的提升，该教学可谓"实物演示教学"的经典案例。

【拓展延伸】

实物演示教学的作用

实物演示法是教师借助教学工具完成对知识点的展现与讲解，以实物帮助学生更好地理解概念。实物演示不仅可以提升学生的观察能力，还可以拓展学生的思维、想象等能力。小学生由于抽象思维尚未充分发展，具体思维还占主导地位，在教学中使用实物演示法，能激发和培养学生的学习的兴趣和积极性，帮助学生树立学习自信心。

1. 实物演示易于激发观察兴趣

实物具有直观性，恰当的实物演示可以营造良好的学习氛围，化抽象为具体，化烦琐为简单，提升课堂教学效率。例如，在学习课文《苹果里的五角星》，为了让学生对学习本课有深刻的印象，采用实物演示教学，让学生们每人拿来一颗苹果。上课伊始，设问："同学们，你们都喜欢吃苹果，但是，你们能发现苹果里面的秘密吗？切开你的苹果，你可以发现里面有什么图形吗？文中的小作者却切出了'五角星'，下面你们试着切切看，看谁可以切出来。"学生们通过演示、实践，学习本课的兴趣瞬间被激发出来。生活中很多的事物，只要用心观察就可以发现很多的知识，而学生们往往缺乏这种观察力以及创造力，这就需要教师独具慧眼，善于根据教学内容通过恰当的实物演示，激发儿童观察的兴趣。

2. 实物演示利于创设学习情境

在小学美术课堂教学中，教师可将范画、模型、实物等展示，会对小学生产生强大的吸引力。在学习《我做的陶和壶》一课中，若采取以往的教学模式，则很难激发和调动学生的参与积极性。为此，教师为学生创设一个实物演示的教学情境。如，可将实物装进一个布袋中，不告诉学生里边到底装了什么，让学生通过触摸的方式猜一猜，以此营造一种神秘的氛围，激发学生的参与热情。之后，让学生结合自己的感知画出来，并进行装饰。在此环节中，教师还可让学生将自己的作品挂到黑板上进行集体展示。在课堂氛围空前热烈的情况下，教师再揭开谜底，并让学生对照自己的画作找出不足，并加以改正。这种教学方式有效弥补了固有教学模式易使学生形成定势思维的缺陷，且能激发其创造性思维，最大限度地发挥学生的想象力。

3. 实物演示方便化难为易

汉语拼音是识字的有效工具。学好拼音尤为重要，但因儿童知觉分化不足，要教好单调、枯燥的汉语拼音很不容易，特别是音形相近的字母，要区别开来非常困难。教学中采用实物演示，把抽象的字母与实物的图像紧密地结合起来，唤起儿童的联想和想象，加强记忆。例如，在教学"b p d q"四个声母时，由于它们的形状和发音都很相近，儿童辨别不清，容易混淆。为了区别好这四个声母，教师在教学前先准备好实物：一个带有天线的广播、一盆水、几个剪好的马蹄印、七个气球。课堂中运用实物演示和字母相比较，再结合顺口溜，如把收音机的天线拔起来，打开收音机，和字母"b"比较，念"像个6字b b b，我们天天听广播"，还有"脸盆泼水p p p""马蹄声响d d d""七个气球q q q"也一样如此，同时让学生跟着老师书写，做到"动眼、动口、动脑、动手"四结合。这不仅辨清了"b p d q"的读音和字母形体，而且激发了儿童学习汉语拼音的兴趣。再如讲解“正方体”时，教师可以拿出事先准备好的正方体模型，让学生完成观察之后汇总正方体的特点，这种演示的过程看得见，摸得着，强化学生对于知识点的理解与掌握。

实物演示教学以及操作、实践，不仅仅局限于实验教学科目，其他科目也可以让演示教学变得有作用。小学生们喜欢动手操作，这恰恰可以让教学内容化繁为简，化难为易，变得丰富有趣。

二、多媒体演示法——让学生融入真情实感

多媒体演示法主要是指教师运用计算机多媒体技术为核心的现代教育技术手段。将创设的教育教学情景以动态的方式演示出来，其突出特点是把文字、图形、动画、视频、声音等多种信息加工组成在一起来呈现知识信息，生动、形象、逼真。该方法把人们在文字教材中见不到的场面、情景展现在学生面前，让他们有身临其境之感，使所明之理融入到学生的真情实感之中，这样更具感召力。

1. 观察在先——结论在后

【典型案例】

特级教师许卫兵《认识方程》教学片段①

课中，教师出示天平图（如下图），让学生观察。

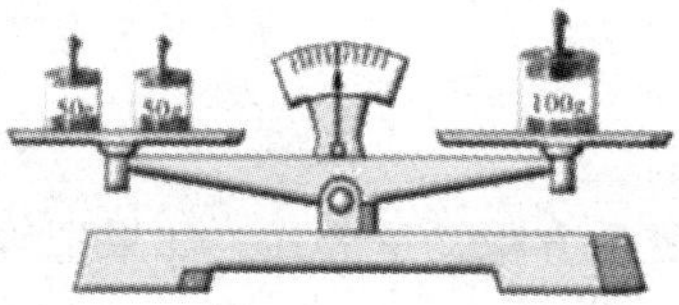

师：请仔细观察，把你看到的情况用数学的语言记录下来。

（学生记录，交流汇报）

生：我写的是 50+50=100。

师：有一个鸡蛋，不知道它有多少克，如果把鸡蛋放到天平一边（将天平上一个 50 g 的砝码换成鸡蛋），可能出现什么情况？把你想到的情况用数学的语言记录下来，看谁想得全面。

（学生先写，再交流汇报）

生：我写的是“相等”“不相等”。我觉得用鸡蛋换一个砝码，天平两边有相等和不相等两种情况。

① 朱宁. 让课堂成为思维萌芽的土壤———特级教师许卫兵“认识方程”教学片段赏析［J］. 小学教学（数学版），2018（1）.

生：我写了三道算式：左右两边相等，用“鸡蛋 +50=100”表示；左边重一些，用“鸡蛋 +50>100”表示；左边轻一些，用“鸡蛋 +50<100”表示。

师：很好！从两种情况到三种情况，分得越来越清楚了。对于天平左右两边相等的情况，“鸡蛋 +50=100”还可以表示得更简洁一些吗？

生：x+50=100。……

师：经过刚才的研究，我们有这么多的式子。下面来分分类吧。

（学生小组讨论将式子分类，并交流汇报）

生：我们按“等式”和“不等式”分成两类。

生：我们按有没有字母分成两类。

师：在等式里面有些没有字母，有些有字母，像这类含有字母的等式，知道叫什么吗？

生：（轻轻地说）方程。

师：刚才有学生提到“方程”这个词，这些有字母的等式就叫方程。你能把这些式子放到“等式”和“方程”这两个圈里吗（如图）？

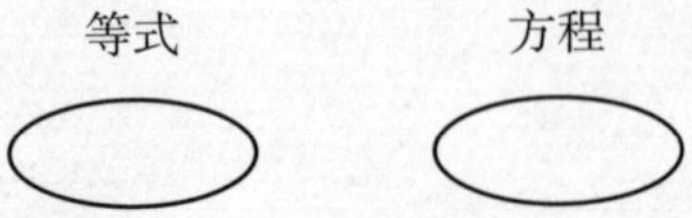

36−7=29

x+4<14

6+x=14

y−28=35

（学生讨论、交流）

生：6+x=14，y−28=35，它们既是方程又是等式。如果把等式的圈变得大一点，方程的圈可以放到等式里面去。

（动画展示等式集合圈包含方程集合圈）

师：是呀，方程都是等式，但等式不一定是方程。

【教学艺术评析】

方程概念较为抽象，其与等式的关系常常困扰学生。许老师请学生从天平两边平衡这一等量关系入手观察，将一个 50g 的砝码换成鸡蛋，由于鸡蛋的质量未知，学生的学习置于解决问题的背景中，方程自然而然地出现。由用自然语言去阐释可能出现的情况到用数学语言来表达所见的现象，学生的表达逐步数学化。在这样解决问题的背景中，学生自然而然地与“等式”“不等式”“方程”相遇。在对这些式子分类时，先将两个集合图分开，让学生判断式子放到哪个集合图中，这样既巩固了对“方程”和“等式”概念的理解，又能很好地辨析两者的关系，既渗透了集合的思想，又培养了学生的整体思维。

2. 动静结合——认清概念本质

【典型案例】

特级教师蔡宏圣《平行》教学片段①

师：通过刚才的学习，我们已经知道了同一平面内两条直线的位置关系。请大家判断一下：下面哪组直线相互平行。（图略）

学生回答后，教师重点让他们说说第四个图示为什么不是，突出一组平行线首先一定是两条直线。

然后，教师用课件依次出示图片：游泳池的隔离带，秋千的吊绳，厨房间的地砖（两两平行的四条直线），让学生找一找生活中的平行线。

生交流时，教师让他们说说为什么游泳池的隔离带要设计成平行线，并在"地砖图"上，引导学生先找平行线，再找相交线。

接着，教师引导学生在运动的图形中寻找相互平行的直线。课件出示三角形的小旗。先让小旗绕着小旗尖旋转，让学生寻找旋转前后的小旗是否有相互平行的直线。

师：一个物体运动，除了旋转，还可以怎样？

生：平移。

顺着学生的回答，课件出示第二幅插图：窗户靠上窗轨作"平移"运动。

随着课件的演示，让学生从平移前后的图形中找到平行线，再找一找图形平移前后对应的边是什么关系。

【教学艺术评析】

本环节的精彩之处，在于教者能动静结合，采用变式和反例，突出平行线这一概念的内涵和外延。第一层次要求学生根据直观图示，直接判断；第二层次结合学生生活实际，密切了生活数学与学科数学之间的联系；第三层次根据学生已有的知识经验，把学过的平移、旋转与两条直线之间的相交、平行关系作了有效的沟通。这些习题不是量的叠加，而是量的丰富，质的飞跃。学生在判断、寻找时，真正从平行线的本质属性上考虑，排除了直线的方向等非本质属性。

【拓展延伸】

多媒体演示有三要

多媒体演示以其独特的动画、图、文、声并茂，信息量大，传播速度快，交互性强以及能

① 傅海洋．与名师相比我们缺失什么［J］．河北教育（教学版），2008（5）．

虚拟现实的特点，受到教师的重视和青睐。使用多媒体演示手段，不仅可以激发学生学习兴趣，渲染教学氛围，设置特定的教学情境，更重要的是可以有效地突破教学重难点，优化课堂结构，收到事半功倍的效果。但在实际教学中，我们却经常发现很多教师以多媒体信息的展示来代替学生积极主动思考，为追求辅助教学的表面热闹，而采用了大量无关的图形、图像、音频、视频信息等情况。① 实际上，这已经步入了多媒体演示的误区。

1. 要让学生主动参与进来

在利用多媒体进行课堂教学时，将大量练习整合，使其服务于题海战术，多媒体演示成了课堂上、满堂灌的翻版，学生只能沿着教师设定好的思路往下走，而没有自己积极参与教学过程和思考问题的时间。这样“用新瓶装旧酒”，仍然属于旧的注入式教学，完全背离了多媒体演示、双向互动式自主学习的初衷，使新的技术仍然陷在传统教学的旧框架中，抹杀了学生的主体参与作用。要充分尊重学生的主体地位，充分重视学生的主体性，让学生参与到教学中来。要树立以学生为中心的思想，根据多媒体技术自身的特点和学生的特点采用灵活的教学模式，比如教师指导下的师生相互对话模式，问题讨论的教学模式等等。这样才能充分发挥多媒体演示的优势。

2. 要关注师生之间的交互性

多媒体技术引入课堂教学使部分教师在教学的过程中只是关注教学屏幕，而没有注意学生的反馈与交流。学生处于被动接受知识的状态，出现学生在讲台下厌烦甚至不听课的现象，课堂气氛处于沉闷或混乱状态。而如果教师在利用多媒体演示时，能够关注到学生的反馈，并及时进行语言或眼神的交流，这样学生就会产生受到重视的感觉，其学习的积极性就会被激发。

3. 要有效结合传统教学手段

教师为了突出多媒体演示的特点，公开课上频繁变换图像、动画、声音、影像等各种元素，给人一种目不暇接的感觉，而对本身的语言媒体却较少使用，也未能发挥教师态势语言的感染传达作用，进而缺乏师生融洽的情感交流的氛围。这样一节课下来，表面上看教师教得轻松，学生学得有兴趣，但对学生进行的测试结果表明，学生的学习能力并没有得到应有的提高。因此，在教学中利用语言、态势语言等传统教学手段能达到预期效果的，就不一定非用多媒体不可。切不可搞形式主义，将传统语文教学手段的有利因素完全抛弃，使课堂教学成了各种电教手段的演示会，这样虽然从心理上加深刺激了学生的感知能力，但却显得主次不分，华而不实，容易使学生分散注意力，甚至有的会成为毫无意义的累赘。

教学演示的过程实际上是一种情感的交流过程，是灵魂的对视。多媒体只能是教学的一种辅助手段，提倡多媒体演示，绝不是要否定传统的教学手段。各种手段都具有其各自的特点和独特的功能，在教学中，它们是相互补充、取长补短的关系。教师只有走出多媒体运用误区，才能使多媒体更好地服务于教师的“教”，和学生的“学”。

---

① 李琴．多媒体教学的常见误区及矫正策略［J］．潍坊教育学院学报，2004（4）．

三、角色扮演法——再现生活场景

角色扮演法就是教师结合教材内容，模仿某种典型情景或剪取某个生活片段，让学生担任一定的角色，身处其“境”，去展示情景。角色扮演法学生参与性高，可以使他们换位思考，“将心比心”，设身处地为对方着想，体验所扮演角色的情趣，缩小心理距离，在角色体验中受到感染和教育。

1．模拟——生活的“放映厅”

【典型案例】

特级教师倪晨瑾五年级合作跑《小小消防员》教学片段

师：孩子们，今天，我们就是秦淮区消防中队的小小志愿者，我们接到任务，要去新街口火灾现场，抢救伤员。大家想想，这些伤员的伤情会有哪一些？

生：有身体受伤的。

生：有被毒烟熏倒的。

生：也许有自救跳楼摔伤的。

师：好，大家思考得比较充分！这样，我们 6 人一组，带着救护担架到现场，听从消防员的指挥，把被毒烟熏倒的人，安全搬运出来，等待医护人员急救。在搬运的时候，大家首先要分个工、站好位置，在齐心合力把伤员抬回来。

（学生习惯了跑练习的速度追求，在合作跑运送伤员的练习中，太关注快速，部分小组将伤员从担架上滑落到地上）

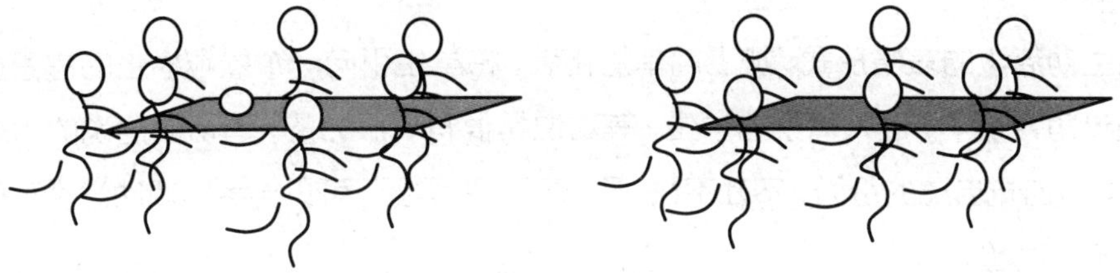

师：刚才，看见部分小组为了追求快速，不慎将伤员滑落在地，孩子们，他们已经伤情严重，如果再摔倒，伤情就会更加严重，甚至性命难保！所以，希望每一个小组，负起责任，安全第一、速度第二，将伤员又好又快地送到指定地点。

生：好！

【教学艺术评析】

消防员的角色扮演，让合作跑更富有生命意义。在任务的驱动下，学生们开始思考合作跑的方式方法，在相互讨论、相互补台、相互合作的过程中，体验分享合作跑的生活价值。

2. 扮演——生活的再现

【典型案例】

特级教师于永正《爱鸟》作文教学片段[①]

于老师发给学生一些有关鸟类的材料，然后师生共同表演，教师扮作猎人，三名学生装作拿着书在树林里学习。

师：啊，这里的鸟真多啊！这只山雀可真肥呀！（端起猎枪，准备打鸟）

生：不准打鸟！

师：都是你们嚷嚷的，好好的一只大山雀，被你们给吓跑了。

生：怎么可以打鸟呢？山雀一年可以吃5万多条毛虫呢！

生：鸟是森林的卫士，如果没有鸟儿，森林、草原就会消失，人类就无法生存。一只啄木鸟能保护500亩森林不受虫害。

师：啊，是吗？

生：鸟类还是环境保护的监测员呢！

……

师：哎呀，我白活了这么大，连一个小孩子都不如啊！我现在就把枪砸了。

生：不要砸。你可以把枪留下来，时刻警示你——不要再打鸟了。

师：看了这个故事，你们一定有很多想法。刚才那个猎人说了，他有很多同伴在打猎。

生：让我们写篇文章，告诫所有的人都要保护鸟类。我们今天就把这件事写下来。

【教学艺术评析】

用生动活泼的表演形式，加上简单的化装，将学生引向一个妙趣横生的言语交际世界。通过角色扮演，进入情景的学生，其劝说是很有说服力的，迫切想把说的内容写下来，是学生自觉自愿的行为，不吐不快，写成了一种需要，可见于老师调动学生写作兴趣的艺术多么高超。

3. 体验——情感的升华

【典型案例】

特级教师王琴《我从哪里来》教学片段[②]

师：小朋友在妈妈肚子里的时候，妈妈是什么感受呢？（老师采访学生的妈妈）

家长1：我刚刚怀孕的时候，胃子里特别难受，老是要呕吐，好几个月都吃不下饭，当怀孕到六七个月的时候，宝宝在肚子里动来动去，感觉特别幸福。

① 于永正．于永正课堂教学实录2：口语交际与习作教学卷［M］．北京：教育科学出版社，2014.

② 王琴，于海琴．《我从哪里来》教学实录［J］．小学教学设计（语文品德版），2006（Z1）．

家长 2：我怀孕到 9 个月的时候，肚子特别大，生活也很不方便，走路要慢慢走，上楼也特别吃力，腰也很酸，但心里还是很高兴，因为自己就要做妈妈了。

师：谢谢你们，看来，怀孕真是一件既幸福又不容易的事啊！你们看（播放一位孕妇穿鞋子、上楼、擦桌子、拖地的图片）阿姨挺着个大肚子，又要上班又要做家务，多不容易。下面，就让我们也来当一回怀孕的妈妈，体验一下怀孕的感觉。轻轻地把书包背在前胸，我们都好像怀上了小宝宝。弯弯腰，穿鞋子，去上班。下班了，走回家，为宝宝，小心点。这儿没有楼梯，小朋友就模拟一下上楼的动作，把脚抬高，一级、两级、三级、四级……好多级，慢慢走，终于到家了。开始做家务，拿抹布，擦桌子……擦完桌子，拖地板，小心点，慢慢拖。家务活终于干完了，坐上座位。

师：谁来说说刚才你挺着大肚子是什么感觉？

生：不舒服，腰很酸。

生：腰弯不下来，都看不见鞋子了。

师：小朋友们才体验了几分钟，就觉得腰酸，不舒服，知道我们在妈妈的肚子里待多长时间吗？

生：两年。（家长和听课的老师笑了）

生：十个月。

师：对，280 天左右，妈妈辛苦吗？（生齐：辛苦）累吗？（生齐：累）但妈妈却从不说一声"辛苦"，喊一声"累"，妈妈非常的幸福，因为我们就在妈妈的肚子里，就像这位怀孕的阿姨多幸福呀！（出示图片）阿姨在干什么？

生：阿姨在摸肚子，和肚中的宝宝聊天呢。

师：猜猜阿姨会和宝宝说什么呢？

生：宝宝，你在妈妈的肚子里一定要听话。（摸着胸前的书包）

生：宝宝乖，等你长大了，爸爸给你买好吃的（学生、家长、听课的老师笑）。

【教学艺术评析】

从十月怀胎到无数次的哺乳，从咿呀学语到蹒跚学步，母亲的快乐幸福和千辛万苦共存，孩子如何知晓？何处回味？为了更好地实现教学目标，老师请了几位家长亲临课堂向孩子们讲述自己怀孕的酸甜苦辣与幸福快乐。接着，又让孩子们把沉重的书包反背在胸前，在弯腰、穿鞋、上楼、拖地等活动的模拟中，体验辛劳。让正确的道德认知、崇高的道德情感在探索、体验中催生，在老师适当、适时的点拨、引导、推波助澜下，得到巩固、强化和升华。这样的活动，孩子们体验到的除了爱，还有更多的"敬"与"恩"，这是对母亲养育之恩的崇敬，对人世间最伟大的母爱的礼赞！

4. 借助情境——感悟知识

课文中的一些词语，只要“意会”一下就行，不一定要“言传”。由于受应试教育的影响，一些老师在教学词语时，常常将“教参”或词典上的解释一字不漏地抄给学生，让学生死记硬背，以便在考试时不丢分。这样做既加重了学生负担，实际效果也不好。于老师的做法值得我们借鉴。

【典型案例】

特级教师于永正《小稻秧脱险记》教学片段①

师：读到这里，我想，“气势汹汹”“蛮不讲理”“一拥而上”肯定懂了。谁知道“气势汹汹”是什么意思？

（教师请几位举手的同学到前面来）

师：这几位同学都懂了，没有懂的同学请看我们表演：我当小稻秧，你们几个当杂草。杂草把小稻秧团团围住，你们应该怎么站？

（学生从四面把老师围住：笑声）

师：你们要干什么？

生：快把营养交出来！（声音低）

师：你们没有读懂。要凶，声音要大，把腰卡起来。

生：（卡腰，大声，凶恶地）快把营养交出来！

师：我们刚搬到大田不久，正需要营养，怎么能交给你们呢？

（学生不知所措）

师：（问全体同学）他们应干什么？

生：他们应上前抢营养。

师：对，要抢。营养在地里，快！

（“杂草们”一拥而上，抢起了营养。“稻秧”没精打采地垂下了头，下面的学生哈哈大笑）

师：杂草厉害不厉害？凶不凶？（生：厉害，凶）这就是“气势汹汹”。杂草野蛮不野蛮？（生：野蛮）讲理不讲理？（生：不讲理）这就叫“蛮不讲理”。杂草让小稻秧发言吗？（生：不让）这就叫“不由分说”。各位“杂草”请回去。（笑声）

（老师拿下小黑板，学生读上面的词语：气势汹汹、蛮不讲理、不由分说）

师：（指“警觉”）看来这个词语要老师帮忙了，谁不需要？

生1：“警觉”就是灵敏的意思。

生2：“警觉”就是感觉到了什么，然后他抬头看看。

师：有一点意思，但没说清楚。下面老师表演一下。看了老师的表演，你就知道是什么意思了。

---

① 于永正. 于永正课堂教学实录1：阅读教学卷[M]. 北京：教育科学出版社，2014.

（老师请两位同学一起表演。一学生读书，一学生当喷雾器大夫，老师当杂草）

生：突然，一阵毛毛雨从天上飘下来，一棵杂草警觉地抬起头，看了看天说——

师：（表演“杂草”警觉地抬起头，看了看天）不对呀，大晴天怎么会下雨呢？

生：这时，一个洪亮的声音响起来——

生：（表演喷雾器大夫）这不是毛毛雨，而是化学除草剂——

师：你是谁？

生：我是喷雾器大夫。平时，你们欺负小稻秧，现在轮到你们倒霉了。

师：什么是“警觉”，你们看到了吗？我们再表演一下“警觉”，请大家看清楚。

（师生又表演了一次）

师：懂了吗？这就是“警觉”的意思。不要说，体会一下就行了。（拿起小黑板）请大家读——

生：警觉，警觉。

【教学艺术评析】

这几个词语处理得很高明。高明就高明在不是老师单方面地去灌输，而是借助情境启发学生去自悟。词属于第二信号，只有当它与第一信号——它所代表的客观事物联系起来时，这个词才有意义：于老师进行词义教学，就是让学生在这两种信号系统之间建立起联系。

【拓展延伸】

角色扮演法

“角色”一词最早出自戏剧，是指“戏曲演员专业分工的类别”。将之引入教学活动后，则称之为角色扮演法。角色扮演法的理论基础是社会学的角色理论和心理学的符号互动理论，其基本原理是学生在教师的指导下，根据不同教学内容中的人物要求，扮演相应的角色，并进行模拟或仿真表演。通过角色扮演活动，可以加强学生对教材内容的理解和掌握，从而达到预期的教学目的。

角色扮演法，是一种在课堂中穿插的教学方法，需要根据教学的进度进行模拟操作。其特点可概括为：一是具有较强的趣味性，可以激发学生的参与意识。在轻松自由的学习环境和氛围中，学生通过扮演不同的角色，在探讨各种与课程相关的问题、完成各项任务的过程中，能使自身的聪明才智得到最大限度的发挥，并在培养自信心的同时，产生强烈的参与意识。二是具有较强的互动性，可以锻炼学生的综合能力。这不仅指教师和学生之间的互动，还包括学生与学生之间的沟通。角色扮演为学生提供了一个非常特殊的相互了解、相互交流的平台。此外，学生与同组人员的讨论过程也是开阔视野，增强语言表达能力、人际沟通能力与分析问题能力过程。三是具有较强的实践性，可以端正学生的自我认知态度。在设定的场景中完成教学任务，学生不仅可以掌握更多的课程知识，还可以在实践教学中得到锻炼。通过小组成员之间的分工与合作，可以逐步形成正确的情感和态度、人生观和价值观，并运用更加成熟的分析、鉴别能力，认识自我、完善自我。成功的角色扮演一般都需要经过以下几个主要的实施阶段。

其一，创建具体的主题和语境。在进行角色扮演前应当先做好备课工作，根据所教学生的水平，爱好或要求设计角色扮演的内容。在角色扮演开始前应先学习相关的内容，根据这些设定主题和具体情景，对情景和情节进行简要说明，最后给出学生角色扮演时的对话内容。

其二，确定角色的扮演者。可以通过先分组后讨论的方式让学生根据兴趣选择角色扮演。每组人数应和角色数以及情景相对应，经过讨论后确定每组表演的角色扮演者。

其三，练习和表演。在小组经过对表演方式的讨论和一段时间的排练后就可以进行表演了。表演方式可以不拘一格，让学生自由发挥，可以依照先前讨论确定的方式自行增设简单道具或服饰，充分发挥学生的想象力。表演时，学生可以充分展示自我，依据角色特点在应用语言的同时尽情演绎。

其四，总结讨论。台下的观众可以在表演结束后自由发言，可以对表演进行评论，也可以提出自己的意见和问题，由表演的同学回答补充，教师也可以参与进来进行引导。借此加强学生对于角色扮演的应用和表达能力，并提高学生角色扮演本身的水平，为以后举办的此类活动积累经验，进而提升学习效果。

四、直观教具演示法——提高学习兴趣

直观教具演示在学生的认识过程中有着很重要的作用，要充分发挥直观演示在学生认识发展过程中的作用，教师就必须依据教材的难易程度和学生的认识能力，恰如其分地运用这种教学方法，在教学中运用直观演示教学会利于突破重点和难点，利于学生对新知识的理解和掌握，从而达到教学目的。

【典型案例】

特级教师华应龙《长方体的认识》教学片段①

师：（取一个苹果）这里有一个苹果，把它切一刀，就切出一个平面，（摸；板书：面）再切一刀，（垂直于上切面）又是一个面，两个面相交的边（指示）叫作“棱”，（板书：棱）再切一刀，（垂直于棱切）现在有几个面？

生：三个。

师：有几条棱？

生：三条。

师：三条棱相交的点，叫作顶点。（板书：顶点）如果再相对着切三刀就得到一个长方体。（出示长方体模型）我们先来研究长方体的面的情况。请拿起火柴盒，摸一摸它的面，数一数，长方体有几个面？

① 廖泽芳．基于“双本”大法至简——华应龙“长方体的认识”教学方法品析［J］．四川教育，2016（9）．

生：（摸、数）长方体有六个面。

师：你是怎样数的？

生：我是这样数的——按上下、前后、左右的顺序数。

师：根据长方体的面的位置，分别把它们称作上下两个面、前后两个面、左右两个面。（指着）位置上相对着的叫作一组相对的面，长方体有几组相对的面？

生：（齐）三组。

师：这六个面都是什么形状？

生：都是长方形。

生：可能有两个相对的面是正方形。

师：你身边有这样的长方体吗？

（生举起一块积木）

师：对！也可能有两个相对的面是正方形。再看一看，长方体相对的面的面积怎样？

生：（观察思考）相等。

师：是不是相等呢？请看——（将长方体模型右面拆下，移到左面重叠）相等吗？

生：（齐）相等。

师：现在来研究棱的情况，大家摸一摸长方体的棱，数一数，有几条？

生：（摸、数）长方体有十二条棱。

师：（把模型的“皮”剥下来，露出“骨架子”）请看，这十二条棱中，同一种颜色的四条棱是一组相对的棱。长方体有几组相对的棱？

生：（齐）三组。

师：看一看，相对的棱的长度怎样？

生：相等。

师：你是怎么知道的？

生：我用尺量的，发现它们一样长。

师：不用尺量，你能知道吗？

生：在同一个面上的两条相对的棱是一个长方形的一线对边，长方形对边相等。所以这两长棱的长度相等。

师：这一组四条相对的棱的长度相等，同样的道理，其他两组相对的棱的长度也分别——

生：（齐）相等。

师：再看顶点的情况，请指出长方的顶点给同桌看一看，数一数，长方体有几个顶点？

生：（指、数）长方体有八个顶点。

师：长方体的特征可以从面、棱、顶点这三个方面进行概括。谁能说说，长方体有怎样的特征？

（生根据板书内容叙述）

师：现在，不看黑板上的内容，拿起火柴盒或积木，同桌的同学互相说一说长方体的特征，好吗?

生:好!

师:(指讲台上的模型)这里都是长方体吗?为什么?为什么说这些物体不是长方体?哪些是?哪些不是?可先讨论一组对面是正方形的长方体模型,后讨论玻璃块。

生:它符合长方体的特征,有六个面,都是长方形……

【教学艺术评析】

演示教学最终的结果是通过学生演示和师生互动解决问题,突破难点,但难点突破后,还要检查和巩固,考查学生是不是普遍掌握了这个问题。具体做的时候,尽可能让学生全员参与,亲身体验,直至对知识的掌握准确无误。为了保证课堂的教学效果,激发学生的学习兴趣,在教学中应采取灵活多样的教学方式。华老师在该教学片段里超越了直观,抓住契机,让学生在已有的判断基础上推理,不仅让学生掌握了“长方体的特征”,而且发展了学生的逻辑思维能力。

【拓展延伸】

直观教具演示法

直观教具演示法是教师将各种模型、挂图、实物等直观教具进行演示,使学生获得关于事物现象的感性认识的方法,也是教师将教材内容用实物或教具演示出来,来说明或印证所授知识的一种教学方法。

思维需要大量的感性经验作基础,由于感官的局限性,学生凭借实际的参与行为获得的直接经验终究是有限的,无论在量的方面,还是在质的方面,都不能满足学习深化的需要,从而限制了学生的思维能力的发展。采用直观性教学可以使知识具体化,形象化,为学生感知、理解和记忆知识,尤其是抽象复杂的理论知识创造条件,具有见效快、理解透、印象深、效果好等优点。

例如,在小学数学教学中,运用直观教具向学生进行演示有时能达到最佳的教学效果。以圆锥体体积计算公式为例,它是数学的一个重点内容,同时还是在学生学习完求圆柱体体积计算公式的基础上发展的一个新知识点,也可以说是在已有的知识基础上对新知识的升华与扩展。教师在教这节课时采用直观教具演示方法,能达到预期的教学目的和最佳的教学效果。在演示过程中教师演示步骤一定要清晰,因为它不仅能引导学生在头脑里清晰有序地建构知识框架,同时还能把学生的思维层层有序地引向纵深。演示的步骤如下:

(1)拿出两个几何体,让学生认真观察,找出它们在外形上的相同点与不同点。这可以使学生对这两个不同形体的实物教具有一个初步的感性认识。

(2)让几名学生来到讲台上,亲手测量一下它们的底面直径,算出底面周长,因为这是构成底面积相等的必备条件。测量后,学生就已经知道它们的直径、周长相等。

（3）将它们的底面对扣，并向学生展示，同时向学生说明这进一步证明圆柱体和圆锥体的底面完全重合，底面积也相等。

（4）把它们并列摆放在同一平面上，同时要求学生用眼仔细观察比较，看看它们的高度是否相等。再找几名学生亲自动手测量它们的高度并得出结论：圆柱体的高等于圆锥体的高。

（5）用沙子把圆锥体装满，再把沙子倒入圆柱体，这样倾倒三次，沙子正好填满圆柱体，这就可以使学生清楚地看到圆柱体的体积是与它等底等高的圆锥体体积的三倍。

通过直观教具演示，可以让学生自己动眼观察动手操作，证明并总结出结论，这样比教师直接告诉学生结论要深刻得多。

知识链接

教学演示艺术的特点

演示是教师在课堂教学时，把实物或直观教具展示给学生看或者作示范性的实验，使学生通过观察获得感性知识以说明和印证所传授知识的一种教学方法。它的作用在于能把许多复杂的事物简单化，把抽象的问题形象化，把枯燥的知识趣味化，使学生易于理解，易于接受，同时激发学生的学习兴趣，培养他们的观察力。

1. 明确目的，精心选择

演示是一种教学活动，其目的是给学生看的。这就要求教师在演示前必须深入钻研课程标准和教材，明确每个演示要达到的目的和提出的要求。弄清楚为什么要安排这个演示，要达到什么目的，它说明什么问题，学生要学习哪些知识，提供哪些事实，培养哪些能力，这是首先要明确的。对于怎样去达到目的，怎样演示，突出哪些现象，如何引导学生观察、分析、推论，怎样得出正确结论等问题，教师要有科学的设计和明确的要求。演示不仅要指导学生观察，更重要的是要启发学生思维，在引导学生观察的基础上分析思考问题，让学生自己去得出结论，这样才能有效地达到演示的目的。

2. 充分准备，规范操作

演示的效果在很大程度上取决于准备的好坏。演示前的准备工作包括以下几个方面：思想上的准备、知识上的准备、工具和材料的准备、操作准备、方式方法上的准备。就方式方法上的准备来说，在教学过程中，教师怎样把直观教具展示给学生、什么时间展示最适当以及让学生先观察什么、后观察什么、观察多长时间、观察后怎么办等，教师都要做到心中有数，这样演示时才能有条不紊，收到应有的效果。

3. 适时展示，位置恰当

在教学过程中，教师不要把教具过早地展示给学生看。有些教师总好心地在课前十分钟或前一节课就把教具搬进教室，并认为先让学生看看，便可以更充分地发挥直观教具的作用。

其实不然，效果往往会适得其反，因为它影响了上课时使用直观教具的新颖性，对学生失去吸引力，减弱了学生对直观教具的兴趣和好奇心，从而影响了学生注意力的集中。再者，提前展示教具，学生先是“自发”地观察感兴趣的部分，不一定是教材要求的观察点。上课时，教师还要努力将学生的兴趣中心“拉回”到需要观察的部位上来，既费力费时，又影响效果。

4. 言语配合，感官参与

任何一次演示教学，都应充分发挥语言的协调作用。教师必须善于指导学生进行观察，以保证观察的目的性、组织性、指向性和功效性。如果让学生随随便便地“乱看”一气，他们就会停留在事物的非本质的偶然现象或细枝末节上，而一再“迷失”观察的路径。这就要求教师事先要拟定确切的指导语，指出明确的感知方向，使学生明白看什么，听什么，嗅什么。在观察复杂事物时，教师要及时提供合理的观察顺序和观察方法，先看什么，后看什么，怎么看，使之井井有条地进行，从而节省观察时间，提高观察效率。对那些较隐蔽的重要因素，教师要善于准确提示，以引起学生的高度关注，产生强烈的印象。至于那些对照性观察，要指导学生对比异同加以区别。对于观察现象的结果，要注意同学生在一起进行分析、综合、抽象、概括、推理和判断，从而达到对事物本质和规律的认识的目的。这里，教师还必须注意：不但要教给学生观察事物的方法和技巧，而且要鼓励学生用自己的语言加以表述，以增强学生的语言表达能力和抽象概括能力。

在直观教学中，直观教具和语言讲解相结合，一般有三种方式。其一，先引导学生观察，从观察中总结出教科书的结论。这样可以引起学生的兴趣并提供感性材料，以此作为抽象概括的基础。其二，先从教科书上的某些结论出发，讲述有关知识，再用直观的形式加以验证。这样可以使知识具体化。其三，边演示、边讲解，直观展示和讲解同时进行，交互运用。这样能使感性经验及时支持抽象思维的进行，使课堂气氛波澜起伏，容易保持学生注意力的集中和持久。三种方式如何运用，要看具体情况，不可千篇一律。

第六章　特级教师教学的板书设计艺术

导　读

教学板书是教师普遍使用的一种重要的教学手段和表现形式，是师生在课堂上最简易的利用视觉交流信息的渠道。板书是展开于空间，表现为静态，诉之于视觉，以展示知识的“核”而存在于黑板（或白板等）上的一种艺术。教学板书艺术，是教学艺术的重要组成部分。可以说，高超精湛的教学板书艺术，是展现教学内容的“屏幕”，是进行课堂教学的“导游图”，是打开学生智慧之门的“金钥匙”，是教师教学风格的凝练和浓缩。研究教学板书艺术，对提高教学质量大有裨益。

教学是艺术，板书也是艺术，美观别致的板书使人陶醉，给人启迪，欣赏板书艺术是一种享受。特级教师们是非常重视教学板书艺术的研究和运用的，他们在课堂教学中设计的许多板书实例，都是赏心悦目的艺术精品，给学生以美的享受。特级教师是怎样设计板书，优化课堂教学的呢？本章探讨的教学板书艺术主要有逻辑要点板书、合作式板书、形象化板书、表格式板书、对比式板书等。

一、逻辑要点板书——纲举目张

逻辑要点板书是指教师按照教学内容的内在逻辑关系，概括出文字要点依次排列构成的板书。此类板书提纲挈领、简明扼要，且系统完整、层次分明，便于学生听记、理解和复习，是教学板书中的常见类型，适用于大多数课程，又称系统性板书，或称提纲式、要点式板书。经常采用的有以下几种形式。

1．词句摘录式

（1）板书重要概念，加深学生印象。

【典型案例】

特级教师黄爱华《循环小数》教学板书①

黄爱华老师在执教人教版小学数学第九册《循环小数》时课堂板书本节课的教学重点——循环小数的概念要点，采用了重要词句摘录的方式，给学生以深刻印象。

- 小数
  - 有限小数
  - 无限小数
    - 无限不循环小数
    - 循环小数
      - 纯循环小数
      - 混循环小数

10÷3 = 3.333……

依次不断地重复出现

【教学艺术评析】

循环小数这个概念在表述方面比较抽象，学生理解起来有一定的难度。黄老师的板书，抓住了小数的分类，紧紧围绕“循环小数”这个教学重点，指导学生在实践中探究什么叫循环小数，板书算式 10÷3=3.333……思考它的商有什么特点，用自己的话说一说什么叫“循环小数”，并用红色粉笔书写课题，提示教学重点。在学生回答的基础上，板书循环小数的概念，着重思考为什么要强调从“小数部分”而不是从“整数部分”的某一位起，一个数字或者几个数字依次不断重复出现？板书时在重要词语下面打上着重号，提醒学生注意。让学生写喜欢的循环小数，在汇报过程中让一部分学生坐下，另一部分仍站着，极大地激发了学生的好奇心，让学生在观察与思考中认识了纯循环小数和混循环小数。这样的板书条理清楚、层次分明，重点突出，让学生亲历知识形成的过程，根据小学生直观—半直观—抽象—概括的认知规律组织教学，对于每一个概念，学生都知道

① 侯正奎．巧取素材　创设情境　突破难点——黄爱华老师教学片段赏析［J］．小学教学参考，2004（C3）．

它的形成过程，而不是仅仅知道结论，有助于学生逻辑思维能力的形成。

（2）板书教材要点，有助于整理复习。

【典型案例】

特级教师沈峰执教复习课《Planning for the Weekend》教学板书[①]

沈峰老师执教复习课《Planning for the Weekend》。她的教学板书设计，根据授课顺序分成三步。第一步，完成：plan for，同时出示句型 be going to/will；Would you like to...? 训练完毕，继续添加第二步板书：a new friend，和需要用到的关键词：is/live/lives。充分展示后，第三步，板书：the weather, How is...? 整个板书简单利落，单元重点话题和关键词语在黑板上一览无余，复习课的特点非常突出。

【教学艺术评析】

设计小学英语课堂日常的板书时，许多老师喜欢使用图片和写好的词卡，但有些老师只是在图片和词卡周围添加几个简单的单词，为它们穿衣戴帽而已，虽然美观有余，但是实用不足。而沈老师在单元复习课上，使用简单明了、重点突出的板书，帮助学生在情境中复习不同句式，进行多次句型练习，结合多媒体课件，层层递进地进行引导，设计有趣扎实的课堂活动，引领学生进行有序复习，思路清晰，从而让学生对知识有更为明确的理解并进行系统的整理。

2. 线索贯穿式

（1）抓住文本线索，教路学路合一。

【典型案例】

特级教师陈红苏教版五年级《在大海中永生》教学板书

《在大海中永生》是苏教版小学语文教材第九册的一篇精读课文，课文按照时间顺序，以邓小平爷爷的骨灰飞向大海、撒向大海、告别大海的脉络，歌颂了一代伟人邓小平的不朽功绩和高尚情怀，表达了人民祝愿他在大海中永生的强烈愿望。陈老师在教学时采用了线索式板书。

（邓小平爷爷）在大海中永生 飞向大海→撒向大海→告别大海 送伟人→颂伟人

① 沈峰．同课再构　为学而教：“Planning for the Weekend”六年级对话教学再设计［J］．江苏教育：小学教学，2011（7）．

【教学艺术评析】

陈老师的板书，突出了课文的写作脉络，教路、学路与作者的写作思路统一，以描写顺序为逻辑线索构成板书主体内容，结合课文及相关拓展资料，让学生走近邓小平，了解邓小平，敬佩邓小平。这样的板书设计条理清晰，化繁为简，在学生脑海中形成鲜明印象，指导学生背诵或复述课文的效果良好。

（2）揭示文本内在逻辑，理解教学内容。

【典型案例】

特级教师宋运来《天游峰的扫路人》教学板书[①]

① 课始，宋老师在黑板上把课题写成三行，“峰”字的末笔与“的”字的首笔连笔，“的”字与“扫”字的“竖钩”连笔。“扫路人”三字中，“扫”字与“路”字的“提”笔，“人”字的“捺”笔，向左下方延长变化成“笤帚”状。

② 课末，逐渐完善成如下板书：

		天游峰	自然美景（看）
“我”	欣赏	的	
		扫路人	人生风景（聊）

师：同学们，如果说天游峰的美景是通过眼睛看到的，那扫路人的这道“风景”，“我”还是用眼看到的吗？

生：心。

师：那这个“心”是通过什么途径感受到的呢？换句话说，他是怎样走进扫路人的内心去的呢？

生：“我”与扫路人的对话。

师：景是用眼睛看到的，而要走进这个扫路人的内心，是通过对话，也就是聊天聊出来的。请浏览课文，验证一下，课文是否有很多对话的语言呢？

生：是的。

师：因此，要写一个人，我们不仅仅要写一个人的外貌，用观察法写外表，我们还可以用什么方式来写一个人的内心世界？

生：对话。

师：请你就黑板上的词语，用上合适的关联词把课文内容总结一下。

生 1：我不但欣赏天游峰的美景，我还欣赏扫路人的风景。（掌声）

生 2：我不但欣赏天游峰的美景，我还欣赏扫路人内心的风景。

① 宋运来．天游峰一道独特的风景：《天游峰的扫路人》课前思考与课堂实录［J］．小学语文教学，2014（6）．

生 3：我欣赏天游峰的美景，但我更欣赏扫路人的人生风景。

师：这人生的风景就是——乐观地对待我们的生活与工作。哪怕是你不喜欢的工作也能从中找到乐趣。

师：老师十分欣赏这个“更”字，大家品味一下。在作者欣赏天游峰的美景和扫路人的人生风景上，哪句是作者最想表达的？

生：后半句。

师：关联词“不但……还……”，给人感觉是语言前后分量一样重，而“更”字突出了后者。课文大意就这么轻轻松松地概括了出来。

【教学艺术评析】

宋老师的板书不仅简洁明了，且极具创新。设计得精当、醒目，紧扣文本描写的景与人，揭示课文主要内容，突出重点。新奇的板书不仅吸引了小朋友的极大好奇，也暗含了天游峰的险峻、扫路人的工作特点。学生利用板书既概括了文章大意，揭示了文章作者的主旨，理解了文意，还提升了儿童言语的表达力，发挥了板书的多元功能。

3. 要点概括式

（1）概括教材内容与学习方法。

【典型案例】

特级教师支玉恒《晏子使楚》教学板书[①]

《晏子使楚》由三个小故事按事物发展顺序组成一个大故事，写出了晏子不辱使命，发挥机智，运用雄辩驳倒楚王的三个“回合”。

板书课题后，第一步议论“使”字的意思。刚升入五年级的学生已经对“使”字的意义和用法有两种理解：一是作动词当“使用”讲，一是作使令动词，当“让、叫”讲（如，这连续的阴雨天使人烦躁）。本课的“使”是“出使”，就是一个人代表一个国家去访问另一个国家。第二步，教师提问：本课写的是谁？代表什么国家？去访问哪一个国家？主要会见了谁？这里虽然一题四问，但学生有预习的印象，很容易就能答出：晏子代表齐国去访问楚国，主要会见了楚王。教师同时板书：

晏子（齐）　　　　楚王

到此为止，实际上已经对课文主要内容形成了高度的概括。如果学生还有兴趣、有余力进行讨论，教师继续进行第三步的提问：晏子到达楚国后，始终受到楚王什么样的“接待”？晏子是怎样对付的？结果怎样？从而把学生对课文的整体认知推进到更高一个层次：晏子到达楚国后，始终面对楚王的侮辱，晏子每次都进行了巧妙的反驳，每次都完全战胜了楚王，最后使楚王

① 支玉恒. 欣赏与评析［M］. 北京：中国文联出版社，1999.

对他“不敢不尊重”。同时完成板书：

晏子（齐）←不敢不尊重←楚王
↓　　　　　　　　　　　↑
面对侮辱→巧妙反驳→完全战胜

议论进行到这里，已经完成了对课文的整体认识。

【教学艺术评析】

板书的下面一行文字“面对侮辱→巧妙反驳→完全战胜”，不但概括了晏子在楚国的斗争全过程，而且正好为学习课文的各个部分（段落）提供了一个思考提纲。教师在引导学生学习三个小故事时，就可以让学生围绕这行字的三项内容（以第二项为重点）自己去认真阅读、思考、勾画，完成对文章的深入理解。这样就避免了一般情况下经常使用的方法：或是教师接二连三地提问，或是利用小黑板或投影出示若干思考题。利用板书引导学生自读，减少了课堂上烦琐的提问和对答，为学生充分阅读、思考提供了时间，创造了条件，有利于实现“以读为本，读思结合”。

（2）概括教材内外的学习要点。

【典型案例】

特级教师王崧舟苏教版五年级下册《望月》教学板书①

王老师指导学生整体感知课文，梳理脉络之后，根据学生回答，依次板书：江中月、诗中月、心中月（第一竖行），品读之后，根据学生回答，依次板书：观察、回忆、想象（第二竖行），现在、过去、未来（第三竖行），散文、诗歌、童话（第四竖行）。

望　月

江中月	观察	现在	散文
诗中月	回忆	过去	诗歌
心中月	想象	未来	童话

【教学艺术评析】

四个竖行的板书井然有序，第一竖行不仅帮助学生理清了文章的脉络，而且教会了学生提纲挈领地读书。第二至第四竖行，从不同角度引导学生多维解读文本，第二竖行从写作技法的角度，第三竖行从时间的角度，第四竖行从文章体裁的角度，不仅引导学生

① 王亚敏．板书，风景这边独好：王崧舟老师课堂板书赏析[J]．教学月刊（小学版语文），2012（9）．

进行个性化思考，而且引导学生揣摩和学习文章的表达方式，凸显了文体意识。

【拓展延伸】

逻辑要点式板书

逻辑要点式板书是课堂教学中最基本、最为简便的板书样式。其长处是：提纲挈领，简明扼要，条理清晰，层次分明，便于学生从整体上把握教学内容。因此，它几乎适用于所有的学科。我们在学习特级教师的教学板书后，要从以下几方面把握这种板书形式。

第一，揭示事理间的逻辑关系。事物之间的关系虽然错综复杂，但总是有主有次，有因有果，有一般的、有个别的，有普遍的、有特殊的。逻辑要点式板书设计要注意清晰的条理性，做到书之有序。所书词句简单，词语间并无关联词，但应做到“言断而意相通”，以利于学生的理解和记忆。教师要深入领会教学内容的精髓，具有概括和总结能力，巧妙地选择精当的词句，揭示事理的本质。苏教版小学语文第十一册《爱之链》一课，一位老师这样设计板书：新课开始，她在黑板上写出一个大大的“愛”字，让学生注意繁体字“愛”的里面有个“心”，让学生明白爱源自内心深处。接着出示冰心老人的名言——“有了爱就有了一切”，导入新课。一个字，开篇直指文眼。整节课结束，黑板上还是这一个字，只是在旁边多了个心形。无需过多的言语，一个含“心”的爱足以表达故事中人与人之间的温情，在这爱的链条上，前不见头后不见尾，生生不息。

第二，把握教材的基本脉络。教师要熟悉本学科本年级教材的内容，理清楚整册教材的逻辑线索，能够把全册、单元相关的知识整合起来，整体把握教材体系，在教学板书中能够体现自己对教材体系的把握。在教学小学英语 6A《Unit 7　Part B、C》时，有一位老师这样板书：

Whose watch/ wallet/ comb is it?
It's mine/ his/ hers.
Whose CDs /skateboards are they?
They' re ours/ theirs.

形容词性物主代词	名词性物主代词
my	mine
your	yours
his	his
her	hers
our	ours
their	theirs

如此板书不仅让学生们知道怎样用 C 部分句型进行交际，还让他们知道了形容词性物主代词与名词性物主代词的区别和用法。这样的板书，条理分明，帮助学生了解英语知识体系以及它们之间微妙的变化，可以让学生更加清晰、明了地掌握英语知识，成为课堂教学最佳的辅助手段。

二、合作式板书——相得益彰

合作式板书是根据课堂教学的需要，由师生讨论或由师生合作书写而成的板书。合作式板书是师生共同参与教学板书。它可以增强师生交流、和谐师生关系，达到思维共振和情感共鸣，从而分享教学板书艺术的成功之乐。合作式板书是建立在充分调动学生积极性和主动性的基础之上的，它有益于师生活动的默契及学生合作精神的培养。

1. 让学生思维走向深刻

【典型案例】

特级教师窦桂梅执教《皇帝的新装》教学板书

窦老师在课始出示“预学单”，让学生自学，谈初读《皇帝的新装》的收获，学生自学后纷纷板书自己的答案：真诚、诚实、撒谎、自欺欺人、自私、愚蠢。接着，启发学生找到自己的疑惑之处，开始有人问：皇帝和大臣为什么会被骗？为什么他们看不见衣服仍说衣服漂亮？为什么他们都不敢说出事情的真相？为什么唯独小孩子没被骗？由此激发学生的求知欲。然后出示“共学单”，分别选择“皇帝、大臣、百姓”作为对象，研究他们不敢承认事实本身的原因。要求：紧扣文本，提取信息。充分交流之后，启发学生思考：如果要想不被骗，我们应该怎么办？学生纷纷上台擦掉了黑板上的“撒谎、自欺欺人、自私、愚蠢”，留下了“真诚、诚实”。这时候窦老师再引导学生得出“看事情要回归到事物的本质上去”的道理。

皇帝的新装

紧扣文本

事情本质

真诚、诚实、天真、撒谎、自欺欺人、自私、愚蠢

要面子、虚伪

【教学艺术评析】

窦老师的教学板书在三个学习阶段都体现了教师的引导作用，同时体现了学生的主体地位，展示了“儿童站在课堂正中央”的教育理念。在预学阶段，教师激发学生思考，学生提出问题和困惑，学生的板书展现了阅读思考的成果；在共学阶段，教师与学生一起，通过对比、角色扮演、为故事配乐配图片等形式共同研读文本，师生共同板书，明白了文本蕴含的深刻内涵；在延学阶段，教师留给学生思考、辩论的空间，并向学生推荐延伸学习的资源，引导学生带着问题与期待走出课堂。

2. 促进学生个性化感悟

【典型案例】

特级教师王崧舟人教版五年级下册《与象共舞》教学板书[①]

上课伊始，教师从五个都写大象的词语入手，由词到句，了解文章的大意再到发现各个自然段中心句的“秘密”，学生不仅了解了文章的主要内容，而且学会了概括文章的主要内容。在此基础上，放手让学生板书“象”写在哪儿，应该不是难题。事实的确如此，学生不仅能板书，而且板书得出人意料！

27　与象共舞 象 象 象 人象合一

【教学艺术评析】

无论是“象”在人上、人下，还是和人平等地在一起甚至合二为一，板书极形象地说明了“人”和“象”没有距离，学生的板书和回答令人感动：在孩童纯洁、灵敏的心中，竟不许人骑在象上。象，应该自由自在地在丛林中散步、嬉戏、游玩……多么浪漫诗意。我们看到了一颗赤子之心。在此，我们不仅感受到学生的灵气，更能感受到王老师的“大气”，而学生的“灵气”恰恰源于王老师的“大气”。试想：如果没有王老师的“放飞”，哪有学生在智慧的天空里自由翱翔？“意义在瞬间生成”（接受美学观点），美妙在瞬间生成。学生对“人象没有距离”的个性化理解与感悟正是在他们动笔书写的瞬间生成……“晴空一鹤排云上，便引诗情到碧霄。”板书，适当放手，如此美妙。

【拓展延伸】

合作式板书的作用

合作式板书是师生共同创造的成果，教师鼓励学生参与板书活动过程，有益于师生活动的默契及其合作精神的培养，可使师生分享教学板书艺术的成功之乐，有助于打破课堂板书由教师一手包办的局面，对于形成生动活泼的教学气氛、发展学生的各种能力等，都有积极作用。

培养合作精神。优秀教师通常宣布：这堂课虽然是我设计的，但不是我一人的，要由我们

① 王亚敏．板书，风景这边独好：王崧舟老师课堂板书赏析［J］．教学月刊（小学版语文），2012（9）．

大家来共同创造。苏联实验教师伊利英曾提出“零黑板原则”：黑板上没有写上课的课题，课题也不由教师口头宣布，而是在上课的中间，作为全班师生共同工作的成果而逐步形成和写上黑板的。经过师生合作完成的板书显得既美观又实用，这的确是师生共同培育的胜利果实，是师生共同阅读、思考、创造的产物。在合作完成板书的过程中，师生情感得到充分交流，思维碰撞得到智慧的结晶，有时看似自然书写、随手拈来、平淡无奇，其实是教师精心预设，教学中精彩生成，体现了学生与老师的通力合作，因而显得妙不可言。

实现思维共振。特级教师支玉恒教学《太阳》时，在积极的师生对话中，引导学生理解教学内容，运用学生熟悉的中队组织“大队长”“中队长”“小队长”和“少先队员”按“组织系统”形成一个太阳“系统表”，并启发学生用括线给他们层层“建立”领导关系。鼓励学生上台板书，学生在这个过程中与教师愉快合作，在板书中享受成功乐趣，实现思维共振。

达成情感共鸣。优秀教师陈晓梅教学古诗《村居》一课，在板书课题后即开始讲读，但直到课文讲读完，黑板上仍是“村居”二字。正当大家困惑不解时，陈老师连点三名学生到黑板上用彩色粉笔画出这首古诗的诗意图。一时间课堂活跃起来，其他同学或在纸上画，或交口议论，或干脆站起来嚷着提醒黑板上的同学：“柳枝往右边摆！”“风筝尾巴太长了！”“还应画上拂堤杨柳！”……待黑板上三幅彩图画完，陈老师看着色彩鲜艳、春意盎然的诗意图，高兴地告诉孩子们：“这就是诗情画意！”并将自己事先画好的一幅彩色诗意图也挂出来，让学生欣赏。而后，她让孩子们看着黑板上的诗意图，背诵起《村居》来：“草长莺飞二月天，拂堤杨柳醉春烟。儿童放学归来早，忙趁东风放纸鸢。”让孩子用图画表现诗意，体会诗情，由教师板书变为学生板书，更能调动学生的学习积极性。多么高超的教学艺术啊！而这种艺术之境正是由师生合作、共同参与而创造出来的。

合作式板书，可在课中讨论时使用，根据教学活动需要就某个问题与学生边讨论边形成。有利于师生双边活动的开展，帮助调动学生的学习积极性和主动性；学生参与讨论，利于他们对知识的理解和消化；讨论中师启生发，利于培养学生的各方面能力。也可在课终总结时使用，提高学生的归纳能力，发展学生思维。

三、形象化板书——直观生动

形象化板书即用符号、线条、图形，配以简要文字示意教材内容，变抽象为具体、变深奥为浅显，教学中的难点通过图示形象化，从而化难为易，这类板书具有形象性、趣味性特点，也可以把物质的变化过程和事物间的关系简明地表达出来。

1. 利用板图理解文本内容

【典型案例】

特级教师于永正人教版二年级下册古诗《草》教学板书[①]

课始，于老师引导学生理解诗中的“原”就是指草原。“原上草”，就是草原上的草。草原上的草长得怎么样呢？于老师顺手在黑板上画了一幅“草原图”，并询问孩子们草原上的草长得怎么样。学生纷纷回答：草原上的草长得很高，很密；草原上的草长得很茂密，一棵挨着一棵；草原上的草绿油油的，一眼望不到边。这就让学生轻松地理解了“离离”的意思。

理解“一岁一枯荣”这句诗时，于老师启发学生思考一年四季的草有哪些变化，于老师用粉笔在黑板上画了一棵刚发芽的小草，让学生说说春天的小草怎么样。

生 1：春天来了，小草发芽了。

生 2：春天来了，天气暖和了，小草发芽了。

生 3：春天来了，小草从地里探出了小脑袋。

师：说得太漂亮了！夏天呢？（教师又画了一棵长得茂盛的草）

生：夏天到了，天气很热，雨水很多，小草长得非常茂盛。

师：秋天到了，天气凉了，小草怎么样了呢？（在黑板上画了一棵老叶发黄的草）

生：秋天到了，天气凉了，小草慢慢变黄了。

师：“慢慢”一词用得好，小草变黄有个过程。冬天呢？（接着又画了一棵枯黄的草）

生 1：冬天，小草都冻死了，叶子变黄了。

生 2：到了冬天，小草叶子黄了，耷拉脑袋了。

师：（指着黑板上的四季的草）小草一年当中，有两次明显的变化，谁看出来了？

生：一年当中，草绿一次，黄一次。

师：多聪明！

生：小草春天夏天长得茂盛，到了秋天和冬天，就枯黄了。

师：说得完全正确！谁能把这一句的意思连起来说一说？

生：“离离原上草”就是草原上的草长得非常茂盛。

师：谁能看着图，说得再具体一点？

生：就是草原上的草长得很茂盛，绿油油的，一眼望不到边。

师：小朋友这么聪明，我想一定知道“枯”和“荣”是什么意思了。（学生纷纷举手）不过我不想让你们说，现在，我请一位小朋友到黑板前边来，看看“枯”该写在哪一幅图的下面，“荣”该写在哪幅图的下面，能写对，说明他懂了。（一位小朋友把“荣”写在夏天草的下面，把“枯”写在冬天草的下面。众赞叹）

师：写对了！请你说说“枯”和“荣”的意思。

---

① 于永正．课堂教学实录 1：阅读教学卷［M］．北京：教育科学出版社，2014.

生："荣"就是茂盛的意思，"枯"就是黄了，干了的意思。

师："一岁一枯荣"什么意思？

生：就是一年当中，草茂盛一次，干枯一次。（众赞叹）

师：再看"野火烧不尽"这一句。"烧不尽"就是烧不——

生：（齐声）就是烧不完！

师："尽"就是完的意思。这可奇怪了！到了冬天草叶子都冻死了，枯黄了（边说边将"草原图"上的草涂成黄色），大火一烧（说着又用红笔在草上画上火苗），用不了多长时间，就会把草烧得干干净净，白居易为什么说烧不尽呢？

（学生看图疑思）

生1：大火有烧不到的地方。

生2：河边上的草烧不完。（笑声）

师：白居易说的"烧不尽"肯定不是这个意思，是什么没烧完？联系下一句想一想。

生：地下的草根没烧着。

师：对呀！草根没烧着，所以说没烧尽！（说完画了下面的图）学到这儿，我想，小朋友一定明白了第四句的意思了。（许多小朋友举手）谁能到前边来，把第四句的意思在老师画的画上画出来？

（学生看图思考。于老师请一位举手最高的小朋友到黑板上画。这位小朋友用绿粉笔在地平面上画上了草叶）

师：请你把画的意思讲给大家听一听。

生：（指着图）春天来了，春风一吹，小草又长出来了。

师：意思你理解了。不过，大家对这位小朋友的画还有什么意见吗？

生：他画的草太高了。春天来了，草不能一下子长那么高。（众笑）

师：请你来改一改，好吗？（该生将草叶擦掉，改为草芽）

师：说说你画的意思。

生：第二年春天，春风一吹，小草又发芽了。

师：改得有道理。

生：于老师，还有一样东西没画上去。

师：你能把春风画下来吗？

生：能！（走到黑板前，用白粉笔在草的上方画上了几条斜线）

师：噢，这就是风！（众笑）可是风看不见呀！想一想，怎样画，能使人感到在刮风。

（该生把线条和草擦掉，作了修改。听课老师赞叹不已，并为之鼓掌）

师：（抚摸着该生的头）你是位很会动脑筋的小朋友。从你的画中，我看出了，春风是从这刮向那边的，而且风很轻很轻，像一只温暖的大手，抚摸着小草的脑袋。现在请小朋友跟于老师朗读这首诗。（于老师抑扬顿挫、有感情地领读全诗）小朋友，大火烧得那么厉害，可是第二年春天，春风一吹，小草齐刷刷地生长出来了。你觉得小草怎么样？

生1：小草不怕烧，很勇敢。

生2：小草像刘胡兰一样坚强。

师：（板书“强”）“强”字前边的“坚”字换一个什么字更合适？确切地说，是什么“强”？

生：是顽强！

师：对！是顽强！（将“顽”写在“强”前边，并在“顽”上加上拼音 wán）小草的生命力多么顽强！火把叶子都烧光了，第二年照样发芽，多了不起呀！正因为这样，白居易才写诗赞美它。

【教学艺术评析】

于老师的《草》这一古诗教学可谓十分经典，特别是他的形象化板书让人印象深刻。面对低年级孩子，于老师充分发挥简笔画直观生动的特点，巧妙引导学生层层深入地理解小草旺盛的生命力。于老师画出了“草”在一年四季中生长变化的过程，形象鲜明地描绘了“一岁一枯荣”的情境，使学生对诗句有深刻的理解。教学后两句诗，利用图画让学生自己画“春风吹又生”的情况，这是一个独特的、意想不到的设计。老师故意将草全部擦除，从而引导学生理解“烧不尽”的是地下的根，春风一吹，灰烬中就又露出新芽了。而课堂上的小朋友表现极佳，认识到风是看不见的，风从左边吹来，草向右边倾斜，这就是逻辑思维与形象思维的结合。形象化板书极富感染力和美感，整堂课趣味盎然，笑声不断，帮助学生理解诗意，在此过程中对学生进行语言文字训练，引导学生认识事物，体会诗歌内涵，培养学生的观察力、思维力、想象力。

【拓展延伸】

形象化板书的艺术

形象化板书，基于教师对教材认真的钻研、高度的概括、独到的表达，反映教师的兴趣爱好、个性特长、技艺技能及审美情趣。

其一，要求板书是教师课堂教学艺术的结晶，具有艺术性的板书拥有很高的审美价值。因此，教师应不断追求富有美感的板书。

一位老师教学《安塞腰鼓》一课，精心设计，合理布局，将课文内容先后板书于黑板上，最后寥寥几笔，画出一个腰鼓和鼓槌的形象，使得安塞腰鼓的种种魅力、文章所蕴含的内涵和思想得到了形象的展示，学生多年后都记忆犹新。教师在进行板书设计时依据文本写作思路及教学的教路，指导学生学习，先文字后画面，呈现出了独具匠心的板书，起到了极佳的教学效果。

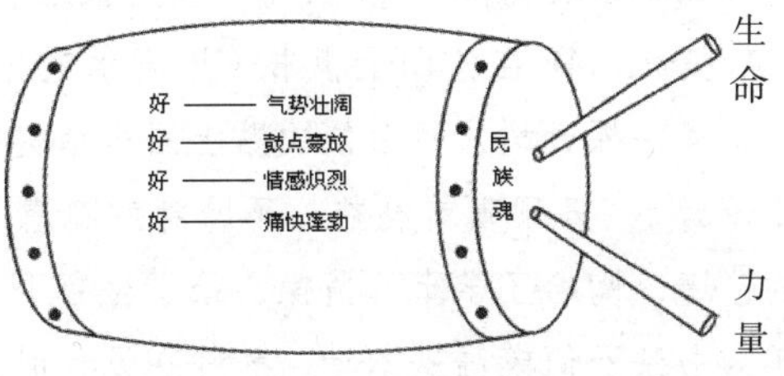

一位教师执教《蜜蜂引路》这课，课后题要求学生说出列宁所经过的地方名称。然后再让学生根据列宁跟踪蜜蜂飞回的路线画图，再通过集体评议，加深了学生对课文内容的理解。

这样，由文字变成图画，从抽象变成具体，使学生对这段内容加深了理解，从而深刻地掌握了文章的写法，为后部分的仿写作了铺垫。教师在启发学生想象的同时，根据学生的叙述而随手板画，学生根据教师的板画深化脑中的形象，可以使想象更切合实际，推理更合理，判断更准确。学生的想象能力明显增强，口头表达能力也大有进步。

画面的审美性。借用简笔画——一种无声的语言，把语言文字转化成直观、形象的画面。借助画面的艺术表现能力，加深对文字内容的理解，在实践操作中，往往需要教师精彩动情地解说，加以润饰，才能使无声的铅字变得有声有形。特级教师杨海波主张构建“言语审美”课堂，将板画引入到语文教学板书中，执教绘本阅读指导课《鸭子骑车记》，课始揭题，将题目中的自行车直接用简笔画呈现，吸引孩子的注意力。课终引导学生想象鸭子还会骑（开）什么车（或其他交通工具），请他们上台板画，学生兴致盎然，画了拖拉机、小轿车、摩托车、飞机、轮船、潜艇等，黑板充满了童趣，学生随后的语言表达也十分精彩。执教古诗诵读与欣赏指导课《题秋江独钓图》，用彩色粉笔寥寥数笔画出了头戴斗笠、身穿蓑衣的渔夫，手执一支长竿，在一叶扁舟上独自垂钓，船上一个酒壶，体现了渔夫的悠然自得；教学《马诗》，用简笔画勾勒出燕山、大漠，剪纸的马奔驰而来，将诗歌意境生动再现，学生们兴致勃勃地欣赏着，有的课后舍不得擦掉，有的模仿着也要画一幅。优美的画面不仅帮助学生理解了诗意，还提高了他们的审美情趣。

其二，要求教学的趣味性。一位英语教师教学时采用环式简笔画的形式，巧妙、形象地呈现了天气形成的过程，使学生在学习生词的同时逐步学会用 stream，water，vapor，clouds，rain 和 water 来讲述天气的演变过程。文字与图形的有机结合可以引发学生的想象，帮助学生从形象思维过渡到抽象思维。这样，既可以让学生轻松掌握这些知识点，也可以增强教学的趣味性，改善课堂气氛。

朱智贤说：“教育本身又必须适应儿童的心理发展，从儿童心理的水平或状态出发，才能实现其作用。”成尚荣曾说：“促进儿童的发展是现代教育核心价值的定位，儿童立场应该是现代教育的根本立场。好的教育一定要符合儿童身心发展规律。”因此课堂教学中的教学板书也应体现儿童视野，站在儿童立场上，以儿童的视角来设计、考量，增强板书的生活性、趣味性、动态性。

其三，要求基本功的扎实性。形象化板书要用简洁的文字配上线条、箭头以及绘画等，生动直观地展现画面，具体又有如下几种情况：① 文字与当场板画相结合；② 文字与贴画相结合；③ 文字、板画、贴画三结合；④ 在挂图上板书（用彩水笔写字）。如一位老师在讲《螳螂捕蝉》时，当场在黑板上画了一棵大树，然后依次贴上画得精美的蝉、螳螂、黄雀及拿着弹弓的少年，画的右下方板书文字，“只顾眼前利益，不顾身后隐患”。这则板书，文字、板画、贴画三结合，创设了优美的情境，陶冶了学生的情操，给学生留下了难以磨灭的印象。设计形象化板书需要教师具有扎实的书法及简笔画基本功，教师在设计时要充分预设，在空间使用上注重合理性，文字书写工整美观，贴画选用恰当，板图规范优美。

四、表格式板书——简明扼要

表格式板书根据教学内容可以明显分类、进行比较等特点，找出教学内容的要点，列成表格，通过横向对比和纵向归纳，从而获得新知识或建立知识之间的联系。这种板书适用于教学内容各要素具有并列关系，或新旧知识的对比学习、实验数据的分析归纳等。

1. 清晰梳理知识要点

【典型案例】

特级教师姜彩清苏教版六年级下册《平面图形复习课》教学板书[①]

姜老师的表格式板书采用知识结构网络法，突出了本节课中各种平面图形之间的内在联系，优化了学生头脑中的知识结构。

<table>
<tr><td rowspan="10">平面图形</td><td rowspan="3">三角形</td><td>锐角三角形</td><td>包含等边三角形</td></tr>
<tr><td>直角三角形</td><td>包含等腰三角形</td></tr>
<tr><td>钝角三角形</td><td>包含等腰三角形</td></tr>
<tr><td rowspan="5">四边形</td><td>平行四边形</td><td>包含长方形→正方形</td></tr>
<tr><td rowspan="3">梯形</td><td>等腰梯形</td></tr>
<tr><td>直角梯形</td></tr>
<tr><td>……</td></tr>
<tr><td>……</td><td></td></tr>
<tr><td>圆</td><td colspan="2"></td></tr>
<tr><td>……</td><td colspan="2"></td></tr>
</table>

【教学艺术评析】

这是一节概念复习课，既要弄清相关概念的内涵与外延，又要沟通概念之间的联系与区别。姜老师的这则表格式板书具有严密的逻辑性，特别是其中的三个省略号用得非常巧妙。

给概念进行划分，划分后的各子项的外延之和要等于母项的外延。如果将板书中的三个省略号去掉，那么“三角形”的外延加上“四边形”的外延，再加上“圆”的外延，就小于“平面图形”的外延；“平行四边形”的外延加上“梯形”的外延，就小于“四边形”的

① 姜彩清. 三个省略号用得巧[J]. 江苏教育，1995(10).

外延；“等腰梯形”的外延与“直角梯形”的外延之和，就小于“梯形”的外延。这样的划分就犯了“划分过小”毛病！这是三个省略号用得巧妙的原因之一。

另外，教学过程中教师及时地点拨，使学生清楚地知道：平面图形除了我们学过的三角形、四边形、圆之外，还有五边形、六边形等；四边形除了平行四边形和梯形之外，也还有其他的；梯形也远不止我们学过的等腰梯形和直角梯形，也还有很多。因此，我们用省略号表示这些未学过的图形名称。这样教学，既帮助学生科学地整理了所学的知识，渗透了初步的逻辑思想，同时也激发了学生渴求知识的欲望！这也是三个省略号用得巧妙的原因之二。

2. 准确揭示事物关系

【典型案例】

特级教师王金涛苏教版四年级下册《宋庆龄故居的樟树》教学板书

这是一篇文质兼美的散文，文章运用了借物抒情、以树喻人的写法，借赞美樟树的可贵之处，来赞美宋庆龄的高贵品质。理解樟树与宋庆龄的相同可贵品质以及课文借物喻人的写法是教学的难点，王老师在教学中设计了表格式板书：

宋庆龄故居的樟树

<table>
<tr><td>比较</td><td>外在形象</td><td>内在品质</td></tr>
<tr><td rowspan="4">樟树</td><td>枝干粗壮</td><td rowspan="4">香气拒虫</td></tr>
<tr><td>稠密发亮</td></tr>
<tr><td>四季常青</td></tr>
<tr><td>蓬蓬勃勃</td></tr>
<tr><td rowspan="2">宋庆龄</td><td>形象秀美</td><td rowspan="2">正气拒敌</td></tr>
<tr><td>永葆革命青春</td></tr>
<tr><td colspan="3">人树合一　借树喻人</td></tr>
</table>

【教学艺术评析】

王老师的板书设计融文本内容与表达方式于一体，引导学生抓住关键词句领悟文章内涵。学生在与教师、文本的对话以及师生、生生的互动中，凭借具体的语言材料，概括出樟树的外形特征与内在品质，又借助课外资料体会、品味宋庆龄崇高的人格风范和高贵的精神品质。而在这样鲜明的对比中，学生很容易感悟到文章表面上看是直接描写樟树，其实在字里行间都在赞美宋庆龄像樟树一样：樟树四季常青，蓬蓬勃勃——宋庆龄形象秀美，永葆革命青春，精神蓬蓬勃勃；樟树拒虫，香气永久保持——宋庆龄坚强不屈，一生充满正气。表格式板书准确清晰地帮助学生把握樟树与宋庆龄的内在联系，突破了教学难点。学生理解文章的写作手法：表面是写樟树，其实是借物喻人，以树喻人，写出了宋庆龄如樟树般崇高的人格风范和高贵的精神品质，也就水到渠成了。

【拓展延伸】

简明扼要的表格式板书

表格是常见的教学板书形式，它几乎可以服务于任何文章和教材章节的教学，还适用于一组文章和知识信息的比较。表格不仅适用于传统的文字式板书，而且适用于电化教学演示。许多青年教师都喜欢使用多媒体进行教学，表格式板书为之提供了较好的选择。表格式板书最大的特点是信息量大、条理清楚、简约明了，有整齐、对称、均匀、清晰、简洁之美。

填写时进行信息加工。表格式板书一般用于知识性强并可以明显进行分类的内容。教师设计出表格，可以要求学生用自己的语言填写。表格式板书比其他形式的板书更利于学生参与，更有助于调动学生的学习积极性，激发学生的创造性，使其进行高层次的认知加工，更深刻地理解教学内容。如《要是你在野外迷了路》一文的板书设计：

时间	天然指南针	准确的方向
晴天的中午	太阳	树影正指北方
黑夜	北极星	北极星指北方
阴雨天	大树	树叶稀的一面是北方
积雪的冬天	沟渠里的雪	积雪融化得快的是北方

对比中提高辨析能力。表格式板书能从纵横两方面交叉剖析所学知识，并能将其内容通过图表简要地体现出来，便于比较和记忆。如一位老师设计的《化简比和求比值》教学板书：

<table>
<tr><td></td><td colspan="2">化简比</td><td>求比值</td></tr>
<tr><td rowspan="3">不同点</td><td>形式</td><td>比的形式</td><td>一个具体的数</td></tr>
<tr><td>结果</td><td>是一个比</td><td>是一个数</td></tr>
<tr><td>举例</td><td>240：0.6=400：1</td><td>240：0.6=400</td></tr>
<tr><td rowspan="2">相同点</td><td>依据</td><td colspan="2">比的基本性质</td></tr>
<tr><td>方法</td><td colspan="2">（1）开门见山（直接约）
（2）移动小数点约
（3）用最大公约数约
（4）巧妙变化约</td></tr>
</table>

此板书是在图表的基础上加入了对比，把所学知识简要地体现出来，并且能一目了然地对比知识点间的异同。

突出教学重点难点。《It’s in the north of China》一课介绍了 Lingling 到新疆旅游的经历[①]。教师提炼出下列表格中的几个主要问题，让学生带着问题去听音，然后回答问题，再补充完善表格，从而集中反映所学内容的精华，真正做到了精练紧凑，重点突出，难点醒目，带给学生清晰、整洁、明快的感觉。

Ask	Answer
Who went to Xinjiang?	Lingling and her parents.
When did they go?	In July.
Where is Xinjiang?	It’s in the west of China.
What did she do?	She rode a horse. She climbed the Tianshan Mountain. She visited the Tianchi Lake.

系统归纳知识内容。表格式板书对比性强，便于比较概念的异同点，条理清楚，简约明了，容易让学生把握概念的本质，深刻领会所学知识。例如以下表格式板书：

年、月、日

<table>
<tr><td rowspan="4">一年12个月</td><td>大月</td><td>31天</td><td>一月、三月、五月、七月、八月、十月、十二月</td></tr>
<tr><td>小月</td><td>30天</td><td>四月、六月、九月、十一月</td></tr>
<tr><td>二月</td><td>29天（闰月）</td><td>28天（平月）</td></tr>
<tr><td>平年365天</td><td colspan="2">闰年366天</td></tr>
</table>

表格式板书纲目清楚、简明扼要，提示性强，能帮助学生梳理知识要点，积极思维并可参与板书，易于学生理解和接受。

表格式教学板书设计出来之后，还需要教师教学时在黑板上使用有关工具将它们准确、快速、美观地绘制出来，才能保证教学板书达到预期的目的，这就要求教师熟练掌握一定的绘图制表的技能技巧。一般说来，图表绘制得准确，有助于教师讲明问题、学生掌握知识，有助于提高课堂教学的效率，如果在课堂的黑板前面，教师忙碌了半节课还未将图表绘成，易使学生认为教师无能，课堂秩序涣散；图表绘制得美观，则有助于吸引学生的注意力，激发学生的学习兴趣，培养学生的审美能力。

① 宋世京. 英语图表式板书设计例谈[J]. 山东教育，2014(C1).

五、对比式板书——印象鲜明

对比式板书是把课文内容中彼此对应的两方面排列起来进行对比而形成的板书。由于对比的事物鲜明强烈，因而能更好地揭示事物之间的关系，突出知识重点。各种相互对立，相互排斥的因素结合在一起形成和谐，可以造成对比强烈，明暗烘托的艺术效果，有时它比匀称的和谐更具有美的魅力，造成一种以偏托正的美感。

1. 在对比中感知人物形象

【典型案例】

特级教师侍作兵苏教版四年级上册《九色鹿》教学板书

师：问一个不大礼貌的问题，这个小姑娘几岁？

生：十岁。

师：这个小伙子呢？

生：十一岁。

师：班级最大的几岁？

生：十一岁。

师：那最小的呢？

生：十岁。

师：那么你们全是小人吗？是不是？

生：不是。

师：怎么不是呢？最大的才十一岁，怎么不是小人呢？

生：（大多数）不是小人（其中有一个说“是”，引起笑声）。

师：我说的“小人”是年龄小。你们理解的小人是像课文中的调达这样的人吧？

生：是。

（师板书“调达”，字写得很小，而之前写好的“九色鹿”三个字很大，形成鲜明对比）

师：上节课，你们的吴老师已带领大家读过课文了，对课文中的这两个人物有什么想法？想到哪些词语？

生：调达见利忘义，忘恩负义；九色鹿善良。

师：嗯，把关于调达的两个词语写到黑板上。

（生上台书写，师板书“善良”）

师：看到调达，还想到什么？

生：调达十分不诚实，是一个灵魂肮脏的人。

生：是一个背信弃义的人。

师：把“背信弃义”写到黑板上，还想到什么？

生：是一个恩将仇报的人。

师：请这位同学将“恩将仇报”写在黑板上。

……

九色鹿	调达
美丽善良	背信弃义
见义勇为	见利忘义
不图回报	恩将仇报

【教学艺术评析】

《九色鹿》一课的教学重点是通过朗读感悟，体会人物内心活动，剖析人物性格，从字里行间感受美与丑的对立，潜移默化地培养学生的语文素养和正确的人生观、价值观。教学难点是引导学生把握调达前后截然不同的两种态度的有关词句，通过理解词语感悟形象，通过形象加深对词语的理解，明白文中蕴含的做人道理，实现语言与精神的同构共生。侍老师教学伊始在轻松对话中引导学生谈人物印象，整体把握课文内容，学生能说出九色鹿美丽、善良、见义勇为、不图回报等，调达见利忘义、背信弃义、恩将仇报、灵魂肮脏等。教师与学生合作板书人物特点，形成鲜明对比，凸现文本主题。特别是将“调达”两个字写小，加深了学生对课文中“小人”两个字的理解，印象深刻。

2. 在对比中感悟文本内涵

【典型案例】

特级教师薄俊生苏教版五年级下册《水》教学板书①

苏教版小学语文第十册《水》这篇课文主要写“水，成了村子里最珍贵的东西”，村民饱受缺水的痛苦，但在文中作者却回忆了儿时洗澡的两件乐事：雨天“洗澡”的痛快和炎夏“淋浴”的舒服。薄老师设计了对比式板书：

	水（珍贵）	
痛快	舒服	
遇水之乐	缺水之苦	反衬

【教学艺术评析】

薄老师教学时引导学生体会人们的缺水之苦、遇水之乐，感受“反衬”这种表达方法

① 薄俊生.《水》教学实录及教后反思[J]小学语文教学，2014(1).

的好处。对比式板书十分简洁，对比鲜明，既概括了文本的主要内容，在“苦”与“乐”的对比、品味中，倍感水的珍贵，又帮助学生领悟表达方式，学习反衬的写法。

3. 在对比中升华情感

【典型案例】

特级教师王崧舟人教版五年级上册《圆明园的毁灭》教学板书[①]

《圆明园的毁灭》以精练的文字描述了圆明园昔日的辉煌和它的毁灭，旨在激发学生对祖国灿烂文化的热爱和对侵略者强盗行径的仇恨，是一篇向学生进行爱国主义教育的极好教材。教师在教学中既要让学生感受圆明园“美得让人心醉”，更应该让他们体验“毁得令人心碎”。但由于文中内容距学生生活实际较远，如何激发学生情感有一定难度。于是，王老师精心设计了对比式板书：

圆明园的毁灭		
不可估量	不可估量	不可估量
举世闻名	建筑宏伟	珍贵文物
化为灰烬	化为灰烬	化为灰烬

【教学艺术评析】

王老师的板书中有三个“不可估量”和“化为灰烬”，这不是简单的重复。在教学进程中，当王老师先后将这两行板书全部写出来的时候。学生和听课的老师都被震惊了：这么了不起的皇家园林，就这样被毁灭了。王老师的对比式板书将课文的情感基调进行了总体的定位，然后再引导学生学习课文中的具体语言材料，感受圆明园曾经的辉煌。这样一处理，成功营造了整个课堂的情感氛围，使学生的心灵受到强烈震撼，在接下来的发言及写话练习中情感充沛，读写呼应，口头表达和书面表达都十分精彩。

【拓展延伸】

深刻印象要对比

对比式板书是以反映文章中两种事物或两种情况之间的对比关系为主的一种板书形式。

各种相互对立、相互排斥的因素结合在一起形成和谐，可以造成对比强烈，明暗烘托的艺术效果，有时它比匀称的和谐更具有美的魅力，造成一种以偏托正的美感。俗话说，文似看山不喜平，文章的主次分明、繁简互制、详略安排是突出文章重要内容，表达作者强烈感情的常

① 王崧舟，张蓉．寻求理想的情感解读模式——《圆明园的毁灭》教学实录及点评［J］．小学语文教师，2008（增刊）．

用手法。有些课文重点部分铺陈渲染，次要部分惜墨如金。设计这些课文的板书时，宜突出重点，勾勒其余，顺其详略之别，造其主体美感。

启迪智慧。教师把教学内容相互对立或对应的部分集中在一起呈现出来的板书形式。这种板书能突出教学内容之间的联系和区别，使之形成鲜明的对照，特别能启迪学生的思维，使其思考为什么会产生如此对立或对应的现象，有利于学生进行探究性的学习。如《司马光》一文写了司马光砸缸救小朋友的故事，就可以用对比式板书把司马光的勇敢、聪明的特点凸显出来。例如："别的小朋友：慌（叫、喊、跑），司马光：沉着（举、砸）。"

把握规律。把相近或截然相反的两件事物放在一起进行比较，分析其特点。进一步揭示事物的本质特征和发展规律。如《科利亚的木匣》可以这样设计：

	四年前	埋	五岁	步子小	十步
科利亚	四年后	埋	九岁	步子大	五步
	懂得：周围的一切都在起变化				

通过这样设计，把上面两组数据进行对比，从其数据上的差别，学生不难发现：时间在变，人也跟着在变，从而揭示了"周围的一切都在起着变化"这个发展规律。这样一来，突出了中心，文章重难点也迎刃而解了。从数据的比较—得出结论—揭示规律，这个板书的设计形式，它不仅有助于学生理解一些本质的东西，也对学生的唯物辩证起着一个潜移默化的作用。

明辨真理。如一位教师在执教《狼和鹿》时，就运用了对比式板书。老师先出示课文最后一段中的两句话："它们捕杀的狼，居然是森林和鹿群的'功臣'。""而人们特意要保护的鹿，一旦在森林中过多地繁殖，倒成了破坏森林、毁灭自己的'祸首'。"（学生读后）板书"功臣""祸首"这对反义词。"在这里你看出谁是功臣，谁又是祸首？"学生的答案是："狼是功臣，鹿是祸首。"教师在这组词后打了个问号，开始了课文的学习。学生读完第一自然段后，让他们用一个词形容狼和鹿，随后根据交流板书：鹿活泼而美丽狼贪婪而凶残。"狼和鹿你喜欢谁？"对比明显，学生的答案是肯定的（都偏向了鹿）。"此时的凯巴伯森林是什么样的？"根据学生的回答，教师在黑板上写下"生机勃勃"。学习第二自然段后，再次追问："谁是功臣？谁又是祸首？"学生的答案是："当地居民是功臣，因为他们帮鹿捕杀天敌狼，而狼是鹿的天敌，是鹿减少的祸首。"同样的问题，不同的答案，教师又打了个更大的问号。学完课文第三自然段后，让学生思考："此时的森林是什么样的？鹿又是什么样的？"随后板书"（森林）枯黄蔓延（鹿）饥荒、疾病"，与前面的"（森林）生机勃勃""（鹿）活泼而美丽"进行对比。"这是人们想要的结果吗？""关于'功臣'和'祸首'你还有什么想说的？"学生纷纷举手："现在我知道了鹿是祸首，鹿是森林毁灭的祸首。而狼是功臣，因为它吃了病鹿反而减少了传染病对鹿群的威胁。""我认为人才是更大的祸首，是人杀了狼，鹿才大量繁殖，森林才没有了绿色，所以人是鹿群和森林的祸首，狼是森林和鹿群的功臣。"……教师在这对反义词的问号后加上一个大大的惊叹号。“学了这篇课文，你有什么想说的?”“我认为我们不应该干涉狼和鹿的生活。”“不能因为狼凶残就杀光它，狼的存在也是有作用的。”“我们要让狼和鹿都生活在森林里，这样才能保持生态平衡。”对比式板书，让真理越辩越明。

比较是人们认识事物、分析事物的思维过程，是抽象思维的一种思维形式。准确地讲，比较就是运用对比的手段确定事物异同关系的思维过程的方法。比较能起到深化、强化的作用，可以收到“不言而喻”的艺术效果。比较有许多方法，从性质上分有求同法、求异法，纵比法、横比法，定性法、定量法，综合法、专题法；从内容上分有知识比较、中心比较、人物比较、结构比较、语言比较、情节比较、文体比较、作者比较、背景比较、手法比较、风格比较、情境比较等等，用在总结、复习、单元教学上，效果更好。

当讲授的内容相近或者思想方法一致时，可采取上下或左右对比式板书。这种板书要把易混概念、法则、公式进行对比，在对比中分清正误，在对比中进行辨析，在比较时可使用彩色粉笔及时勾出重点。用类比的方法，比较异同，可以加深学生的理解和记忆。

知识链接

板书艺术的特点

教学板书是教师普遍使用的一种重要的教学手段和表现形式，是指教师根据教学的需要在教学用具（主要是黑板）上以书面语言或符号进行表情达意、教书育人的活动，是师生在课堂上最简易的利用视觉交流信息的渠道。教学板书艺术，是教师教学艺术的重要组成部分。有人说板书是反映课文内容的“镜子”，展示作品场面的“屏幕”，是教师引人入胜的“导游图”，成为每一课的“眼睛”；高超精湛的教学板书艺术是打开学生智慧之门的钥匙，是教师教学风格的凝练和浓缩。

特级教师斯霞曾深有体会地说：“好的板书对于提纲挈领地了解课文内容，对于把握住课文的关键问题，起着很大的作用。教师必须慎重考虑，精心设计。板书的原则是简单扼要，眉目清楚，切忌随心所欲，杂乱无章。备课时，我常常为设计少而精的板书费一番心血。”特级教师袁瑢同样非常重视教学板书的精心设计，并把它列为备课的重要内容。她说：“一堂课上得好坏，效果如何，是由多方面的因素决定的。这里，既包括教师对教材的理解，对学生实际的掌握和有无丰富的教学经验，也包括板书运用的好坏。板书运用得当，有助于学生掌握文章的思路。所以，教师在备课时就应根据教学的目的要求、教材特点、学生实际等情况来精心设计板书。”

正因为特级教师们非常重视教学板书的作用与设计，所以在他们的课堂教学中许多板书实例，成为令人赏心悦目的艺术精品，构成了其教学艺术中不可分割的部分。

一、在内容设计上求“精”

1. 精心的预设

特级教师是优秀教师中的佼佼者，他们有先进的教学理念、正确的教学观与学生观，因而在教材解读、重点把握、难点突破等方面自有独到之处。他们的课堂力求完美、精益求精，在板书设计时能根据教学目标精心预设。

预设板书内容。也就是板书什么的问题。特级教师的板书内容注重知识的完整性系统性科学性，反映出某一章节、某一部分知识的内在联系，而不是运用词句进行简单的堆砌。

预设版面布局。也就是在黑板的什么位置板书。特级教师板书设计注重根据教学目标精心布局，预定好板书位置，突出重点，层次分明。

2. 精当的语言

板书是留在黑板上的知识信息，是一种书面语言。特级教师都特别注重这种特殊的书面语言给学生带来的重要影响，因而特别注重以下几个方面。

准确规范。板书准确规范，保证学生接受信息的科学性。如：文字书写工整美观，笔顺正确，潜移默化地培养学生养成良好书写习惯；字母、符号书写正确、规范；作图认真，解题格式规范，关键步骤完整、准确。

逻辑严密。板书注重显示知识之间的内在联系，帮助学生构建完整的认知结构，提高学习效果。

富有启发性。特级教师的板书常常在文字之外还根据需要加上线条、箭头、符号或简笔画等，使静态的板书蕴含着动态的思路，启发学生思维。

3. 精彩的呈现

呈现时机体现过程性。板书内容结合教学过程和学生思维过程，分阶段性地呈现出来，如课始板书为新课作铺垫的内容或素材；而重要的学习内容，则在学生合作探究、真正理解的基础上才写出。呈现方式体现合作性。特级教师的板书常常体现互动性：边说边写（如概念的规范表述）；边问边写（如板书解题过程中，提问学生下面该写什么了？怎样表述?）；边听边写（让个别学生或全体学生说，教师写）等。

二、在形式设计上求“美”

特级教师的板书注重形式上的优美，给人艺术的享受。

1. 书写美

书法美。字体规范，书写流畅，大小适宜，行距恰当，疏密得体，使学生受到美的陶冶。

符号美。如精心选择板书常用的各种线条、箭头、标点符号等，与教学内容相得益彰，给学生强烈的节奏感和流动美。

2. 结构美

板书的格式很多，如扇格、辐射格、回环格、条幅格、波浪格、阶梯格、树形格等。恰当的格式可以完美地表现板书内容，特级教师在课前一定会反复斟酌，以期达到最佳效果。

均衡。板书整齐而富于变化，一目了然，令人赏心悦目。

精巧。板书设计精致巧妙，匠心独运，还可能是别出心裁的“出格”之作。

3. 画面美

特级教师往往教学基本功扎实全面，有时会在教学板书设计中使用形象的画面，令人耳目一新。

色彩搭配协调醒目。板书设计时注意白粉笔与彩色粉笔的搭配使用，主次分明，重点突出。

适当留白提高效率。特级教师常在教学的重点、难点、关键点、对比点处布白，在画面之外可以给学生思考的空间，进行深层次的认知加工，加深对知识的理解和掌握。

三、在整体设计上求“新”

特级教师特别注重板书类型的综合运用，在教学板书的整体设计上从不重复别人，也不重复自己，具有创新性。

1. 新颖

根据教学内容、教学目标、重点难点及学生具体学情，特级教师的教学板书设计特别注重新颖性，总是随着具体情境而有所变化，设计出理想的板书。

2. 新奇

小学特级教师熟谙小学生的心理，本身大多极富童心，在进行板书设计时注意文字、图表、格式的灵活多样，追求新异、奇特之处，使学生感到生动活泼、趣味横生，从而帮助学生加深理解和记忆，增加思维的积极性和持续性。

3. 新巧

特级教师的教学板书总是那么巧妙，别出心裁，让人拍案叫绝。

总之，特级教师的板书设计注重科学性与艺术性的统一，在学生脑海中形成一个通俗易懂的良好知识网络，进而真正实现教与学的和谐统一。

第七章　特级教师教学的机智艺术

导读

钟启泉认为教学机智是面对惊异，契合情境的即兴创作。李如密认为教学机智是教师在教学过程中面对特殊的教学情境最富灵感的“点睛之笔”。刘徽认为教学机智是教师在教学情境中和学生相遇时的临场智慧。吴德芳认为教学机智是指教师所具有的在复杂、微妙的教学情境中迅速且恰当的行动能力。因此，教师的教学机智是教师在教学过程中表现出的随机应变的技能，是教师的特殊职业技能之一，具有情境性、复杂性、可积累性等特点。按照教学过程，教学机智可分为教学准备的教学机智、课堂教学机智、课后的反思。

苏霍姆林斯基说：“教育的技巧不在于能预见课的所有细节，而在于根据当时的具体情况，巧妙的，在学生不知不觉中做出相应的变化。”课堂教学的艺术化和艺术化的课堂教学都要求教师善于捕捉课堂教学中的“光点”，甚至是一个意想不到的“黑点”，巧妙地调控学情，幽默含蓄地扭转尴尬局面，深深地融入我们对学生的爱，进行再设计，课堂会爆出一个又一个的“亮点”，从而生成一堂充满智慧和生机的精彩课堂。教学机智是特级教师素质中最有魅力的一项，常常能化平庸为亮丽，化腐朽为神奇，是教学艺术之树上最亮丽而鲜活的花朵，它能散发出人文的气息，芬芳学生的心灵。特级教师面对瞬息万变的课堂，都有哪些值得我们借鉴的课堂教学机智呢？本章探讨的教学机智艺术有因势利导、教学无痕、巧妙暗示、不耻下问、以变应变、以静制动、自我解嘲等。

一、因势利导——生成的有效资源

课堂上出现错误是一件难免的事，但如何灵活机智地捕捉和运用，因势利导，使其成为课堂教学的有效资源，发挥其独特的教育价值，让我们一起走进特级教师课堂，看名师课堂教学如何因“错误”而生成精彩。品味名师教学遇“错”时，给我们的教学带来的新的视角。

1. 将“错”就错

【典型案例】

特级教师刘松《必胜的策略》教学片段①

课件出示：甲、乙两人玩棋子画面，棋子共有 25 个，两人轮流去拿。甲先取，乙后取，规定一次最多拿 3 个，最少拿 1 个，谁取到最后一个棋子谁就算输（了）赢。

师：谁能赢？如何赢法？

（下面的老师窃窃私语，原来是最后一句话多了一个字，出了一个意外的错误）

师：（面带微笑，不慌不忙）对不起，孩子们，老师犯了一个小错误。谁知道呀？

生：（立即反应过来）老师，你的题目上面最后一句话多了一个字，到底是输还是赢啊？

师：你很细心，读题很仔细。

师：究竟是输还是赢呢？这样吧，我们就把它改成两道题，先来思考谁取到最后一个棋子谁就算赢，再来讨论谁取到最后一个棋子就算谁输好吗？

生：（异口同声）好！

【教学艺术评析】

因多了一个字而导致的意外错误，纯属老师疏忽大意造成的。面对这个“意外”，刘老师既没有掩饰，也没有回避，把这个“球”反踢给了学生，让学生发现这道题中出现的错误。一句善意提醒的话语：“对不起，孩子们，老师犯了一个小错误，谁知道？”既表现出教师的诚实，给学生树立了一个要勇于承认自己的错误并及时改正错误的很好榜样，又体现出教师的智慧。面对出现的错误，沉着冷静，将“错”就错，巧妙利用多出的字，一题变两题，进行变式练习，在无声状态中变“意外”为“精彩”。这正体现特级教师教遇“错”时无所惧的功底。

① 雷玲编. 名师教学机智例谈·数学卷[M]. 上海：华东师范大学出版社，2007.

2. 因“错”利导

【典型案例】

特级教师华应龙《多位数减法练习课》教学片段 ①

师：通过观察，我们发现虽然选的数字不同，但最后一个算式的结果都是 495，前一个算式的结果是 594，再前一个算式的结果是 693，再次证明，我们做事要回头看一看，要不然就得不到新的发现了。

生：我选的数字是 2、1、0，可我算出的结果怎么就是 595 呢？

师：咦，这是怎么回事？谁来帮他指出问题？

（学生们瞪大眼睛，都认真地看着投影中那个学生的练习本）

生：他算错了。最后一个算式的百位借走了 1，还剩下 8，8–4=4，他没有借位，还是用 9 做的。所以他得 5，就错了。

师：这也正是我们在做多位数减法时最容易出错的地方——忘记退位了。来，没有算到 495 的同学查一查，哪儿有问题了。

（学生独立检查，没有错的主动帮忙）

师：我们现在小组交流一下，在计算多位数减法时，特别要注意什么问题？

生 1：要相同数位对齐。

生 2：从个位算起。

生 3：退位减法时不要忘记退位点。

【教学艺术评析】

在退位减法的计算过程中，学生往往会忘记退位，用原来的数相减，导致计算结果出错。这是计算多位数退位减法时容易出现的一种错误，也是计算课中的一个教学难点。在上述教学片段中，华老师捕捉到课堂上学生出现答案是 595 这一“错误”时，因势利导，请学生查找计算错误的原因（是百位没有退位），并以这个“错误”为契机，提醒他们在交流计算多位数时，特别要注意什么问题。由此学生总结出计算多位数退位减法时要特别注意的问题是别忘了退位点。因“错”利导，不仅提醒学生计算退位减法时要注意什么，更教会了他们在计算过程中要养成检查验算的好习惯。

---

① 张晓媛 . 让和谐走进课堂［J］. 陕西教育（教学版），2011（12）.

3. 纠“错”启智

【典型案例】

特级教师唐爱华《24时计时法》教学片段[①]

在引导学生得出两种计时法转换的方法后，用游戏的形式加以巩固，出示一题“上午7时”。

生：19时。

师：（愣了一下）哦，我明白了，你是想考考老师，对吗？好，我先回答你的第一题。19时就是晚上7时，我说得对吗？

生：（齐）对！

师：为什么对？你们是怎么想的？

生：19时表示时针走第二圈了，所以要加上“晚上”，还要减去第一圈走的12个小时，就是晚上7时。

师：说得好极了。那么请各位小老师判断一下，上午7时是19时吗？

生：（笑）错了，应该是7时。

师：为什么？

生：因为上午7时表示时针走第一圈，如果用24时计时法表示，数不变，只要把“上午”去掉就可以了。

师：我明白了。下面老师和同学们来一次比赛，我们相互出题，比比谁回答得又对又快，好吗？

生：（兴奋地）好！

【教学艺术评析】

刚进入游戏时，就有学生说错，教学陷入尴尬局面，游戏被迫停止。唐老师没有直接指出错误，而是用一句“你是想考考老师，对吗？”的幽默语言给课堂带来轻松和谐的氛围，并在纠正错误答案的同时，让学生判断老师是对还是错。学生的思维顿时被激发，在判断过程中，不仅知道了19时不是上午7时，而且还能说明理由，使学生知其然又知其所以然。“学生的错误都是有价值的”（布鲁纳语），以上教学片段，正是唐老师宽容错误，并利用好这个错误资源，在纠错中开启了学生的智慧。学生在课堂中出现的错误也是一种很好的资源。苏霍姆林斯基曾经说过：“教育的技巧并不在于能预见到课堂的所有细节，而在于根据当时的具体情况，巧妙地在学生不知不觉中做出相应的变动。”教遇“错”时无所惧，这正是特级教师的魅力所在！

---

① 雷玲．名师教学机智例谈·数学卷［M］．上海：华东师范大学出版社，2007.

4. “错”中明理

【典型案例】

特级教师汪云《画布属性》教学片段①

师：当画布不够大时，如何改变它的大小？

生：拖动画布边上的控制点。

师：具体怎么做？（学生示范）

师：如果对画布的宽度和高要求很精确时，怎么办？

生：设置画布的“属性”。

师：请同学们完成课后的“实践园”。（教材上要求输入宽度800像素、高度600像素，学生基本上完成操作）

师：根据需要我们可以随时改变画布的宽度和高度。

（我正要讲这个宽度和高度不可无限大时，发现一学生A输入宽度50 000像素、高度40 000像素，正好被我发现，何不来个一“错”到底，让学生知其所以然）

师：请A学生为大家展示他对画布属性的设置。（学生看到他设置的数字唏嘘声）

师：请你保存一下你的作品。（此时屏幕上出现一个对话框：“没有足够的内存资源来完成该操作……”）知道为什么不能保存吗？

众生：因为设置的数字太大了！

【教学艺术评析】

在介绍画布属性设置时，教师从学生最熟悉的“不要求精确”入手，过渡到如果精确设置如何做，让学生完成教材上的例子，此时并没有强调设置的数字太大，因为学生没有经历的事强调了也不会有很好的效果。正要介绍时却幸运地发现学生的好奇心提供了一个错误的设置，将错误的设置继续进行会是怎样的结果呢？通过保存作品，让众生发现“设置的数字是有限的”，不然无法保存。不言而喻，学生不仅知其然，而且知其所以然，并且印象深刻。

【拓展延伸】

因势利导教学

顺着事情发展的趋势，向有利于实现目的的方向加以引导，就叫“因势利导”。因势利导教学就是针对教学主体的实际需要，沿着教学主体的发展目标、思维特点、趋势加以引导，从而帮助他们由掌握知识转化为内心信念，再把内心信念转化为一定的意志和行为习惯。在高效课堂实施过程中，如何把握教学主体的“势”再加以“导”，是值得研究的重要课题。

① 摘自2017年宿迁市小学信息技术研讨活动示范课课堂记录。

准确把握“势”。[①]从客观上说，课堂教学的“势”是指教学实体，是物质的，是不以人的意志为转变的；从主观上说，课堂教学的“势”是指教学主体，尤其是教学主体的意识，它是主观的，有思想的，有感情的，也是可塑的。正如苏霍姆林斯基所说：“如果老师不想办法使学生产生情绪高昂的智力、振奋的内心状态，就急于传授知识，那么这种知识只能使人产生冷漠的态度，而给不动感情的脑力劳动带来疲劳。”教师必须深入了解学生，即课前准备除了备教材、备教案，更主要的是备学生。全面了解了学生的年龄特点、家庭环境、性格特点、思维特点及思想实际、学习实际等，才能使课堂教学有的放矢，驾驭课堂的能力才能不断提高。

巧用错误资源。一位教师在教学苏教版课文《厄运打不垮的信念》时，有一位学生将“在北京的那段时间，他四处寻访，广泛搜集前朝的逸闻，并亲自到郊外去考察历史的遗迹”一句中的“寻访”误读成了“走访”。对此教师没有责怪那位同学，而是引导其他同学发现了这位同学的误读之处，并启发学生思考：“这里的‘寻访’能换成走访吗？请讨论后说说你的理由。”学生通过读课文、查字典、集体讨论后，纷纷发表各自看法。有的说：“不能换，因为谈迁到北京大街小巷不仅要去询问有关历史，还要寻找一些历史资料，所以用寻访合适。”有的说：“我在字典里查到寻访是寻找拜访的意思，走访是访问拜访的意思。课文中的谈迁不仅要拜访了解历史的学者，还要寻找收集各种历史资料，因此这里用寻访合理。”还有的学生说：“我觉得寻访更能表现谈迁为重新编写《国榷》时所付出的努力！”……学生因一时疏忽将“寻访”误读成“走访”，教师没有责怪，而是及时引导学生通过读课文、查字典、集体讨论等形式，深入理解了“寻访”和“走访”的区别，在研读中辨析词语，感悟内涵，思维得到有效训练。

巧用节外生枝。课堂上的节外生枝，是学生思维花朵的盛开，是学生学习自主的表现，更是学生在课堂上生命之泉的涌动，教师要善待“意外”，及时捕捉学生的奇思妙想，开发学生的创新潜能，让智慧之花闪耀光芒。如一位教师在教学“分数与百分数的互化”时，按照预设程序，在揭示出分数化成百分数的一般方法后，让学生读一读书中的结语：把分数化成百分数，通常先把分数化成小数（遇到除不尽时，通常保留三位小数），再化成百分数。刚读完，一个学生就疑惑地问：“这里怎么有两个‘通常’，是不是重复了？”

突然的一问，出乎意料，使教学过程突然中断，然而教师立即意识到这是一个很有价值的问题，马上决定暂时放弃组织学生练习互化的环节，对学生说：“是啊，这里为什么会有两个通常呢？是不是编教材的老师多写了？”然后组织学生小组讨论，再展开交流。教师总结：前一个“通常”是针对化分数为小数的方法而言的，后一个“通常”是针对保留几位小数而言的，两者各有不同的作用。

就这样，在自斟自酌的探索中，学生深入参与分数化百分数方法的分析、解释以及例证的再发现、再创造的活动，正如数学新课标指出的那样：教师与学生都是课程内容的开发者，教学不应是预先设计的教学方案执行的过程，而是持续生成教学内容的过程。

对于一节普通的数学课来说，尽管教师课前已经做了精心的准备，但是在实际课堂教学中

① 游淑真. 高效课堂的因势利导教学之研究[J]. 福建基础教育研究，2014(1).

往往还会遇到许多意外的问题，这些节外生枝的东西往往影响我们的教学，影响我们整节课的思路和进度。但是只要你学会机智地处理这些枝节，它们就有可能成为你开发学生潜能的契机；有时在课堂教学中学生会有一些奇思妙想，看似与教学主题不相关，只要教师引导得当，往往会收到意想不到的效果；面对同一问题，不同的学生会有不同的思考，看似杂乱无章，只要教师稍加整合，就可依此形成知识的建构；当然，面对不同的意见和认识也不能信马由缰，要有一个严谨的治学态度。

因势利导这种教学方法既遵循因材施教的教学规律，又符合学生的心理、思想实际。实际上，真实的教学情境是具体的、不确定的和动态生成的。有的时候课堂教学生成的发展变化和预设是一致的，这反映出教师对教学内容的逻辑性的合理把握和对教学对象认知状况的深入了解；但更多的时候，由于教学过程的复杂性和教学对象的差异性，而使得课堂更多的是“节外生枝”“旁逸斜出”，再优秀的教师也不可能做到每一节课，甚至于每一个教学环节都“一切尽在掌握中”。此时，就需要教师“灵活生成”“妙手生花”，敏锐地捕捉那些不期而至的知识生长点，及时做出判断，因情势而利导，因情境而变化，使静态的、固定化的教学预设变成动态的、富有灵性的实施方案，使我们的课堂在目标的达成上焕发出光彩；使我们的学生摆脱教条的束缚，在学习方面得到有效的发展；使我们的教师和学生在课堂上演绎教学相长的生动实例，进而建设好和谐的课堂。

二、教学无痕——顺应儿童，润物无声

教育，尽在不言中。正如一位教育家所说：“当学生意识到你是在教育他的时候，这样的教育往往是失败的。”任何一种教育现象，学生在其中越是感受不到教育者的意图，它的教育效果也就越大。成功的教学应让学生在不知不觉中学习，不露痕迹中理解，潜移默化中掌握，春风化雨中提升。

1. 不知不觉，习得能力

【典型案例】

特级教师于永正《庐山的云雾》教学片段①

师：我在备课时感觉最难读的是第三段，我连续读了七八遍都没读好。同学们，你们觉得第三段难不难？（生齐：不难！）唉，怪了，我怎么觉得难呢？既然这样，我就请你们跟我比赛，敢吗？（生齐：敢！）请你们先练习一下，然后和我比赛。（学生自由练读，教师巡视指导）

师：谁愿意和我比一比？（学生都举起了手）手举得高的我不找，我知道他们厉害。我找一个手举得不高的。（找一女同学）我想不会比过我的。请大家当裁判。（女同学读得很流利，也很有感情）

① 胡海舟．简析于永正掀起课堂教学高潮的艺术［J］．语文教学通讯，2003（16）．

师：坏了，找错人了……说实话，听了她的朗读，我不敢读了。

生：您一定能读得很好，我支持你！

师：有你的支持，我的胆子大多了，不过我还是有些胆怯。这样吧，找个同学代替我跟她比，谁愿意？（学生纷纷举手）

师：为了有把握，请大家再练练。（学生练得非常起劲，练后，请一女同学读）

师：你可要好好读，替我争光呀！（女同学读得流利，有感情）

师：怎么样？比过她没有？（生齐：比过了！）朱丽丽，你说比过没有？

生：和我差不多。

师：差不多，就是说差一点，差得不太多，是吗？（对读书的同学）不过也得谢谢你替我参加比赛……我非要找个超过她的。（找一位男同学）沉住气，一定要超过她。（男同学读，读得很有感情）

师：怎么样？超过没有？（生齐：超过了！）朱丽丽，你说超过了没有？

生：他读得比我好。

师：多谦虚，谦虚是美德。不过我觉得，他读分号时没有你停顿得好。谁再来替我比？找我的一家子于瑾瑾来替我比。大家听好。（于瑾瑾读得很好）

师：于瑾瑾读得怎么样？朱丽丽，你说怎样？

生：好。

师：大家说呢？

生：好！

【教学艺术评析】

老师跟学生比读书：为了要和老师比赛读书，学生自由练读，热情高涨。替老师比赛读书：学生争先恐后、纷纷举手，为了有把握再次起劲地练习读书。学生练习后，比赛开始，教师及时指导，学生参与评判，饶有兴趣。在整个师生比赛读书的过程中，学生学习情绪高涨，练习读书十分投入，其表现欲、好胜心得到了极大的满足。说是“师生”比赛，其实全是“生生”比赛。学生就在老师设计的这个“套”中，不知不觉地把课文读得流利了，读得有感情了。

2. 润物无声，陶冶情操

【典型案例】

特级教师于永正《全神贯注》教学片段[①]

师：这篇课文同学们都学完了，也会读了。于老师现在想送给大家一句名言，好不好？

① 于永正.《全神贯注》课堂教学实录［J］. 小学语文教师，2003：增刊.

生：好！

师：（语气严肃）“我们无论做什么事情，都要全神贯注。——特级教师于永正”下面请同学们将自己读完课文后的感想也归纳成一句名言，而且还要在最后加上“未来的××家”和自己的名字。好不好？（生小声议论，然后纷纷举手）

生1：全神贯注是成功的基础。——未来的科学家、思想家、文学家×××

生2：以后我也要做一个像于老师这样的好老师。——未来的教育家×××（于老师连忙上前握手，欣慰地说：“于老师很高兴找到你这样一个接班人。”）

生3：没有最好，只有更好！——未来科学家×××

生4：写完文章后，我也要像罗丹那样用一块湿布盖上。——未来的艺术家×××

生5：四个小学生，胜过一个于永正。（全场大笑）

【教学艺术评析】

文道统一是语文教学的思想精华，但学生最反感教师生硬地让他们概括中心或板起面孔空洞说教。于老师对学生的心理了解很透，他巧妙地让学生用自己的语言，将早已感悟于心的思想内容，通过新颖的形式——归纳名言，在水到渠成之际外化出来，将语文的工具性与人文性结合得如此自然、如此完美，真是“润物细无声”呀！

【拓展延伸】

“教学无痕”理论追溯①

1. 行不言之教的老子

老子是我国古代伟大的思想家，《道德经》一书内容极其丰富而深刻，涵盖众多领域，是中华民族乃至世界的文化瑰宝。《道德经》开篇第一章就写道：“无名，万物之始也；有名，万物之母也。”在第四十章里又谈到“天下万物生于有，有生于无”，“故有之以为利，无之以为用”。所以老子认为“是以圣人居无为之事，行不言之教”。这里的“不言”，不是什么话都不讲，而是反对发号施令与空洞说教。

教师要让学生在学习中自由活泼地发展，不应当制定烦琐的规章制度来束缚儿童天真活泼的本性。教师要精讲精练，少讲多思，在重点处引导，在难点处释疑。如何做到教学上的“无痕”，老子也给我们指明了方向：“图难于其易，为大于其细；天下难事，必作于易；天下大事，必作于细。”

在教学中，江苏省小学数学特级教师徐斌老师常常采用“巧妙点拨、相机孕伏”的策略达成教学无痕的境地。如在教学《解决问题的策略（替换）》一课时，对于学生来说，相差关系两个量之间的替换是教学的难点。为此，徐老师精心设计学习过程，先出示教材例题：“小明把720毫升果汁倒入6个小杯和1个大杯，正好都倒满。小杯的容量是大杯的$\frac{1}{3}$。小杯和大杯

① 赵建康.“无痕教育”理论追溯：“数学无痕教育的实践研究”课题阅读随记[J].江西教育，2014(8).

的容量各是多少毫升？”这个环节充分给学生探究的空间，让学生去动手实践，去合作交流，去建立解决替换问题的模型。紧接着，徐老师出示了变式题：“小明把720毫升果汁倒入6个小杯和1个大杯，正好都倒满。大杯的容量比小杯多20毫升。小杯和大杯的容量各是多少毫升？”这时学生有了刚才的知识铺垫，大部分同学都跃跃欲试，还有小部分同学面露难色，这时徐老师相机引导点拨：“当大小杯替换后，果汁的总量有什么变化呢？”真是一语道破天机，学生受此启发，自然想到了解决问题的方法。

2. 道法自然的庄子

《庄子》第三篇《养生主》，提示养生的方法莫过于顺其自然。以庖丁解牛为例，说明宰牛要靠心领神会，顺着牛身上的自然纹理，劈开筋肉的间隙，指向骨节的空虚处，指出教育最好的方法是顺着自然虚隙前行的道理。

不难看出，《庄子》在教育人们自我修养中已意识到掌握客观规律的思想，要具有认真细致观察事物和对技术精益求精的精神。这也是徐斌老师所强调的，“数学无痕教育”中的“无痕”，也是建立在更广阔的教育科学规律与方法的基础上。

徐斌老师特别强调要深度洞察儿童学习的心理。他认为小学阶段的儿童的认知水平属于皮亚杰的“具体运算思维”阶段，其最大特点是思维离不开具体事物的支持。在这样的前提下，儿童学习数学的过程，需要充分借助形象直观的教学手段，充分利用新旧知识的相互作用，以顺应儿童的学习心理，让儿童在不露痕迹中获得新知意义。

3. 倡导自然主义教育思想的卢梭

卢梭是18世纪法国启蒙运动的著名思想家。卢梭崇尚自然，主张“回归自然”。“自然教育”的核心是教育必须顺应儿童天性发展的自然历程。所谓教育顺应儿童天性发展的自然历程，就是教育必须遵循儿童身心发展的特征。卢梭说：“大自然希望儿童在成人以前就要像儿童的样子。如果我们打乱了这个次序，我们就会造成一些早熟的果实，它们既不丰满也不甜美，而且很快就会腐烂。”他反复强调“要按照你的学生的年龄去对待他”。

为达到自然教育，卢梭还提出了一些教学方法，对我们“教学无痕”的机智很有帮助，这就是卢梭重视把直观当作教学的基础。他要求教学必须符合儿童心理发展水平。他说，儿童时期有儿童自己的观察、思考和感觉的方法，企图以成人的方法代替儿童的方法，那是最愚笨的。他强调按儿童年龄的不同采取不同的方法。卢梭还提出，教学必须启发学生思考，引导他们自觉地去获取知识。他要求教师要引导学生去观察、分析、比较和概括，教师要少讲，学生要多问。他说：“问题不在于告诉他一个真理，而在于教他怎样去发现真理。”

4. 主张“个性全面和谐发展”的苏霍姆林斯基

教学无痕的提出，虽来源于德育领域，但其所彰显出来的人性化和科学性光辉，足可以指导一切学科教学行为。无痕教育不仅是一种教育方式，更是一种教育思想，是一种教育心理学的规律和原则，是一种教育的美学和哲学境界，是一种对教育本原的追求。这与苏霍姆林斯基“个性全面和谐发展”的教育思想有异曲同工之妙。

在《公民的诞生》中，苏霍姆林斯基写道：“不要让孩子们想到教师是来教育他们的。如果一个少年感觉到您谈话的用意，知道您专门找他谈话是为了教育他，他的心灵，形象地说，就会扣上全部纽扣，而您的话语，他听起来就会起疑心，就会有戒备。”

苏霍姆林斯基还说：“我坚信，把自己的教育意图隐藏起来，是教育艺术十分重要的因素之一。”要淡化谈话的教育痕迹，如果孩子们没有觉察到你决定给他们讲的事情是专门为了教育他们，那么，你的谈话将会产生更好的效果。

要减少教育者的意图，任何一种教育现象，孩子在其中越少感觉到教育者的意图，它的教育效果就越大。教育行动不能以赤裸裸的形式出现在青少年的面前。

此外，捷克教育家夸美纽斯、美国教育家杜威、我国教育家陶行知等，他们的教育思想对“无痕”教育都起着重要的指导意义。夸美纽斯认为，“教育适应自然”，一是教育要适应大自然的发展法则；二是教育要适应儿童个体的自然发展，即适应儿童的天性、年龄特征。杜威认为教育即生长，教育即生活，在他看来，教育绝不是强迫儿童去吸收外面的东西，而是要使人类与生俱来的能力得以生长。陶行知先生倡导的“教学做合一”是生活教育理论的方法论，也是其教学论。“教学做是一件事，不是三件事，是一件事的三个方面。”

静心想一想，“无痕”从某种程度上可以说是各种教学方式的有效融合。“无痕”既是教学的研究，更是教育的研究。众多古今中外的教育名家，他们的教育思想给我们提供了许多研究视角与理论支持。

三、巧妙暗示——激活潜能，创造奇迹

课堂上，老师巧妙的暗示总是如“知时节”的“好雨”，在学生进入“愤悱”状态时悄然而至，常使学生有茅塞顿开、醍醐灌顶之感。

1. 巧妙暗示促理解

【典型案例】

特级教师钱金铎《小数加减法综合练习》教学片段①

师：这三道题目有什么特点吗？出示：

比大小

$$17.8-8.2+6.25$$

$$17.8+8.2-6.25$$

$$7.8-(8.2+6.25)$$

生1：都是加减混合运算。

生2：是同样的三个数在运算，但是运算顺序不一样。

师：三道题目哪一道题的结果是最小的，哪一道是最大的？

① 周莹. 基于核心素养培养的综合练习课——著名特级教师钱金铎“小数加减法综合练习”教学片段赏析[J]. 云南教育(小学教师)，2018(4).

生 1：最后一道最小，第二道最大。

生 2：最后一道最小，前面两道都是减去一个数，最后一道是把两个全减去了。

师：上面两道比较呢？

生：第二道结果最大，它加上的多，减去的少，而第一道减去的多加上的少。

师：大家分析得很好，我们再来算一算看看结果到底是多少？

（学生计算后逐一校对算式）

师：回忆一下，刚才过程中，我们先？再？然后？

生：先看、再想、然后算。

【教学艺术评析】

看似简单的算式其实并不简单。学生在教师的巧妙暗示引导下经历了“看、想、算”三个过程，这也是解决问题的一般过程：通过观察明确数据特征、思考解决问题方式、动手解决问题。要解决“哪个结果最大，哪个结果最小”的问题，学生需要调用加、减法的意义，四则运算的运算法则，小数的大小比较等相关知识，是小数加减法运算的综合应用。观察与推理的结论与计算结果相互印证，推理的结论可以检验计算结果是否合理，计算练习在检验思考的正确性的同时提高小数加减法计算的熟练程度。通过本环节的练习，无论是推理分析能力还是计算能力都得到了提高，可谓一举多得。

2. 巧妙暗示促联想

【典型案例】

特级教师戈向红教学《Chinese New Year》片段[①]

T：Boys and girls，what do Bobby and Tina do on New Year’s Eve? Please read the story and try to complete the form.

S1：They eat dumplings for dinner.

T：Yes，you are right.So，do you eat dumplings on Chinese New Year’s Eve?

S：No.

T：No，we don’t. Most of us don’t eat dumplings on Chinese New Year’s Eve.（出示南方人和北方人过春节的图片）

People in the South of China like to eat tangyuan and niangao，just like us.But people in the north of China like to eat dumplings (or we may call them “jiaozi”).

S2：They also get red packets after dinner.

T：What are they going to do with the lucky money?

① 摘自南京师范大学教育科学学院“南师大淮阳区骨干教师研修班”戈向红 2016 年 12 月《Chinese New Year》公开课课堂记录。

S：（思考中）

T（暗示）：Bobby likes cakes.What will he say?

S3：I'm going to buy some cakes.

T（暗示）：What does Tina like? What will she say?

S4：I'm going to buy some knots.

T：What else are they going to do? Please make a dialogue with your deskmate.

（学生想象 Bobby 和 Tina 之间的对话，角色代入并表演）

【教学艺术评析】

首先，戈老师设计了读一读并完成表格的活动方式，让学生通过阅读获取信息，了解到 Bobby 和 Tina 除夕夜做了什么，由此提炼出文本的重点信息，他们吃饺子、收压岁钱、讨论春季的计划、放烟花等。戈老师结合教材中提到的除夕夜“吃饺子”这个活动，问学生：你们吃不吃饺子？暗示这并不是我们南方人的新年习俗，引导学生了解到中国南方人和北方人在除夕饮食习惯上的不同。当提到第二个活动“收压岁钱”时，通过联系以前学过的 Bobby 和 Tina 的喜好，暗示学生联想到如何正确使用压岁钱，除了购买自己的心仪之物外，还可以有更好的用途。

3. 巧妙暗示促写话

【典型案例】

特级教师于永正《全神贯注》教学片段[①]

师：今天读了《全神贯注》这篇课文，同学们也一定有话要说，把你们的话写下来，也叫名言。想不想写？

生：想！

师：老师读了这篇课文也有感触，也写了一句名言：“做什么事只要一丝不苟，全神贯注，就一定能做好！——于永正”这是不是名言啊？

生：（笑）是！

师：你们是未来的科学家、生物学家、诗人、作家，你们写好名言后，也可以注上破折号，写上——未来的 ×××。

（学生准备写“名言”，刚要动笔——）

师：停一下，为什么罗丹用湿布将塑像盖起来？

生：因为这样方便下次修改。

师：说得好。罗丹有没有满足？（生：没有）这是怎样的精神啊？不用回答，请你们继续写

① 于永正.《全神贯注》课堂教学实录［J］. 小学语文教师，2003：增刊 .

"名言"。(师巡视)

师：谁来读一读自己的名言？

生1：不满足+一丝不苟+全神贯注=成功。——未来的发明大王×××。

师：为发明大王发现的伟大公式鼓掌！(生热烈鼓掌)

生2：成功是有信心加全神贯注，还要有永不满足、不断进取的精神。——未来的大文学家、"中国的高尔基"×××。

师：向"中国的高尔基"致敬！(学生鼓掌)

生3：没有最好，只要超过昨天的自己。——未来的哲学家刘××

生4：不满足最好，只追求更好。——未来的作家××

师：这句名言说得更好，为他鼓掌！

【**教学艺术评析**】

乍一看，是不是于老师忘了一个环节，要不怎么会到让学生写话的时候还来提一个问题："为什么罗丹用湿布将塑像盖起来？"再细细看来，那真是于老师的匠心独运。他为了防止学生顺着他的"名言"一根筋地写下去，才抛出了这个问题。在暗示这是罗丹的不满足以后，不让学生回答，让他们继续写下去。从学生后面的创作"不满足+一丝不苟+全神贯注=成功""不满足最好，只追求更好"，可以看出，老师此处的巧妙暗示是多么重要。于老师的《全神贯注》课上过不止一次，没有这样巧妙暗示的时候，学生的写话就会跑偏，比如，有的学生写"以后我也要做一个像于老师这样的好老师"，有的学生写"四个小学生，胜过一个于永正"，等等。于老师的此处巧妙暗示，真绝！

4. 巧妙暗示促创新

【**典型案例**】

特级教师汪云《画方形和圆形》练习课教学片段①

师：通过学习圆形工具，大家画出了红红的太阳、五颜六色的气球等。我还看到有同学用圆形画了个大西瓜，可是西瓜上的花纹怎么也画不好。你们愿意帮帮他吗？

生：愿意！

师：看谁画得漂亮，方法最简单！

(让学生亲历充分的探究过程并处在"愤""悱"状态下，揭示方法)

师：想看看老师的画法吗？(通过局域网向学生展示课前准备好的"西瓜"图片，只听学生一片赞美声和掌声)

① 汪云．教学因开放而精彩[J]．网络科技时代，2008(7)．

师：你们想自己再尝试一下吗？（学生再次探究：三个不同圆的位置）

师：看到西瓜的形状、画法，你能联想到生活中还有哪些圆形？

生：篮球、足球、地球仪……

师：炎热的夏天快到了，你想给妈妈画一把遮阳伞吗？

生：想。

师：根据你看到的和想到的，展开你们想象的翅膀，画出心中最美的伞。比一比，看谁画的伞最漂亮，画法最简便！

（与前面画西瓜类似，学生自主画出心中的遮阳伞，可是他们画出的伞自己都不满意，有的用直线，有的用曲线，有的用半圆等，经过一段时间充分探究后——）

师：想看看老师画的伞吗？（学生又是一片赞叹声，掌声四起）

师：请仔细观察老师画的伞与什么形状有关？

生1：曲线。

师：刚刚用曲线画的同学同意吗？

生2：曲线画不了这么完美。

生3：圆形。

生4：把刚刚的西瓜剪下上面的一小部分之后，再用曲线连起来。

师：为这个善于观察的同学鼓掌！

【教学艺术评析】

学生学完圆形工具后，如何用圆形工具画出生活中的一些相关物品，学会知识的迁移、联想和创新，把知识变为能力进而成为智慧，体现了教者的教学智慧。通过这个环节的教学，学生不仅学会如何画圆，更主要的是让学生运用圆形工具创造性地解决生活中的实际问题，举一反三地迁移到其他学科的学习。无论对教者还是学生都是一次非常难得的教与学的享受！这是一次师生共创的精神之旅。

【拓展延伸】

试论暗示在教学中的运用①

所谓暗示，是指人们通过生命、行为、智慧的代码——言语、体语、手势语、情境等来施放主体能量的过程，暗示的结果使人的心境、兴趣、情绪、爱好、心愿等方面发生变化，从而使人们的某些生理功能、健康状况、工作能力发生变化。暗示学的理论认为，人类具有巨大的生理潜力和心理潜力，人的意识活动和无意识活动是交织在一起的。由此可以看出，暗示是一种可把握、操纵、驾驭个性思维的智慧术，是一种可以开掘人的潜能，使人的生理和心理潜能得到最大限度的发挥，创造出奇迹的教育手段。因而暗示在教学中的作用是不容忽视的。

1. 巧妙暗示，创造愉快而不紧张的学习氛围

洛扎诺夫暗示教学的愉快而不紧张的原则告诉我们："教学不应带有任何紧张气氛，而是使学生感到自然、愉快、轻松。"由此说明在课堂教学中教师如果不失时机地采用巧妙的方法来暗示学生，使他们在和谐、融洽、轻松的气氛中懂得应该如何做，其教育效果远比使用教训的方式、强制的手段好得多。授课时，遇到个别学生窃窃私语，教师即刻稍作停顿，再借助于眼神这一暗示手段。说话的学生顿感不好意思，再也不说了。这样既达到了教育的目的，又避免了因公开批评而造成的尴尬局面。一个和谐的学习氛围，使教者顺心，学者乐意，给人以"如沐春雨，如坐春风"之感。事实证明："课堂心理气氛是由教师和学生共同创造的，并由他们共同自食其果。和谐愉快的气氛不仅使学生受益匪浅，教师的教学也是一种乐事。"

2. 表扬暗示，激发学生的学习热情

在课堂教学中，常常会遇到个别学生精力分散、东张西望或是交头接耳、违反纪律的情况。对此，作为教师应该如何处理呢？如果采用大动肝火，点名批评的方式，尽管教师批评学生的动机是善意的，表面上也能起到维持课堂秩序的作用，但是教育的效果并不一定好。如果采取简单的粗暴的批评方式，不仅使学生的自尊心受到伤害，形成逆反心理，而且还会影响教师。

不妨通过表扬的方法来暗示学生，启发其自觉，以便激发他们的学习热情。观摩北京任小艾、徐州林华彬等老师的教学录像，其课堂气氛非常和谐而轻松，他们在提问学生时，必用"请回答""请坐下"等用语，一个"请"字缩短师生之间多少感情距离。每当学生回答结束后，他们总对学生的回答做出不同侧面的肯定与表扬。这样既极大地激发了学生的学习兴趣，又创造出一个和谐的学习氛围，教学效果极为显著。

3. 期待暗示，发掘学生学习的潜在能力

教师期望是一种巨大的教育力量。如果教师喜欢某些学生，对他们抱有较高期望，经过一

① 毛淑萍．试论暗示在教学中的运用［J］．宿迁教育学院学报，2004（4）．

段时间，学生感受到教师的关怀、爱护，会更加自尊、自信、自爱、自强，诱发出一种积极向上的激情，因而这些学生也就容易取得如教师所期望的效果。心理学家罗森塔尔和雅各森做了一个实验，实验的结果是，那些被暗示过的学生成绩进步很快，这又足以说明期待暗示起到了积极作用。如果教师厌恶学生，对学生期望较低，或学生经常受到教师的冷漠与歧视，经过一段时间，学生也会从教师的言谈举止或表情中感受到教师的“偏心”，也会以消极的态度对待教师，甚至不理会或拒绝教师的要求。

4. 爱心暗示，鼓励学生扬起生活的风帆

爱的暗示是一种崇高的暗示教学法。在教学活动中，教师的语言和行动若能融注爱的感情，将会大大提高教育效果。加拿大的一位老师伦纳德夫人对一位有生理缺陷、相貌丑陋的小女孩动情地说：“我希望你是我女儿。”这位小女孩听了这话后感动极了，因为她认定除了父母之外，再无人会喜欢自己。后来她还以“难忘的八个字”为题写了一篇回忆老师的随笔。伦纳德夫人育人有方，既把爱的阳光撒播到小姑娘的心里，又给同学们树立了关心同学爱护同学的榜样。作为一名教师不能光是机械地传授知识，还要用爱去感化学生。哪怕是一次推心置腹的谈心，为生病的学生送去一杯水、一片药，都会使自卑者自尊，冷漠者充满温情。

总之，暗示在教学中的运用，对开掘学生的内在潜能，提高课堂效果是极为重要的，作为教师在课堂教学中若能不失时机地运用暗示教学法化被动为主动，化紧张为愉快，将会收到事半功倍的课堂效果。

四、不耻下问——明知故问，激励唤醒

第斯多惠说：“教学艺术的本质不在于传授的本领，而在于激励、唤醒和鼓舞。”课堂上，老师可以装作不懂，故意设问，以启发学生积极思考，调动学生解决问题的主动性。学生获得成功的体验，就会对自己的能力充满信心，学习的热情就受到“激励、唤醒和鼓舞”。

1. 明知故问，激发热情

【典型案例】

特级教师于永正《壁虎》教学片段①

师：读完这一段大家有什么问题要提吗？没有？我倒有两个问题不明白。你们说，小飞虫难道没有长腿吗？竟然落到壁虎的嘴边送死呢？

生 1：因为书上写了，壁虎在墙上静静地一动不动，像贴在墙上的一块水泥，小飞虫没有发现它。

生 2：前面一段还说了，它身上有天然的花纹，跟泥土的颜色差不多，小飞虫很难发现它。

师：哦，是这样的！不过，壁虎吞掉一只小飞虫后，不就暴露自己了吗？它那么一动，别的

① 胡海舟．简析于永正掀起课堂教学高潮的艺术［J］．语文教学通讯，2003（16）．

小飞虫一看，好呀，原来是只大壁虎！快跑呀！这样它不就再也逮不到小飞虫了吗？

生：书上说了，它动作很快，如果你眨一下眼，会觉得壁虎根本没动。别的小飞虫根本看不出壁虎动。

师：所以它们还会——

生：所以它们还会继续上当。

师：同学们比老师理解得好！

【教学艺术评析】

学起于思，思源于疑。于老师故意设问，意在提醒学生留意壁虎颜色的隐蔽性以及动作极快不易被发现的特点，这恰是学生阅读时容易忽略之处。于老师善于在教学中投石激浪，或于浅处深问、于无疑处生疑，或直接启发学生质疑，激起学生主动探求的热情。“同学们比老师理解得好”，给学生多少自信和力量呀。

2. 甘于示弱，锻炼学生

【典型案例】

特级教师于永正“言语交际”《一块面包》教学片段①

师：我是于晓理，晓理就是懂得道理。我请一位同学到前面来劝说晓理，其他同学在下面听，允许插话，都可参与，看谁有口有心，能说会道。于倩，请你到前面来。（于倩摇头）

师：我不喜欢摇头，我喜欢听“让我来试试”。（于倩勇敢地走上讲台。老师鼓励她大胆一些）

生：于晓理同学，这是你扔的面包吗？

师：你怎么知道我的名字？（众笑）

（一生站起来插话：小同学，请问你是哪个班的，叫什么名字？）

师：我是四（1）班的，叫于晓理。

生：于晓理同学，你扔面包是不对的。

师：我扔面包关你什么事！狗拿耗子多管闲事！（众笑）

（于倩一时语塞。师指出：对别人做的事发表意见，应从自己这个角度说，坚持“我”的说法，而且态度要诚恳，要这样说：晓理同学，你把面包扔了，我感到太可惜了。如果直接指责对方，彼此就会顶牛，激发矛盾）

生：于晓理同学，我觉得你把好好的面包扔了太可惜了。（师插话：这样说，对方就不抬杠了）你想想，你妈妈在工厂里辛辛苦苦地工作，一分一分地挣钱，你妈妈知道了会怎么想？

师：我妈妈知道了会生气，会狠狠地批评我。（众笑，这时于老师立即提醒于倩：看看黑板上的提纲，应该先讲什么）

① 刘尊立，于永正“言语交际”教学的艺术特征［J］. 小学语文教师，2003：增刊 .

生：于晓理同学，你知道吗？粮食可来之不易呀！农民辛辛苦苦地耕地，播种，施肥，浇水，收割……（师插话：脱粒，晒干）付出了多少汗水啊！咱们一年级学过一首古诗《锄禾》，你还记得吗？

师：记得“锄禾日当午，汗滴禾下土，谁知盘中餐，粒粒皆辛苦”。（背完了，于晓理不好意思地低下了头）小姐姐，我错了。我不该浪费粮食。（众笑，一生插话：把粮食加工成面包，不知要经过多少道工序，经过多少人的手！）

生：粮食的作用可大了。俗话说，人是铁，饭是钢，一顿不吃饿得慌。粮食除了吃还可以酿酒，做点心，制造药品呢。（一生站起来补充：还能提炼味精。粮食是宝中宝）我们国家有些地方还没有解决温饱问题。我们生活虽然好了，但也不能忘记过去。还记得咱们学过的《马背上的小红军》吗？（一生插话：如果我们一人扔一块面包，全国会浪费多少面包啊）

师：（拿起桌子上的面包）小姐姐，同学们，谢谢你们的帮助，从今以后，我再也不浪费粮食了！我错了。（说完向于倩和全班同学行了一队礼。笑声）

【教学艺术评析】

老师甘于示弱，让自己成为受教育者，让学生成为教育者，使之在教育中受到教育、得到锻炼，这是于老师的主要教育方式。于倩等同学在教育“于晓理”的同时也教育了自己，更练习了大胆说话。这是最难忘的教育，也是最有效的教学。正如杨再隋教授评价说：“由于老师精心的教学设计，让学生在一定的语言环境中，跃跃欲言，不吐不快，当儿童的表达欲望被激发起来的时候，兴之所至，妙语连珠，情之所至，妙笔生花。”

【拓展延伸】

质疑教学的艺术①

孔子曾经说过：“敏而好学，不耻下问。”爱因斯坦说过：“提出问题比解决问题更重要。”问能解惑，问能知新，任何科学的发现无不都是从问题开始的。因此，在教学活动过程中，教师不仅要善于设问，而且更要满腔热情地促使学生发问。由此可见，“质疑”应成为教学过程中必不可少的环节。

教学过程中要想方设法激发学生心中探求新知识的欲望，产生质疑的想法，使学生在学习中感觉到自己的智慧力量，体验学习的乐趣，增强创新意识。在学习新课时，要创设一种问题情境，设置一些问题悬念，调动学生的思维积极性和强烈的求知欲望，从而主动参与学习。例如，教学“能被3整除的数”前，先提问学生：你们知道什么样的数能被3整除吗？因为刚学过能被2、5整除的数的特征，就可能回答：个位上是2、6、9的数能被3整除。教师写出16、23、39、113等，再问：这些个位上是3、6、9的数能被3整除吗？显然有的能，有的不能。学生感到老方法不灵了。这究竟是什么原因呢？新方法是什么呢？学生谁不想去解开这个

① 肖阳山. 质疑教学的艺术［J］. 新课程（综合版），2011（12）.

谜呢？这种揭示矛盾，学生质疑的做法能有效地激起学生的认知冲突，引导学生思维的参与。

古人云："学起于思，思源于疑。"世界上许多发明创造都有源于"疑问"，"质疑"是开启创新之门的钥匙。小学生学习数学往往满足于知其然，而不知其所以然。因此，要培养开发学生的创造潜能，要鼓励学生质疑问难。

1. 课前提疑

安排课前预习，让学生预习后，根据自己的理解，把不明白的地方记下来或做上记号，若自己认为理解的内容可设计成问题，填在问题卡上。在教师授课时将不明白的地方提出来小组讨论，把各个问题归纳汇总，老师再根据各小组的实际情况评选出"预习优胜小组"，提高学生预习的积极主动性，再把学生的疑问和新授结合起来，做好从疑惑到探索的转化。如教学《长方体的表面积》一课时，学生通过预习质疑。学生提出了一系列问题：什么是表面积？表面积和面积有什么区别？怎样计算长方体的表面积？长方体表面积的计算公式是什么？有没有比较简便的计算方法？……教师表扬了这些同学，接着让各小组讨论汇总把问题归纳为：（1）什么是表面积？（2）怎样计算长方体的表面积？这样，能鼓励学生养成爱质疑的习惯，又培养了学生抓重点，提高归纳的能力。

2. 课中释疑

质疑是手段，释疑才是目的。学生提出问题后，这些问题要如何处理呢？对于学生提出来的问题，不必急于给出答案，可以把这些数学问题再次抛给学生，课堂上让他们各小组进行讨论交流，再让他们汇报。如教学"小数除法的计算"时，出现 $91.5\div3.8$ 这样一道题，学生在确定余数时出现不同的意见，一部分学生认为商是24余数是3，还有一部分学生认为余数是0.3，双方争论得面红耳赤。这时有的学生就提出了质疑的问题：这个除法算式的商是24，余数为什么不是？教师并没有马上回答学生的问题，而是组织学生自己去思考，辩论验证。通过小组讨论，同学们终于统一了意见，确定余数应该是0.3，并说明理由：（1）根据商不变的性质，被除数和除数同时扩大相同的倍数，商不变，并没有说余数不变，余数3在十分位，所以表示0.3。（2）通过用除数和商相乘应等于被除数的方法出可检验出余数是0.3，才是正确的。通过鼓励学生质疑释疑既深化了知识，思路不清晰变清晰了，不严谨变得严谨了，又引导学生多方面、多角度、创造性地解决问题，启迪创造性思维，突破了重点和难点，收到了意想不到的效果。这样，学生自己提出的问题自己解决，体现了学生的主体作用，培养其解决问题的能力，提高释疑的信心。

3. 课后质疑

课后质疑是指在学完一节课的教学内容后，让学生提出自己还没有学懂的问题，是提出自己的新看法。课后质疑是对课堂知识的延伸，能提高学生运用知识的技能。具有好奇心的人有一种寻根问底、寻求满意答案的强烈愿望，这种愿望往往会激发他们的智力活动，使其思维飞跃，想象丰富。例如"互质数"这一概念教完后，教师让学生消化自己刚学的知识，并静待他们质疑。有学生提出这样一个问题：质数和互质数有什么区别？教师先不吭声，而是让学生小组讨论各抒己见，总结出"两个不同质数一定能组成一组互质数，互质的两个数不一定都是质数”。一个问题解决了，另一个问题又冒出来：互质数和奇数、偶数有什么联系？部分同学认为两个不同奇数一定能组成互质数，两个不同偶数（0除外）一定不能组成互质数。但通过举例发现两个奇数不一定都能组成互质数，如5和15、3和9、7和21……

总之，“学贵存疑”。学习质疑的过程是积极主动发现问题，提出问题，分析问题的过程。心理学家罗杰斯说：“人的先天潜能是无比优秀的，后天的教育就是创造一种适宜的环境和条件，使之得以实现。”质疑是挖掘学生潜能的最有效的途径。因此，教师在教学过程中，要想方设法激起学生质疑的火花，促使学生质疑，从怕问到敢问，再到会问，让学生学会“问”。

五、以变应变——以人为本，顺应学情

上文论述了“预设”与“生成”的问题。面对没有预设到的情况，要以学生为本，顺应学情适时调整教学流程。

1. 大胆应变，扭转局面

【典型案例】

特级教师于永正《大红花》教学片段①

有一次，于老师应邀到江苏邳州实小上“言语交际表达训练”《大红花》。第二节课，当他拿出一朵“乐于助人”的大红花，让大家说这朵花该献给班级里哪位同学时，没想到一位男生站起来说：“于老师，我们班里没有乐于助人的人，有打架骂人的人。”接着有几个同学随声附和：“对，俺班没有乐于助人的人！”面对这一突发事件，于老师抓住时机对学生进行教育。他连忙很动情地说：“大雕塑家罗丹说过，‘美是到处都有的。对于我们的眼睛来说，缺少的不是美，而是发现。’第一节课时，有一位同学把桌上的红花碰掉了，但她没有发现，后面一位同学弯腰拾了起来。我拍了一下她的肩膀表示感谢。她回头一笑表示不用谢。本来不该她做的事，她做了，这叫什么？”学生齐答：“乐于助人！”

接着他又问刚才发言的同学是否发现了这件事。那位学生不好意思地点点头。“古人说：‘君子扬人之善。’意思是说，道德高尚的人，善于发现别人的优点，并能宣传、发扬别人的优点。在生活中，谁没有得到过别人的帮助？”于老师的一席话既教育了学生，更扭转了课堂的局面。

【教学艺术评析】

真为于老师此处的“以变应变”叫绝！如果换成一般的老师，碰到这种情况肯定是不知所措。这样的班级班风、学生的精神面貌，还是挺让人担忧的。于老师毕竟是“老生姜”。他首先引用罗丹的名言“对于我们的眼睛来说，缺少的不是美，而是发现”告诉学

① 李伟，刘尊立．于永正课堂教学精彩片段集锦［J］．小学语文教师，2003：增刊．

生，生活中，或者说你们的班级里肯定有“乐于助人”的人。接着用身边鲜活的事例再次告诉他们：你看，这不是“乐于助人”的人吗？最后，他还引用古代名言“君子扬人之善”教育学生，做个“君子”，发现别人的优点。俨然，就是一篇论证严密的议论文，无懈可击。这样，既教育了学生，又扭转了课堂的局面，还让教学得以顺利进行。

2. 耐心等待，以生为本

【典型案例】

特级教师于永正《新型玻璃》教学片段①

生：（读《新型玻璃》）“夜深了，从一座陈列珍贵字画的展览馆里，突然传出了急促的报警声。警察马上赶来，抓住了一个划（丢掉“破”）玻璃企图盗窃展品（丢掉“的”）罪犯。”

师：停下来，把这句话再读一遍。眼睛看准，不要慌。

（第二遍，该生仍然把“破”丢掉）

师：再看，“划”后面还有一个字。我想，你第三遍一定会读好的。

生：“抓住了一个划破玻璃……”

师：对了！“破”字读出来了，第三遍读对了。向人介绍介绍你的经验好不好？怎样才能把课文读正确、读流畅？

生：要看准课文。

师：对！一遍不行，两遍！两边不行——

生：三遍！

师：三遍不行，四遍！反正多着呢！（笑声）这就是你的经验。

生：（读）“你也许不会相信，报警的不是值夜班的看守，而是被划破的玻璃！这是一种特殊的玻璃，里面有一种（把“层”读成“种”了）……”

师：再读这句话。

生：（读）“这是一种特殊的玻璃，里面有一层极细的金属丝网。”

师：对了。

生：（接着往下读）“……这种玻璃叫作（添了一个“作”）‘夹丝网防盗玻璃’。”

师：很遗憾，多了一个字，再读一遍。

生：（读）这种玻璃叫“夹丝网防盗玻璃”。

师：你很顽强，不怕失败。（笑声）屡败屡战，直到胜利。请接着读。

【教学艺术评析】

“再读一遍”，这样意思的表述在这个片段里共出现 4 次。按照事先的“预设”会耽

① 李伟，刘尊立．于永正课堂教学精彩片段集锦［J］．小学语文教师，2003：增刊．

误多少时间，但于老师停下来等学生读好了才往下走。由这个片段可以看出，让学生正确地朗读课文也不是那么容易的。当学生读书添字、漏字时，于老师并不急于让别的同学来纠正、来代替，而是以极大的耐心启发学生自己去发现、去改正。看似小节，实则是在培养学生的自信心，教学尊重了学生的学情。

【拓展延伸】

把握预设生成，演绎精彩课堂①

成功的教学活动离不开教师精心的设计、组织和实施，在教学中“预设”与“动态生成”的有机结合，能进一步促进学生的自主学习，提高课堂教学效益。

一、课前精心预设，给生成留足空间

1. 预设明确的教学目标

教师要用发展的眼光，从“知识与技能”“过程与方法”“情感、态度、价值观”三个维度进行预设，才能使课堂真正体现以人为本，培养学生的能力。例如在教学《认识方向》时，教师确立的知识目标是：能积极参加数学学习活动，认识数学与人类生活的密切联系；掌握指向标的东南西北四个方向。能力目标是：用东、南、西、北等方位词描述物体间的位置关系，让学生建立初步的空间观念，发展形象思维。情感目标是：学生能在实践活动中学会与人合作，能从数学的角度提出问题、解决问题。

2. 预设相关的教学情境

教师在预设时，应主动寻找教材中的知识与学生熟悉的生活情境有机联系的切入点，从学生熟悉的现实出发，使枯燥的问题变为活生生的现实，也体现出知识在生活中的价值。例如教学《认识方向》时，教师设置了学生和小明一起做操的情境，学生边唱儿歌边做动作：“举起小手向上拍，放下小手向下拍，伸出小手向右拍，伸出小手向左拍，安安静静坐下来。”通过复习学过的方位词“上、下、左、右”，来揭示要学习的新知识“东、南、西、北”，让学生初步感知“东南西北”和“上下左右”一样是生活中经常用到的方位词。

3. 预设恰当的课堂提问

教学过程中教师富有针对性、挑战性的提问，会有效激励和引导学生进行积极的思维活动。例如在教学《认识方向》时，学生在认识了指南针和指向标后，教师问：“谁能想出尽快记住东、南、西、北的好办法？”学生经过小组讨论总结出“上北下南左西右东”的记忆好方法。接着巩固练习：小华住的房间书柜在北面，你能说说房间里的东、西在哪一面吗？房间里的东、西、北面各有什么？预设一：南北相对，东西相对。预设二：东南西北四个方位是顺时针的。预设三：模拟用物品按照生活中的方位摆设，根据学生的回答及时进行调整。

二、课中调整预设，给生成腾出空间

在课堂教学中，教师必须根据师生、生生的互动来整合课前的预设，机智生成新的教学

① 徐秀珍．把握预设生成，演绎精彩课堂［J］．基础教育研究，2010（22）．

策略为动态生成提供空间。例如教学《两位数乘两位数》时，教师给学生出示了三个条件：①每箱苹果15千克；②共有20箱；③每箱苹果45元。要求学生自己选择需要的条件来提出问题并列式解答。反馈交流时，有一个学生回答："我选择①②，我的问题是20箱苹果一共多少千克？"又有一个学生回答："我选择②③，我的问题是20箱苹果一共多少元？"这两名学生的问题都在教师预料之中，教师给予了充分的肯定和鼓励。这时，又有一只小手举了起来："老师，还有①③也是可以提问的。"我问："你能提出什么问题？"学生在思考，一时又说不出来。这时其他学生纷纷叫起来："不行，不行，①③没有关系，提不出问题！"这个学生进入了教师设的"圈套"，说出①③不行，这也是预设到的内容，正当教师准备顺着学生的话讲下去时，意外情况发生了。第四个学生说："老师，我不同意，我认为①③是可以提出问题的。"该学生说："从①每箱苹果15千克、③每箱45元中可以看出，15千克苹果45元，虽然不能提出乘法问题，但我可以提出除法问题'1千克苹果要多少元'？"多精彩的回答呀！学生运用了以前学过的知识，发现了新的问题，真正做到了知识的迁移和灵活运用。

三、对"人"的真切眷注

一直以来，我们习惯于"主客两分式"的教育教学，主体是教师，是成人，学生成了客体，完全处于一种被动状态，他们的学习活动受制于教师预设的框架之中。表现在每日进行着的课堂教学中，就是教师以教材为唯一的课程资源，并据此为标准制订出过于精细、严密的教学计划，教学实施的过程便是"教案剧"的演绎，一切尽在"执行与落实"之中，尽在预料之中，学生稍有"山重水复""旁逸斜出"便遭封杀。其结果便是导致了学生主体精神的沦落与缺失。

课堂是教师、学生互动交往的场所，每一节课都是不可重复的激情与智慧的综合生成过程。如果无视课堂中与学生的不断对话、调适，将课堂囿于严格的封闭状态，则必然违背课程的终极目标。这就要求我们必须重构课堂教学的运行机制。其实，教师们都有过这样的体会：在课程的实施过程中，预设的教学计划同课堂的真实情境之间经常性地存在着某种偏轨。其实，这些"偏轨"正是学生个人知识、直接经验、生活世界等"儿童文化"的外显，正是学生与文本教材碰撞出的自我解读，其中不乏有价值的成分。在这一过程中，学生的智慧正在催放，情感正在撞击，视界正在敞亮，这是比任何设定的所谓知识的目标更为可贵的资源。教师若能敏感地捕捉到其中有价值的因素，"为学习而设计教学"，通过富于智慧的教学策略，重构教学，定会生长出较之"知识"更具再生力的因素。也唯其如此，"豁然开朗""怦然心动""悠然心会""浮想联翩"这种美好的境界才会在我们的课堂孕育成长。

六、以静制动——转移与等待的智慧

用兵之道囊括了"以静制动、时机未到静若处子，沉心定气、时机成熟动若脱兔"的谋略；书法中的"正书居静以治动，草书居动以治静"，绘画中的"方拟去而弗来，乍欲行而弗止"均是以静制动的典型[①]。品味名师教学中以静制动的教学片段，可以给我们带来新的收获。

① 刘永康．注意动静结合 优化课堂教学[J]．四川教育，2008(11)．

1. “热”问题“冷”处理

【典型案例】

特级教师周步新《富饶的西沙群岛》教学片段

生：老师，什么叫肥料啊？我不知道。鸟粪怎么能做肥料呢？

（同学们哄堂大笑。而且这次的问题又是关于粪之类的，同学们自然笑得特别起劲）

师：看来晓敏真的遇到了不懂的地方了。同学们，平时我们遇到不懂的词句，可以怎么做呢？

（孩子们立刻平静下来，并且迅速地回忆起以往的学习经验）

生：遇到不懂的地方，我们可以再读读课文，联系上下文来理解；也可以查找工具书和其他资料来帮助理解。

生：我补充一下，还可以联系我们平时生活中的经验……

生：（七嘴八舌）还有找反义词、近义词，观察插图、实物等方法，对表示动作的词语还可以做动作演示来帮助理解……

师：那就请大家选择其中的一两个好办法，一起动脑筋来帮助晓敏解决遇到的难题，好吗？

生：（异口同声）好！

【教学艺术评析】

当课堂上某个同学提出“什么叫肥料，鸟粪怎么能做肥料”这个问题时，教师敏锐地发现学生在认知上的差距，将该问题变为学生当时的研究小课题。这一转变如同太极推手，举重若轻，将孩子们原先以为的玩笑化解为有意义的学习，大大地激发了学生探究的欲望，促进了学生主动、和谐、有效地参与。

2. 未成曲调先有情

【典型案例】

特级教师于永正“圆明园的毁灭”教学片段[①]

师：师生问好后就不要再站了，现在上课。知道学哪篇课文吗？

生（齐）：《圆明园的毁灭》。

师：书读了几遍？

生：两遍。

师：有看三遍的吗？

生：我。（三五个学生举手）

师：好，请坐。有超过她的吗？你看了四遍，很好。看一遍是预习，看两遍就不错了。看四遍

① 于永正.《圆明园的毁灭》教学实录［J］. 小学青年教师. 2003（6）.

更不得了。这叫自学，自觉地学习。请同学们把右手抬起来，咱们一起写课题好不好？圆，写得潇洒一点；的，上齐下不齐；毁，注意笔顺；灭，上面一横长一点。请大家读一读。（生齐读课题）

师：请大家打开书本。读书要学会做记号。请拿出笔。别人做记号是留下他思考的痕迹。读书做记号是留下你思考的痕迹。请你默读一遍，留下你思考的痕迹。写得特别好的地方，作者感受特别深的地方做记号。

师：（教师巡视）我发现大多数同学把第三段最后一句画下来了，我知道你为什么画这一段。对，加上“批注”，这叫会读书。（教师继续巡视）

【教学艺术评析】

课伊始，学生兴趣盎然，但于老师给学生留下足够的独立空间，让学生自己去研究、思考。他要求学生读书做记号、写批注，留下自己思考的痕迹。通过调动多种感觉器官感悟课文内容，使学生“未成曲调先有情”。

【拓展延伸】

以静制动的功能

课堂教学中的“静”是指课堂上，教学目标的相对确定性、教学内容的相对稳定性、提问设计的相对明确性、教学模式的相对固定性。“静”是思想的前提、智慧的结晶、成熟的标志，是“动”的导火绳。教学中应适时地把握好动与静的节奏，相机促成动与静的转化，这是教学活动获得成功的重要条件。一堂课宛如一台戏，既要有平心静气的舒缓场面，又要有动人心魄、扣人心弦的紧张氛围，以静制动，一张一弛，方能堪称和谐完美。

以静制动，促进课堂组织管理。静思在课堂组织中的应用主要是让孩子起到静心的作用。嘈杂的环境和烦躁的心情都不可能让学生的学习有效，尤其是对于很难集中注意力的孩子，这些情况就更明显了，在课堂组织上我们可以使用静思的策略来进行。

1. 平息静心，融入课堂

在课前准备的时候，可以改变以往唱歌曲、念小诗等环节，让学生在座位上进行静思。甚至在上一节的活动课将要结束的一分钟，让学生在操场上静坐一分钟，即可以使进行了剧烈运动后的学生迅速冷静放松下来，以免下一节课因为学生还处于比较兴奋的状态而难以上课。在此过程中，还可以播放一些宁静柔和的音乐，或是让学生默数自己的呼吸声，这些方法都能达到快速入静的效果。

2. 消除紧张，启发思考

在课堂教学中我们常常遇到这样的情况，当教师提问的时候，有些同学很紧张，一下子不能回答教师的问题，很多老师在处理这个问题时会让学生坐下，再安排另外一个学生回答。这种处理有可能挫伤学生的自信心，但课堂的时间又有限。在这个时候以静制动也可以发挥作用，教师可以让学生闭上眼睛，深呼吸后再想一下，既让学生消除紧张的情绪，也能让他更集中注意力地思考老师所提的问题。课堂实践中，大部分学生就因为这样的处理方式最终能够很好地回答老师的问题。

3. 稳定情绪，自我调控

小学低年级的课堂上，教师还有可能遇到小朋友吵架甚至打架的情况，老师传统的处理方法都是停下教学，问清对错，然后进行大道理的教育，正常的课堂教学就被打断了。在这个时候，教师可以先让当事学生安静，既先压制了激动的情绪，又可以引导学生思考自己在事件中的不当之处。在以静制动的过程中，教师也可以继续授课，课后再进行详细的处理和耐心的教育。这样既不影响教学进度，又能收到同样的教育效果。

七、自我解嘲——教学生成的智慧

自我解嘲就是用言语或行动为自己受到或可能受到的嘲笑进行辩解或掩饰，以使自己摆脱窘境。自我解嘲运用得好就可以成为一种教学智慧。特级教师在课堂上，又是如何自我解嘲的呢？品味名师教学，将会给我们带来启发。

1. 走出尴尬的境地

【典型案例】

特级教师吴雅琴《惊弓之鸟》教学片段

（师在板书“更羸”时写成了“更嬴”，还未转身，教室里已经窃窃私语。老师故作从容地转身）

师：同学们注意到什么问题？

生：（都兴奋地直喊）羸！羸！“更羸”的“羸”错了！）

师：（十分满意地表扬他们）对，同学们都注意到了！这两个字是十分容易误写的。

师：（板书正确的字）务必记住，“羸”字下面是“月、羊、凡”；“嬴”下面是“月、贝、凡”。千万不要像老师刚才那样粗心，差点闹笑话。

生：（异口同声）好！

【教学艺术评析】

人非圣贤，孰能无过？课堂上说错话、写错字的尴尬情况在所难免，当出现教学失误或错误时，教师采用自我解嘲的办法帮助自己走出尴尬的境地，从而化解尴尬，化偶然失误为不可多得的课程资源。

2. 将幽默进行到底

【典型案例】

特级教师贾志敏《镇定的女主人》教学片段[①]

师：请同学们找“镇定”的反义词。

生：慌张。

师：那把“慌张”放入课题，这课题应怎么读？

生：慌张的女主人。

师：你才是一个“慌张”的小姑娘呢！

生：应该是“不慌张的女主人”。

【教学艺术评析】

可以说，幽默是思维的火花、智慧的结晶，是教师知识、才能长期积累的结果。贾老师用诙谐幽默的评价语恰到好处地推动了教学过程，使教学信息的传导风趣而高雅。

【拓展延伸】

如何修炼高雅的语言修养

在我们现代的教学观念中，具有幽默感、亲和力的教师越来越能笼络学生，而严肃、传统的教师越来越不适应教学的时潮、逐步走向落后或是淘汰的边缘。因此，教师不论是在教学过程中，或是在教学管理中，都应具有含蓄、幽默、委婉、迂回等方式。自我解嘲可以使教师的讲课变得风趣诙谐，幽默睿智；可以使师与生和谐、使教与学统一；可以创造出一种有利于学生学习的轻松愉快的气氛，让学生在这种气氛中去理解、接受和记忆新知识，使教学达到事半功倍的效果。

教学中教师也会出现这样那样的漏失，引学生发笑。若直言给以批评，反显得不够大度，若不闻不问，也不是关心学生成长的正确处理方式，自我解嘲则不失为既可显示教师的机敏风趣，又使学生受到一定的教育的良方。

处理自身的教学失误或教学错误时，教师还要注意以下几点。

第一，稳定情绪，沉着冷静，积极思考对策，选择最合理的方法解决。

第二，实事求是，不能弄虚作假，更不能欺骗学生，要敢于大胆承认错误，及时纠正。

第三，当堂解决不了的问题，如实告诉学生课后解决，承诺学生的，课后一定要有诺必践。

第四，学会自我监控和从学生身上及时反馈，发现失误，及时纠正，避免小错变大错，出现一错到底，不可收拾的局面。

第五，善于动脑筋，机智巧妙地处理问题，把出现的失误变成督促学生学习的动力。只要教师不断提高教学应变技能，教学中出现的失误或错误就可以巧妙地加以应对。

---

① 黄亢美．芟除繁杂　训练到位——上海特级教师贾志敏阅读教学《镇定的女主人》赏析[J]．广西教育，1997(9)．

自我解嘲是一种教学机智，它以高雅有趣、出人意料、富含高度技巧与艺术的特点在教学中散发着永恒的魅力。教师自我解嘲的幽默话语，给人以智慧、情感和力量，它是教师语言修养中不可缺少的一部分。

知识链接

教学机智艺术的特点

何谓教学机智?《教育大辞典》中的释义为：教师面临复杂教学情况所表现的一种敏感、迅速、准确的判断能力。

教学机智是无法事先计划的，因为它总是在具体而微妙的、出人意料的、无法预见的教学情境中瞬间、自然迸发出来。这种瞬间迸发的机智是教师感知力、理解力和洞察力及直觉协同作用的结果。教学机智是教育教学这棵艺术之树上最为鲜活的果实，集中体现着教师的教学智慧。我们应认识到，教学机智不是神秘莫测的东西，它的形成并非一日之功。教学机智形成的“不可预约的精彩”看似闪光于一时，但它的产生却体现着教师风格与教学水平的成熟度：深厚的修养、扎实的功力、专业的知识、娴熟的技巧和丰富的经验。在教学过程中，如果能做到对教材的深度理解、对课堂的深切敬畏和对学生情感体验的真正尊重，通过观察和分析优秀教师的教学范例，加强实践性反思，我们就能不断磨炼出自身的教学机智，并运用它来驾驭教学活动的全过程。

一、教学机智的教育意蕴

1. 尊重学生：机智的教学要做到“顺学而教”

真正的备课就是研究。从宏观上说，就是多读书，多思考，多研究教材、研究学生。从微观上说，就是要根据自己的研究和学生学习的需要，确定一个恰当的目标，根据目标对教材进行二度开发，确定具体、精致的教学内容；然后将教学内容分解为具体的问题，并拟出全面、简洁的参考答案，供教学中启发学生讨论之用。

真正好的教学要会灵活运用各种方法、手段，达到一种看似“毫无技巧”，实则“苦心经营”的境界。用汪曾祺的话说是“苦心经营的随便”。

卓越课堂是让学生学有所获的课堂。对于学生有怎样的收获，我们要仔细分辨学生是获取了信息，还是获得了知识。信息可以搜索得到，常常不需要教师教；知识需要体验、探究、内化，常常需要教师的引导与启发。我们还要分辨学生是获得了方法，还是收获了思想。苏霍姆林斯基说，思维是学习的第一要素。我们换一个词，思想是学习的第一要素。

2. 创新教学：机智的教学要做到“深入浅出”

毫无研究的教学是因循守旧的。没有创造性，没有个性，也就没有机智可言，难以走向卓越。教学研究最核心的问题就是教什么和怎样教。

真正的好课应该有这样一些特征：引入自然，注重兴趣的激发；讲析简洁、准确，富有启发性；讨论生动活泼，有参与的广度，也有思考的深度；问题设计具体新颖，有启发性和引导性；课堂节奏舒徐自如，流畅自然；有对话的交锋，有思想的沉默；有师生之间的相互启发，也有生生之间的相互激发，还有学生与文本之间的思想、感情的无声交流；好课还有高潮……概括起来，真正的好课，一定是富有智慧的课；真正有智慧的课，一定具有顺其自然、从心所欲、随机应变、教学相长的特征。

3. 教学相长：机智的教学要做到“蹲身同行”

教学机智的形成，不仅要求教师有对教学内容和方法的深入体察，更要有发自内心的对学生的爱，能够蹲下身来，和学生一起观察、感受、领悟，和学生一起“成长”。

有这样一则故事。父母带孩子到公园去玩。父母在家里先就给孩子说好：“出门要自己走路，不能让爸爸妈妈抱，因为你长大了，可以自己走路了。”可是孩子行走不远就吵着要爸爸妈妈抱。为什么孩子说话不算话呢？孩子两三岁，身高不足一米，你不抱他，他能看到什么？大人的腿和屁股，看久了，多没意思！所以，小孩要大人抱，不是要偷懒，而是他看不到有趣的东西，美丽的风景。

对应到教学生活，教师是父母，学生是孩子。教育就是要孩子“长高”，看到更多的美好的风景。最愚蠢的做法是，教师将自己看到的风景（也就是教材上的东西）讲给学生，塞给学生，并要求学生再将这美景发自内心复述出来。可想而知，学生没有亲自感受，自然难以理解，也难以复述。

还有一种做法就是给孩子搭建一个平台，让孩子站上去看更高更远的风景。可是，学生自己本身并没有“长高”，除了能在短时间内看到新奇的风景之外，接下来还是要“落地”看人家的大腿和屁股。所以，最高明的做法还是教师先蹲下身来，站在和学生一样的高度来观察、感受、理解，并和学生一起“长高”。

真正卓越的课堂，绝不是教师“教”得又多又深，而是教师和学生一起学习，一起观察，一起感受，一起发现，在真诚的交流之中分享、探究、生成，获得共同的成长。这就要求教师首先不是要站在高端，“高屋建瓴”，而是要蹲下身来，与学生平等合作，平等交流。教师从学生的视角来审视教学、思考教学、实践教学，教学机智就会自然而然地流淌出来。

每一个教师都有自己的“特长”，每一个真正优秀的教师都会努力构建自己的风格。而且，不同的教学内容会衍生出不同的教法，从而形成不同的风格。

二、教学机智的生成①

教学机智就是教师能“读懂”或理解此时此地的课堂情境以便做出恰当的言行。如果借用柏拉图的“洞穴”理论来描述教师教学机智生成阶段的话，那么洞穴理论中“洞穴的囚人”把洞壁上的影子误认为现实可以看成是教师的“前机智”阶段；痛苦看到影像与实物致使他眼花缭乱产生“火花”可以看成教师的“孕育机智”阶段；能够分清影像和实物可以看成教师的“机智生成”阶段。可见，教师教学机智的生成“镜像”正是教师从“前机智”到“孕育机智”再到“机智生成”的过程，这个过程是不断反思、不断学习生成实践性知识的过程。

① 张乐. 教师教学机智的生成“镜像”：基于柏拉图“洞穴”理论[J]. 今日教育，2014(C1).

1. 教师反思：教师“前机智”到“孕育机智”阶段的核心

在柏拉图的“洞穴理论”中，有一个洞穴式的地下室，一条长长的通道通向外面，有微弱的阳光从通道里照进来。有一些囚徒从小就住在洞穴中，头颈和腿脚都被绑着，不能走动也不能转头，只能朝前看着洞穴后壁。在他们背后的上方，远远燃烧着一个火炬。在火炬和人的中间有一条隆起的道路，同时有一堵低墙。在这堵墙的后面，向着火光的地方，又有些别的人。他们手中拿着各色各样的假人或假兽，把它们高举过墙，让他们做出动作，这些人时而交谈，时而又不作声。于是，这些囚徒只能看见投射在他们面前的墙壁上的影像。他们将会把这些影像当作真实的东西，他们也会将回声当成影像所说的话。

教师在长期的教育教学中，对自己的教学方式、思维方式等形成了比较稳固的风格。形成自己的教学风格是不错的，但有时会导致教师“教学偏执”。洞见或透视只隐藏于深处的棘手问题是艰难的，因为如果只是把握这一棘手问题的表象，它就会维持现状，仍然得不到解决。因此，必须把它“连根拔起”，使它彻底地暴露出来：这就要求我们开启一种新的方式来思考，这一变化具有决定意义。难以确定的正是这种新的思维方式。教师反思就是教师对自己教学的重新审视，发现自己教学中存在的问题，以便提升自己的教育教学能力。一般来讲，相比教师的反思行为，教师的反思意识更为重要。如果将意识看成教师对自己教学行为的觉察，那么教师的反思意识就是对这种觉察的再觉察。

正如海德格尔所言：“在觉知的自我与被觉知的自我之间必定存在着一个间隔，只有这样，一个反思的目光束才有可能从自我出发再朝向自我。”这句话说出了反思意识与意识之间的“距离”，反思意识与意识逻辑发生的顺序前后，强调反思的产生是以意识的存在和发生为前提，当有意识发生了，才有反思对觉察的发生。可以这么理解，传统的教师反思都是基于教师行为来讲的，这里的反思意识是对教师教学行为意识的意识。比如当教师在课堂中进行教学时，有意识地创设具体的教学环节将自己的教学更多向生成性教学上靠，这是教师的意识。教学反思意识就是对教师产生的这种生成性教学理念、创设的各种教学环节在头脑中的再询问、再思考。教师带着这种反思意识有助于在教学中更好地审视自己的教学观念、教学行为，及时发现教学中存在的问题。

2. 教师学习：教师“孕育机智”到“生成机智”阶段的关键

在“洞穴理论”中，洞内有一人挣脱了桎梏，站了起来，转头环视、走动，抬头看火光。他在做这些动作时会感觉痛苦，并且火光会使他感到眼花缭乱，他无法再看清那些他原来看见其影像的实物。洞穴人在这个过程中会感到痛苦，因为他以前旧有的认识与现在新看到的事物之间发生了认知冲突。

如果说教师反思旨在发现自身教学中存在的问题的话，那么教师学习是在发现问题的基础上解决问题的必要方式。这里的“教师学习”是教师走向专业化发展之后的进一步探讨，它强调了教师的主动性、教师学习的日常性、教师知识的内生性的重要性。教师学习是教师新旧知识之间的联结，是教师从“孕育机智”到“生成机智”阶段的关键。学习是自我的内心世界之“旅”，是自身智慧的“上下求索”，是同自身内心世界的对话。学习有两种形式，一种形式是对自己的“修炼”，另一种形式是“对话”。“修炼学习”是自我完善的行为，而“对话学习”

是通过同他人的沟通，展开探索对象意义的行为。

教师的“修炼学习”包括几对范畴，教师的自我内部的学习、自我与环境之间关系的学习、自我与专业之间关系的学习。

教师自我内部的学习主要是教师对自己身、心、灵的结构统整，教师应从感知“个体化”开始，“个体化是统一并整合人格中各个部分的过程。这个过程实际上也是个性展露的过程，在这个过程中，个体要重新回到自己的内心，重新思考生命的意义、发现精神生活的必要性，以克服环境的种种束缚，活出自己”。

自我与环境的关系的学习主要是调节教师在自我内部环境与外部之间的关系。自我内部环境因素的关系在于让人理解自我、接纳自我，坚定自我；而自我与外部之间关系的整合以自我因素的统整为基础，在超越环境的同时又融入环境，在环境中不断地发现自我成长的力量。

自我与专业的发展之间的学习，从教师与学生、教师与教材、教师与教学环境之间三个角度出发，达到教师“自知”的状态。教师自知的作用在于：“个人在特定的情境里，知道展现在前面的不同选择和选定某种行动过程的理由，以及意识到行动的后果。”

“对话学习”是通过直接互相交往的方式向别人学习，也是了解自己，使自己发展的一个良好途径。随着注意从学习书本知识与间接信息向学习人的机制与经验移动，教师就能使自己卷入种种不同的生活方式，并理解范围广泛的一系列生活。正是通过这些能动的经历，教师才有可能从一个以自我为中心的人转变成为一个有能力对受教育者的心灵施加影响与进行调节的人。

3. 教师实践性知识：教师教学机智生成的表现形式

当洞穴中的人在经过一段时间调整与适应后，它终于可以分清影像和实物，明白实物才最真实，这个过程可以看成是教师的教学机智的生成阶段。

教师的教学机智更多地指向教师在课堂教学中的直觉决策能力，其主要关注课堂教学中教学主体、教学内容和教学环境的复杂性。教师实践性知识不仅包括教师在课堂教学中面对突发状况时所表现出来的直觉性的、瞬间的、具有智慧性的行为和能力，而且还包括教师有意识地、理性地做出教学决策的能力。教师的教学机智是教师实践性知识的表现形式。

教师在课堂中创生自己的实践性知识离不开四个要素：主体、教学情境、行动中反思和信念。主体即行动者，实践性知识的拥有者，教师在教学情境中必须亲自在场，亲力亲为。教学情境是教师实践性知识产生的场域，只有在现实的、具体的教学场景中才有利于教师的实践性知识的创建。行动中的反思，诚如阿吉里斯所言，在工作中，人们掌握了一些规范、规则、技术，形成了价值观，它们相互依存，创造了一个“既存现况”的模式。教师在教学过程中，会按照这些模式进行既定教学，如果个人不去反思，个体甚至意识不到“既存现况”的存在，更谈不上去反思其正当性与有效性。由于反思意味着个体需要跳出自己已有的思维局限，所以仅凭个体自觉极难进行。这就需要学校建立一个组织型共同体，通过在与其他教师的对话探究中促进组织学习，学习型组织为新的实践性知识生成提供土壤。信念是教师实践性知识中重要的一部分。实践性知识贯穿于整个“经验”中，可以被看成为是一种信念来验证教师的后续行动，从而更好地指导教师的后续行动。

第八章 特级教师教学的强化艺术

导读

行为主义心理学家认为，人的行为是对外界环境刺激或机体内部刺激的反应。在行为的形成过程中，强化起着至关重要的作用。巴甫洛夫的经典条件反射理论和斯金纳的操作条件反射理论都认为强化是形成和巩固条件反射的重要条件。在他们看来人的某种学习行为倾向完全取决于先前的这种学习行为与刺激之间建立的牢固联系。强化可以使人在学习过程中增强某种反应重复性的力量。在教学过程中，强化的目的是要让学生在强化这一过程中纠正其某些不良的行为或思想，习得某种良好的行为习惯或保持某种良好的品德或某种正确的、理性的观念、态度，或者是勤奋学习以取得良好的学业成绩。强化物的意义在于对学生的这一良好习得过程或已习得东西进行鼓励，以激励其学习的动机，继续学习并获得或形成某种期待的行为或思想观念。因此，强化是借助一定事物或手段以提高某一特定行为反应出现概率的过程。

在教学中，及时对儿童的学习进行强化，会促进他们的学习，而且强化越及时，效果越好；直接强化比间接强化好。特级教师是如何创设多种强化形式，采取哪些强化程序促进学生的学习呢？本章探讨的教学强化艺术着重从强化的类型、功能、过程、目标、方法等方面来探讨。

一、强化的类型——依据场景的着力指向

强化一词的本意是使之坚强巩固。针对课堂教学的重难点、文本的核心知识点，许多教师都会采取适宜的方式方法，有目的地进行强化教学，唤醒学生的情感，激发共鸣，帮助学生吸收内化所学的知识点，提高教学效率。依据强化教学的时机、手法等特点，强化的类型分为以下几种。

1. 正强化

【典型案例】

特级教师支玉恒《将相和》教学片段[①]

师：课文预习了吗？谁敢来回答第一个问题？谁敢在不知道问题的情况下来回答。

师：（生一人举手）好，请你。（生站起来听问题）上课时不论是回答什么问题都是锻炼自己的机会，这个机会需要你自己去争取，你不争取，机会就从你身边溜走了。

师：我们今天上课的课题是什么？

生：《将相和》。

师：你们后悔了吗？（生纷纷点头）

师：现在我给大家第二次机会。谁来？（多数人举手）

师：你有足够的勇气吗？把课题写下来，再领着大家读一遍。

……

师："将"是什么？

生：将军。

师：大王往中间一坐，一边是文官，一边是武将。"将"是武将中最大的。那文官中最大的是谁？

生：丞相。

师："丞相"是我们现在的说法。在这篇文章里叫什么？

生：上卿。

师：上卿可以统治文武百官。将和相开始不和，后来和好了，就是将相和。

【教学艺术评析】

强化教学的目的是激起学生学习的信心，体验学习的快乐。教师的强化手段必须顺应孩子的天性，以恰到好处的语言点燃表现自己的欲望。高年级的学生有表现的欲望，但是自我意识的觉醒，萌发了在没有十足把握的情况下，怯于举手的现象。支玉恒老师敏锐地感受到这一点，师以"谁敢来回答"激发学生的自信心，用浅易的问题让学生在课

① 叶枫．似水无痕　和谐灵动：支玉桓《将相和》教学片段赏析［J］．江西教育，2012（C2）．

始享受成功的喜悦。一旦学生的参与激情被点燃，支老师对课题进行由表及里，由表面意到指向性含义的解读，顺势而导。教师富有激励性的语言起到正面强化的作用，学生在轻松愉悦的情境中，主动积极地参与到教师预设的教学场景中，课堂也就成了师生一场快乐的探险旅行。

2. 负强化

【典型案例】

特级教师张化万《第三只眼》习作教学片段[①]

师：（小练笔后）请把自己听到“每个人都有第三只眼睛”后的想法读给大家听。

生：我们脑袋上明明只有两只眼睛，怎么会有第三只眼睛呢？我左思右想，还是想不出张爷爷说的第三只眼是什么。正在这时，旁边的一个同学说：“不会是屁眼吧？”……（全班哄堂大笑，该生自己也禁不住笑起来，张老师只是摇摇头，示意大家安静，自己却没有多大的反应，还是静静地听她念完）

师：首先应该肯定她的这篇文章的优点，在什么地方？

生：很有想象力，很幽默。

师：请你把第一、二两句话再读一遍。

师：你听到了哪两个字？

生：明明。

师：把“明明”两字去掉通吗？是去掉好还是不去掉好呢？

生：不去掉好。

师：这个同学写得很有特点，很流畅。不过，什么话自己说说可以，大庭广众之下说出来就不好了？

生：“屁眼”。

师：对，我们写文章的时候注意要“雅”。

【教学艺术评析】

课堂是学生充分展现自我的舞台，但是学生个体生命的张扬有时也会给教师带来以外的尴尬。这种突然出现的意外，对于课堂，属于一种资源，教师要想化解危机，必须采用负强化的手段，在错误的背后寻找正确的路径，引领学生朝向正确的指向，获得教师原先预设的价值。张老师的负强化的方式充分运用了体态和语言的作用，当学生说出第三只眼是“屁眼”时，没有制止，只是摇摇头，因为张老师知道这就是学生的真实的内心世界，虽然不雅，但是展现了学生的联想能力，不但没有低级趣味，反而更加真实。接下来

① 刘识亭．两次探究，详略不同：张化万《第三只眼》作文教学片段赏析［J］．语文教学通讯，2014（9）．

的一句"大庭广众之下说出来就不好了"，似一盏明灯，为学生指明语言建构的正确形式和妥帖的表达技巧。学生在这样的课堂上，不但知其然，更知其所以然，思维的火星在教师的呵护下，越烧越旺，越烧越健康。

3. 自我强化

【典型案例】

特级教师贾志敏《卖鱼的人》教学片段①

师：大家看第2自然段，谁来读一读。（指学生读，评价）你看一看哪些地方，令你感到奇怪？

生：我们买鱼要称一称，而他只是把鱼挂在各家的屋檐下，后来再收钱。

生：平常我们要到集市上买鱼，而他把鱼挂在各家的屋檐下。

师：对啊，我们平常要到集市、超市买鱼。而他不是，他是把鱼一条一条地挂在屋檐下。（在黑板上所画的屋檐下画上鱼）交易的地点不一样。

生：平常我们买东西都是一手交钱，一手交货，而他却是先挂鱼再收钱。

师：交易的方式不一样。

生：我们买鱼一般在早上六七点钟以后，他却在凌晨三四点就把鱼挂在屋檐下了。

师：交易的时间不一样。

生：我们会讨价还价，而卖鱼的人却一口价，而且大家毫不迟疑地把钱给他。

生：卖鱼的人是三四点钟从渔村来的。鱼是新鲜的，而我们集市上的不一定是新鲜的。

师：他是渔夫，每天起早打鱼，然后把鱼挂在各家的屋檐下，再挨家挨户地收钱，人家毫不迟疑地给他钱。那么这些问题用什么来解释？请大家再次读一读课文。（指板书上画的小问号）你感到卖鱼的人是一个怎样的人？我请两个同学把自己的想法写到黑板上。（学生一个写"诚实"，一个写"诚信"）

师：因为他的诚实获得了别人的信任，这叫——（生：诚信）。（板书：诚信，将课题变为"诚信的卖鱼人"，指生读）

师：在这里，"诚信"是什么意思？（有信用）他一直诚信到什么时候为止？（直到他去世为止）从哪看出来的？读一读。

【教学艺术评析】

英国教育家斯宾塞说过："教学时应该引导儿童进行探索，自己去推论，给他们讲的应尽量少些，而引导他们发现的应尽量多些。"教师的教学仅仅是学生获取知识的外因，如果我们激发学生自我要学的意识，明确自我生存的目的，那么学生学习的过程中才会主动进行自我强化，在强化的过程中产生新的知识生长点。贾志敏老师就是深谙学生自

① 刘燕青．学贵有疑：贾志敏《卖鱼的人》教学片段赏析［J］．江西教育，2012（35）．

主学习的重要性，将学习的主动权交给学生，让他们自己阅读，发现问题，自己沉潜文本，解决问题，对比中甄别“诚实”和“诚心”的细微差别。学生沿着思维发展的脉络，渐行渐远，直至感悟出“卖鱼的人”的内在精神品质。这就是教师将学习的主动权交给了学生，学生在不断地自我强化中，一步步走到知识的核心位置。学生在质疑—解疑—答疑的过程中，发挥了学习主动性和积极参与性，培养了创新能力。

【拓展延伸】

正强化·负强化·自我强化

斯金纳根据强化物的性质，把强化分为积极强化（positive reinforcement）和消极强化（negative reinforcement，又称为阳性强化和阴性强化或正强化和负强化）。如果将这两者归纳为外部强化，那么学生自我意识的觉醒，产生主动强化的行为方式，则成为自我强化的又一重要强化行为。

一、正强化，学生在肯定中成长

正强化，又叫积极强化。积极强化是指由于一刺激物在个体做出某种反应（行为）后出现从而增强了该行为（反应）发生的概率，该刺激物称为积极强化物。例如，当个体做出某一行为后，给予他食物、钱或者表扬，那么这种行为就会受到积极强化，这些食物、钱或者表扬就是积极强化物。学生是在成长中的不完善的人，鼓励、表扬、夸赞是教师教育教学过程中阳光的课堂使者，学生的自信、积极、专注，是在教师的期待和赏识下的回应。因此，我们在教育教学的过程中应该多采用积极强化的手段，让我们的课堂充满平等和关爱。孩子的心是玻璃做的，要小心呵护。在我们的课堂上应多带些“你很会思考”“你真是读懂了作者”，让学生对课文的认识逐渐清醒、深刻，对知识的螺旋式结构有领悟的时间，也有获取的空间和自由。有的老师虽不打孩子，但话语像刀子，眼神像锥子，他们给予孩子的是精神暴力。这种心灵施暴，给孩子内心刻上伤痕，造成后天的心理残疾。课堂上，学生得不到知识的正强化，仿佛缺少阳光，空气和水，学习生活也就逐渐丧失美好！

二、负强化，学生在指引下发现

俞文钊在其《管理心理学》一书中指出：“惩罚作为一种负强化，也有积极的激励作用，只是所用方式与手段不同而已。”该段文字的标题为“负强化——惩罚的应用”，全文所描述的是运用惩罚的注意事项。显然，这里从对概念的理解到具体操作程序都将负强化等同于惩罚。在教学实践中，惩罚和负强化的区别在于，惩罚的底线在不伤害学生自尊，不湮灭学生学生学习激情的情况下，担负起负强化的积极心理作用。负强化，又叫消极强化。消极强化是指由于一刺激物在个体作出某种反应（行为）后而予以排除从而增强了该行为发生的概率，该刺激物称为消极强化物。例如，课堂上，有学生走神，教师轻轻地走过去，用眼神或者手势进行制止，充分发挥体态语的作用，让学生在教师的行为纠正中，起到负强化的作用，端正学生的行为方式。有学生在实际学习时，总是重复同样的错误，教师以语言纠正，符号标明，让学生知晓正确的前进方向。从中可以看出，不论是积极强化还是消极强化，其结果都是一样的，即都可以增强该行为（反应）再次出现的可能性，使该行为得到增强，帮助学生不断地自我完善。

三、自我强化，学生在主动中建构

所谓自我强化（self-managed reinforcement）是指个人依据强化原理安排自己的活动或生活，每达到一个目标即给予自己一点物质的或精神的酬报，直到最终目标完成，自我强化时人们倾向于做出自我满意的行为，拒绝那些个人厌恶的东西。教师应该充分激发学生的主动学习的意识和行为，一旦学生产生自我强化的需要，那么，教师就会成为学生学习的帮助者，而不再是组织者和引导者，学生的学习行为也因此变得更加有意义。正强化和负强化，都是学生能够成才的外因，而自我强化才是学生成为学习主人的标志。自我强化是较高水平的激励方式。我们的教育，不可能要求人人都达到这种水平，但通过教育、指导，也可以帮助学生逐步趋向自我完善，具备这种自我强化的能力。在进行教育、指导时，主要应帮助人们确定长远目标和近期目标，让人们自己确定评价标准，使之自我检查、自我评价。只要某人不受外部因素影响能够独立地安排自己的活动并不断取得进步，就说明他具备了自我强化能力。如果课堂成为学生自我强化的阵地，那么学生的学习也就有了不竭的动力。

二、强化的功能——突出文本的核心价值

同样的教学内容，不同教师，或者面对不同的学生，能够选择不同的教学切入点。文本的固化形式，和课堂的灵动、多样形成鲜明的对比。教学时，采用强化手法，无疑是教师以自己对文本的解读，想要让学生在强化的过程中，获得在原有基础上的生长，转变原有的知识建构，产生新的认知空间。

1. 强化情感

【典型案例】

特级教师窦桂梅《再见了，亲人》教学片段[①]

① 课始

师：在抗美援朝战争中，有 14 万英烈的忠骨永远留在了朝鲜那块土地上。这其中就有大家所熟悉的战斗英雄邱少云、黄继光、杨根思，以及毛岸英等。志愿军战士和朝鲜人民朝夕相处了 8 年，结下深厚的情谊。战争最后以正义和良知赢得了胜利而告终。1958 年 10 月 25 日，最后一批志愿军回国之机，他们握着手说——

生：再见了。亲人。（语气较为平静）

② 课中

师：志愿军登上了回去的火车。他们拉着手说（语气有些急切）——

---

① 黄亢美．特级教师窦桂梅《再见了，亲人》教学赏析［J］．广西教育，2005（C1）．

生：再见了，亲人。（有了语气上的变化）

师：列车就要开动了，他们挥着手说（语气再急切一点）——

生：再见了，亲人！

③ 课尾

师：我们由衷地感到这“比山高，比海深”的情谊是用鲜血凝成的。谁说他们不是亲人？他们不但是亲人，而且胜过亲人！所以，分别的时候，他们才这样难舍难分地彼此倾诉——

生：再见了，亲人！（感情热烈）

师：（播放视频）登上了火车。他们仍然恋恋不舍地送别——

生：再见了，亲人！（感情难舍）

【教学艺术评析】

在阅读教学的三维目标中，情感的激发有助于学生领会文本的主旨。而烦琐的分析、讲解，以教师的理解代替学生的领悟则是语文阅读教学的大忌。窦老师在教学时，首先交代事件发生的背景，联系生活经历，阅读课题，初步感受“再见了，亲人”的分量；接着引导学生走进文本，将课文中看到的、读到的文字还原成一幅幅感人的画面，学生通过作品的语言表述，演绎生动感人的告别情景，再次复现“再见了，亲人”这一抒发情感的主线。学生沉浸其中，人格受到震动，心灵得到净化，扬起了情感的波澜，加深了对题旨和文意的理解和感悟；最后，窦老师播放相关告别的场景视屏，在视听的双重感染下，学生已经和文本中的人物幻化为一体，声音中饱含着念念不舍。窦老师从课始到结束，通过带领学生读课题，强化他们的情感，将学生的情感一步步推向高潮。

2. 强化思考

【典型案例】

特级教师汪云《调整图形》教学片段[①]

师：请同学们完成课后“实践园”中画“风车”的任务。（学生刚学完翻转 / 旋转）

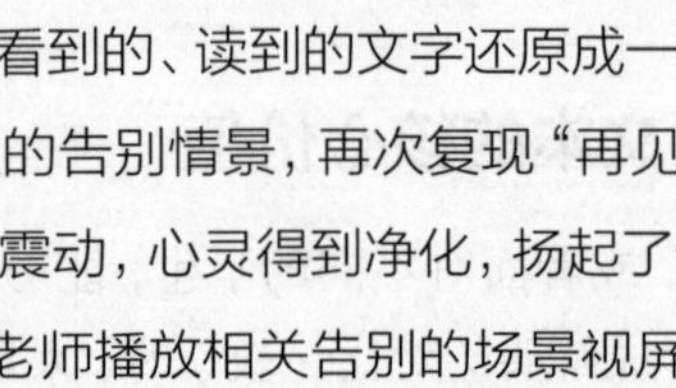

师：请画好的同学说说你的画法。

① 汪云．巧用资源，彰显智慧——《修改文字》教学设计与反思［J］．中国信息技术教育，2012（5）．

生 1：我先画一个半圆，再复制三个相同的半圆并分别进行 90 度、180 度、270 度的旋转，最后把旋转一周的三个半圆组合起来。（学生边说边演示）

师：大家都是这么做的吗？

生 2：我也是先画一个半圆，但是我只复制一个半圆，并旋转 90 度，这时把这两个半圆组成了风车的上面两片叶子，再复制这两片叶子并进行 180 度的翻转就形成下面的两片风车叶子，然后进行组合。（学生演示）

师：比较这两种方法，哪种更简单？还有不同的做法吗？

生 3：第一步也是先画一个半圆并复制一个，然后进行 180 度翻转，这两个半圆就形成风车水平方向上的两片叶子，复制这两片叶子并进行 90 度的翻转，就形成垂直方向上的两片叶子，最后把两组叶子组合起来就形成了风车。（学生演示）

师：嗯，这也是一种方法。还有吗？

生 4：我先画左半边的两片叶子，然后复制这两片叶子并进行 180 度翻转，再把左、右两边的两组叶子组合起来。

师：大家真爱思考！还有谁能想到更好的方法吗？（学生满脸的惊讶）

师：是啊，还有更简单的方法呢！请大家看看风车的组成，一定能发现。

生 5：老师，我发现风车的水平方向上两个半圆其实就是一个圆，垂直方向上的两个半圆也是一个圆。

师：你有了重大发现！请继续思考！

生 6：老师，我们可以在开始画就两个完全相同的圆，然后分别把圆水平分成两个半圆和竖直分成两个半圆并用一条直组把两个半圆连在一起。这样既不用翻转也不用旋转。（学生演示还没结束，众声掌声就响起来了）

师：同学们的掌声就是对你善观察、爱思考的最好鼓励！

师：通过画风车，你有什么感受？

方法 1：

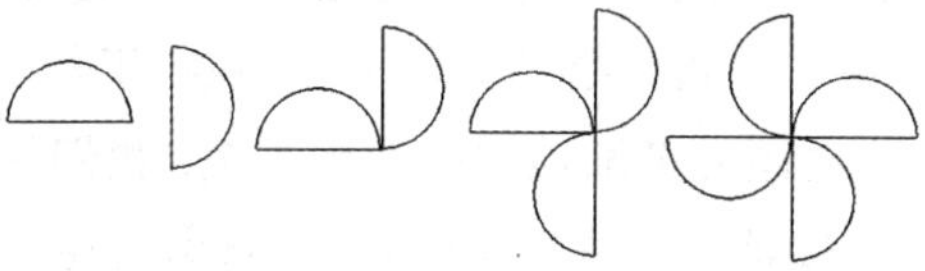

方法 2：

方法 3：

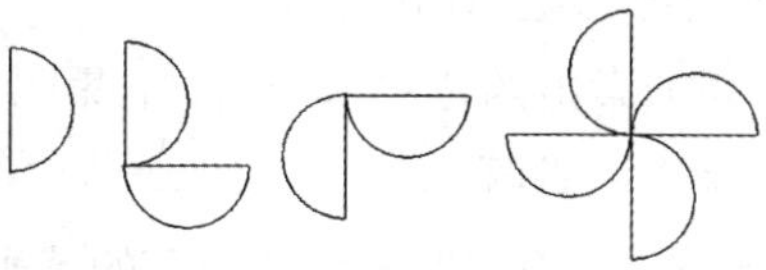

方法 4：

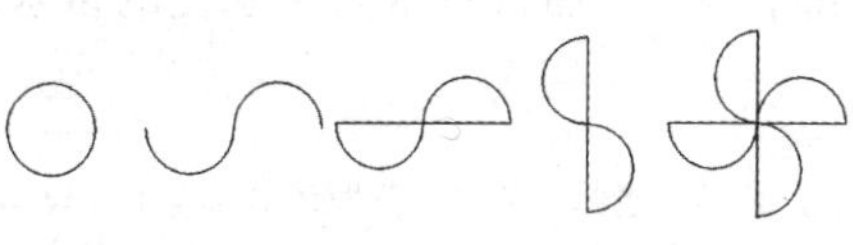

方法 5:

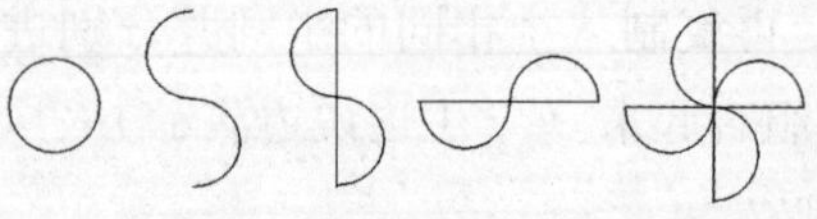

方法 6:

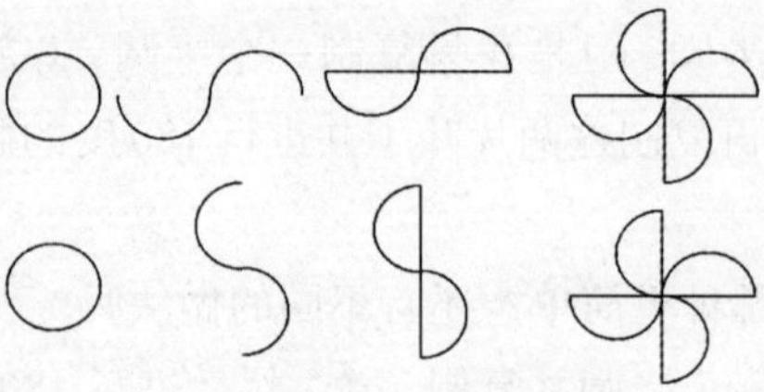

【教学艺术评析】

古人云:“授之以鱼，不如授之以渔。”让学生学会思考和学习是教学目的之一。学生喜欢探究有挑战性的问题，希望自己是个发现者。这个风车只是课后的一个练习，但教者却能通过这个练习让学生经历一个非常有趣的思维挑战。亲历探究画法的思考过程。而他们在教师一次次“还有别的方法”或“更简单的方法”的追问和启发下，竟然想出五种方法，这种求异思维的训练，带给学生的是一种学会学习和享受学习的快乐过程，学生乐此不疲。这不仅仅让学生学会画风车，更是着眼学生的终身学习和发展。

3. 强化意志

【典型案例】

特级教师王崧舟《普罗米修斯盗火》教学片段[①]

① 默读课文第 6、7 两个自然段：第一，用波浪线将这两个画面画下来；第二，圈一圈，体会哪些细节深深地刺痛着你的心。(生默读、圈画)

师：尽管我们很不愿意，但是，我们还得把这两个画面找出来。第一个画面在哪里？

师：就是这个画面，惨不忍睹。第二个画面，又在哪里？

② 师：孩子们，让这些画面渐渐地褪去。想一想，我们的普罗米修斯是一位天神，在他没有盗取火种、触犯天条之前，他过得可是无忧无虑、自由自在、幸福快乐的日子，而如今，他竟然过着这样的日子！谁来读一读？(生有感情地朗读)

师：想一想，被死死地锁在高加索山上的普罗米修斯，他饿吗？他渴吗？饿了，渴了，他为什么不吃上一口？此时此刻他有办法吃东西吗？

师：孩子，被死死地锁在高加索山的普罗米修斯，他累吗？他困吗？他累，他困，可他为什么不坐下来歇一歇，不躺下来睡上一觉呀？

③ 生：咱们做什么事都有尽头，而普罗米修斯承受的苦永远永远没有尽头。

① 安嘉．文化和神话的圆融：感受王崧舟老师执教的《普罗米修斯》[J]．教学月刊(小学版 语文)，2013(3)．

师：这尽头是一百年吗？

生 1：不是。

师：是一千年吗？

生 2：不是。

师：是一万年吗？

生 3：不是。

师：谁都不知道是多少年，没有尽头啊！孩子们，还有哪些字眼深深地刺痛着你？

④ 师：孩子们，你们在质疑、你们在控诉、你们在呐喊、你们在替普罗米修斯叫屈叫冤啊！但是，你发现这些话普罗米修斯说了吗？

生：（自由应答）没有。

师：他替自己叫屈了吗？

生：（自由应答）没有。

师：他替自己呐喊了吗？

生：（自由应答）没有。

师：为什么？孩子们，我们看——（大屏幕呈现出一组普罗米修斯受难的画面，凝重而悲怆的音乐响起）

【教学艺术评析】

贝多芬说："卓越的人的一大优点是在不利与艰难的遭遇里百折不挠。"一个人具有坚强的意志，做事情就不会半途而废，而是自觉地选择适当的方法来克服困难，直到实现目标。磨炼学生意志的方法有很多，语文阅读课怎样渗透意志教育呢？王崧舟老师为帮助学生感悟普罗米修斯为人类而献身的品质和不怕磨难的坚强意志，在谙熟文本内容的基础上，借助想象丰富文本的画面感，角色体验中感受普罗米修斯的内心信念的坚定，普罗米修斯的形象在学生的心目中也就活了。虽然王老师一唱三叠，回环往复，但是我们丝毫没有烦冗芜杂的感觉。学生在这样的课堂上，与文本对话，和老师对话，普罗米修斯的意志品质就像一粒种子埋在了孩子们的心田，面对以后生活中的坎坷，也会拥有普罗米修斯般的意志，搏击生活的风风雨雨。

4. 强化行为

【典型案例】

特级教师薛法根《你必须把这条鱼放掉》教学片段[①]

① 师：爸爸是怎样说这句话的？在怎样的情况下说这句话的？放声读课文，遇到生字、生

① 张明霞．让阅读教学乘上"对话"的翅膀［J］．江西教育 B，2016（1）．

词看看课文后的生字表，划出带有生字的词，放声读课文，让老师听到你读书的声音。（生自学课文）

师：爸爸在怎样的情况下说：你必须把这条鱼放掉。说了后，汤姆又是怎样做的？请你在“爸爸______说：你必须把这条鱼放掉”前后横线上各加一句话。

② 师：如果我是汤姆，我也舍不得把鱼放掉。好，下边我们演一演汤姆和爸爸的对话。这次，就让你们便宜一点，我演儿子，你们演汤姆。（众笑）先读读爸爸的话，谁先记住，谁就演爸爸。（生积极朗读和背诵爸爸的话。师请出一名学生和老师对演）

师：喜欢这样的爸爸吗？为什么？

③ 师：汤姆有遗憾吗，后悔吗？（不）一条鱼和做人的道理哪个更重要？（做人的道理）哪一句话会铭刻在汤姆的记忆里？（板书：铭刻）

生：不管有没有别人看见，我们都应该遵守规定。（板书：不管……都……）

师：生活中哪些规定要自觉遵守，请你用上“不管……都……”这组词语。

生：过马路的时候，不管有没有警察看见，都不能闯红灯。

生：在校园里，不管有没有老师看见，都不能随手乱扔垃圾。

……

师：生活中，有许多规定，不管有没有人看见，有没有要求，都应该自觉遵守。（板书：自觉遵守规定）

【教学艺术评析】

克雷洛夫说：“现实是此岸，理想是彼岸，中间隔着湍急的河流，行动则是架在河上的桥梁。”教师要在提高认识的基础上，对学生进行行为训练。行为是衡量一个人思想品德水平高低的主要标志。我们要拓展语文学习的空间，让学生去接触自然，了解社会，认识准则。薛老师的课堂很好地将语文学习和行为指引结合起来：初读课文，在了解课文内容的基础上，初识规则；情景表演，化文本语言为自身语言，提升表达能力的同时明晰规则的力量；联系生活，以规则指引学生的将来。薛老师这么做，很好地将语文学科的工具性学习和人文性熏陶结合起来，遵循学生认知心理的特点，由浅入深，逐步升华，立体再现语文学习的方式，突出语文课堂的张力。学生在读一读、演一演、说一说的过程中获得语文能力的成长，道德品质的提升。

【拓展延伸】

教学强化的艺术

课堂是教学的主阵地，学生的人文素养、言语智能的形成，离不开课堂教学。生本化课堂，就是强调教师在教学理念和教学实践上突出学生本位，以促进学生的发展为出发点和归宿，面向全体学生，尊重相信学生，关注学生的潜能发挥和生命发展，从学生的具体情况出发，选择适合的教育。

1. 什么是强化教学

强化理论是美国心理学家斯金纳等人提出的一种“操作条件反射”理论，人们也把它叫作行为修正理论。其目标在于预测和控制人的行为，他倡导以学习的强化原则为基础。他还强调在学习中遵循小步子和及时反馈的原则，将大问题分成若干小问题，循序渐进。学生是学习的主体，是学习的实践者和创造者，没有学生充分参与的教学，不算完整的教学。

2. 如何厘清强化教学艺术的类型

在新课标的教学背景下，老师也要充分尊重学生的主体地位，在这个环节中，老师要给予学生充分的鼓励与激励，鼓励学生大胆地讲真话，能够客观、真实地对自己进行评价。联系课文，针对课时的教学目标，需要强化的内容有哪些？根据知、情、意、行的行为认知模式，教师必须从这四点出发，关注情感的激发，知识的呈现方式，意志的熏陶，以及行为方式的引导，让学生在学到知识的同时，获得精神生命的成长。在这个过程中，学生可以对自己得到更加直白的认识，认识到自己的缺点、优点以及不足，然后在老师与同学们的鼓励下，积极改进、完善自己的知识体系。

3. 怎样进行强化教学

充分调动学生学习的积极性和主动性。采用有效的手段和方法，强化过程设置环节的有序，让学生在快乐中学习。语文本来并不枯燥，但是如果我们如果将一篇篇文质兼美的文章肢解得支离破碎，学生就会丧失学习语文的兴趣，如何运用有效的强化手段和策略，教师就需要下一番功夫了，学生在探究过程中，我们都应该支持和帮助，支持和帮助是撬动学生探究精神和求知欲望的有力杠杆。特别是文本的核心教学价值必须借助强化的手段，进行强化教学。

我们每一位教师都应秉持“生本化”的理念和意识，并由外在的规约转变为内在的自觉。结合语文《课程标准》，针对某篇课文，设置教学的三维目标时，我们必须兼顾人文性和工具性的统一，同时要突出重点，以更多的精力和时间去化解难点。教师和学生的地位是平等的，但是不代表能力也是相同的，学生需要教师的引导，教师是平等中的首席，针对文本的核心知识点，应该以强化的手段，促进学生悟得深，记得牢。

三、强化的过程——遵循教育渐进性原则

人类社会的发展过程就是一部由低级到高级，逐步提升的过程。对于需要强化的内容，在课堂的实际操作中，无论是教师，还是学生，总是依据人的认知规律，依据心理接受的过程方式，对教学的核心知识点，理解的重难点，强化的过程也是有脉可循，有形可感。纵观名师的课堂，强化的过程分为以下几步。

1. 启发引导

【典型案例】

特级教师汪云《画正多边形》教学片段一，学习使用“REPEAT”命令画正多边形[①]

师：请同学们用我们学习过的命令画一个边长为 100 步的正方形。（学生操作）

师：谁愿意和大字分享一下画法？

生 1：FD 100 RT 90 FD 100 RT 90 FD 100 RT 90 FD 100 RT 90

师：有不同的方法吗？

生 2：我只输入命令：FD 100 rt 90 一次，再把光标放在这句命令后面，重复执行四次。

师：很好！但是还有更简单的办法！我们观察一下第二位同学的方法是对第一位同学方法的简化，我们是否能用一个命令对第二位同学的方法再简化呢？请第二位同学说说命令的意思。

生 2：重复执行 4 次命令：FD 100 RT 90。

师：如果我用“REPEAT”命令表示重复的意思，那么上面的命令怎样表示呢？

生 3：REPEAT 次数 FD 100 RT 90。

师：为了突出重复的内容，时常把重复的命令放在中括号内。那么画一个正方形的公式如何表示？

生 4：REPEAT 4 [FD 100 RT 90]

师：赶快在电脑上验证一下是否正确。

师：如果要画一个正三角形，要怎样写这个公式呢？

生 5：REPEAT 3 [FD 100 RT 360/3]

师：如果是画正五边形呢？

生 6：REPEAT 5 [FD 100 RT 360/5]（学生操作验证）

师：如果是画一个正七边形呢？

生 7：REPEAT 7 [FD 100 RT 360/7]（学生操作验证）

师：如果是画一个正三十六边形呢？（学生操作验证）

生 8：REPEAT 36 [FD 100 RT 360/36]（学生验证）

师：你们有什么发现？

生：正三十六边形画不出来。

师：我们时常用正三十六边形表示近似的圆。由于边数太多，因此步长也要改小。请把步长 100 换成 20，试试看。

师：得出什么结论？（略）

师：从上面的正多边形画法，请总结出画正多边形时有几个地方要作修改的？

---

① 2015 年宿迁市小学信息技术研讨活动示范课 .

生 9：边数、步长和旋转的角度。

师：还有什么规律？

生 10：正多边形的边数和旋转角度中的除数是一致的。

【教学艺术评析】

这是一个引导学生由已知正方形画法通过不同画法引出简单画法的重复命令并由一个正方形重复命令推导出画所有正多边形命令的过程。由最基本的画法通过观察、总结，找到一般规律，又通过一次次的实践操作验证自己的想法，最终得出画正多边形公式与边数、步数及旋转的度数有关，只要在公式中进行这三方面的改变就可以画出任意正多边形。这个循序渐进、螺旋上升的过程，符合学生的年轮特点和认知发展规律，并且在“温故”的基础上实现“知新”。亲历实践过程更让习得的知识得以理解并更好地应用，也为接下来的重复嵌套命令应用做了很好的铺垫。

2. 吸纳反应

【典型案例】

特级教师魏星《普罗米修斯盗火》教学片段一①

师：你的感受从何而来？好好读读词所在的节，放声读。你能读到感动自己、感动我、感动在座的老师吗？（生自读，师巡视指导）

师：佩服普罗米修斯“不屈服”在哪一节？谁来读一读？（生读句子）

师：具体的磨难在哪儿？（生读句子）

师：这就是严酷的惩罚。这还不够呢，而且每天都是这样生不如死啊！

师：不仅在悬崖峭壁上，还有沉重的铁链呢！

师：这样惩罚的手段怎样？

生：狠毒；凶狠；卑鄙；过分。

师：普罗米修斯每天都是这样忍受着撕心裂肺的疼，让我们带着这种感觉读。（生齐读有关句子）

师：敬佩普罗米修斯有同情心的是哪一节？（生读）

师：我没觉得普罗米修斯有同情心。（生再读）

师：你应该读好“寒冷”和“黑暗”。（生再读）

师：想有火，太难了。（生齐读此节）

师：敬佩普罗米修斯为民造福的是哪一节？（生读）

师：这就是有了火所带给我们的幸福！

① 刘国军．遵循规律　绽放美丽——魏星《普罗米修斯盗火》教学片段赏析[J]．江西教育，2017(26)．

师：普罗米修斯盗火带给人类的重要意义在哪一节呢？（指生读）

师：课文最后两节写了什么？

生：勇敢。

师：叙说不完整。

生：写了赫拉克勒斯的勇敢。

师：普罗米修斯盗火是违反了天规，而赫拉克勒斯为什么要去解救他呢？

生：普罗米修斯盗火是为了人类。

师：解救之后心情是怎样的？

生：愉快、轻松、高兴。

师：读的时候语调要轻松、愉快。（生齐读）

师：我们敬佩他勇敢而极富同情心，敬佩他机智，最敬佩他为了人类不屈服的品质。

【教学艺术评析】

怀特海认为儿童的智力发展过程，可分为浪漫阶段、精确阶段和综合运用阶段。浪漫阶段是自由地整体感知事物，并引发探索关系和逻辑思考的兴趣。精确阶段对浪漫阶段感知的事物进行精确的逻辑分析，获得原理、规则，增加并补充知识。最后由精确阶段，重回浪漫阶段，学习者的头脑中已经不再是简单的知识，而是融通了学科、消弭了畛域的智力或“智慧”。魏老师启发引导学生认识普罗米修斯的性格和内在精神，然后才是浪漫感知形象特点。接下来，从抓住文中的关键词句入手，将人物的精神放在可观可感的具体场景里面进行分析，学生在言语的丛林中吸纳营养，在移情体验中，化身文本的参与者，和文本，和文本中的人物产生情感的呼应。这样的教学行为没有烦琐的分析，却能够加深学生的理解，也是贴近学生的有效教学行为。

3. 强化巩固

【典型案例】

特级教师魏星《普罗米修斯盗火》教学片段二[①]

师：谁能把课文讲出来？（生练讲、复述）

师：复述时，该详的，就要仔细讲，该略的，就要一句话带过。这样才能突出重点。（指生再复述）

师：看，这样讲就有滋有味了。

生：（再读课题）

师：课前我们讨论，对于有“偷盗”行为的人是憎恨的，而文中的普罗米修斯盗火，我们却

① 刘国军．遵循规律　绽放美丽——魏星《普罗米修斯盗火》教学片段赏析［J］．江西教育，2017（26）．

是敬佩的。同样是盗，我们的感受差距怎么就那么大呢？两者区别在哪儿呢？

生：前面的偷盗是为自己谋利益，而普罗米修斯盗火却是为了人类，值得敬佩。

师：敬佩在哪里？（齐读黑板上的词语）

师：普罗米修斯盗给我们两个火种，物质火种带给我们光明与温暖；精神火种带给我们同情心、勇敢、为民造福、不屈服。让普罗米修斯带给我们的火种在我们心中生生不息！下课！

【教学艺术评析】

神话的教学价值不在于让学生学会几个词语，理解一两个句型句式。神话是历经千百年的口耳相传，包含丰富的历史文化信息。神奇的故事、梦幻的情节、独特的人物，展现了人类童年时期对自然、对未来的好奇，借助想象营造出一个奇幻的世界。魏老师凭借敏锐的文感，运用复述的手段，教给学生抓住关键部分进行详细复述的方法，让学生采用最为传统，也最贴近神话的原初的方式吸纳神话的营养。更为重要的是，学生在复述的同时，掌握了复述的方法，表达的能力也在复述的过程中得到加强。课题是文章的眼睛，魏老师从上课开始就专注于课题，抓住课题中的“盗”，联系生活，发掘“盗”字背后的更为人情化的一面，普罗米修斯的形象也就更加立体、高大起来。

【拓展延伸】

强化教学的三阶段

对于强化的过程，应该体现“浪漫—精确—综合”（怀特海《教育的目的》）的教育学规律，让学生在符合他们认知特点的阅读练习中，实现对文本的理解和把握。怀特海教育节奏思想的深厚理论基础就是其过程哲学，这一思想认为世界是一个过程性的存在，而现实事态生成的三个阶段是反应、补充和满足。

1. 启发引导：初识文本，浪漫感知

怀特海所提出的教育节奏思想对于我国教育具有重要的启示意义，那就是：把握节奏，正确理解教育的“循序渐进”；关注浪漫，重新确立童年期的意义；重视现实，摒弃以遥远未来为指向的教育目标。浪漫阶段即开始领悟阶段。这时，处于直接接触事实阶段。它可以引发对认知内容的兴趣。我们的教学，学生往往在接触文本之后，感受到的是文本的原生价值，获取部分原始信息。对于课文中的深层内涵，因为学生的理解能力尚未达到相应的层次，还需教师的引导、帮助，充分展现教材的人文意义。课堂上，教师出示文本，学生阅读文字的过程，小学生以形象思维为主，抽象思维处于发展阶段，对于空间知觉的发展水平，对于文本大体轮廓的知觉感知占优势。对于用白话写成的一篇浅易的课文，即使老师不教，仅仅学生自己读课文，也会有大概的感知，此时学生处于“开启领悟”的状态。所以，阅读指导的第一步是感知文本，我们以直接感知故事内容为主，偶尔涉及情节分析，既不破坏文章的整体美感，又让学生因对文本细微的“涉及”而产生进一步探索的兴奋感。例如，魏星老师执教《普罗米修斯盗火》的开始阶段，在拼读完生字词的基础上直接让学生自己读故事，感受交流普罗米修斯的内在精神，就是用整体思维进行感知。

2. 吸纳消化：深度研读，精确感悟

精确阶段即文法规则深入品析阶段。在这个阶段，要使学生一点一点地撕开课文的人文面纱，接受一种特定的分析事实的方法，掌握语言文字的运用规则。进行深度研读，不同的教师有不同的教学切入点。然而最根本的的旨归依然得依据“课标”规定的教学目标针对学生的年龄和心理特点，在学生原有的知识基础上进行有目的性和方向性的教学，学生的感悟过程就是接纳和消化的过程。特级教师郝玉梅教学《猴子种果树》时，为了帮助学生精确感悟文本的核心教学价值，设计了一个主问题——“这是一只_________的猴子”。统领学生能够不偏离教学主线，又有自主、个性化的解读。二到八小节是课文的重点，郝老师针对文本的这一特点，进行了这样的指导：自由读2～8自然段，和同桌讨论想象故事的场景：①正当梨树成活的时候，乌鸦对猴子说“梨五杏四”，猴子会怎么想，怎么跟乌鸦说呢？②可是，正当杏树成活的时候，喜鹊又说“杏四桃三”，猴子又怎么想，怎么跟喜鹊说呢？③可是，正当桃树成活的时候，杜鹃又说“桃三樱二”，猴子又会怎么想，怎么跟杜鹃说呢？④“樱桃好吃树难栽”，一连几年都没有栽活，猴子在这几年里会怎么种樱桃树呢？这样分角色的目的，是通过老师的不断“追问式”朗读，引出猴子的心理活动，体会猴子的性格特点，使“猴子”的朗读一步步走向深入，既感受到故事主人翁的性格特点，又知晓课文的写作形式。通过对文本的“增加和补充”，文本角色的体验，教学也就有了自己的特色。

3. 强化巩固：化知为能，综合运用

强化巩固重在运用。特级教师于永正老师强调的语言运用主要指读的迁移和写的迁移。读的迁移就是由课内到课外，得法于课内，得益于课外，学会阅读，自主阅读，用语文课上学到的读书方法和形成的感悟能力去读课外书、读报纸、杂志。这样做，一来能让学生获得更多的知识，二来能进一步丰富自己的语言材料的储备，丰富自己的对汉字的感受，从而更好地提高语言素养。于老师的做法是对学生号召、示范、检查、鼓励，要“四管齐下”缺一不可。对于学生读课外书，于老师特别善于引导，他还要求学生做读书笔记，在书上做记号，不动笔墨不读书，养成思考的习惯，培养学生提纲挈领的能力。于老师还重视读写结合，重视写的训练。于老师说：“迁移运用是学语文的最高层次和最后归宿，语文教学不能把孩子教死，要少做题，多读书。要让孩子读出灵性来，读出悟性来，读出童真来。”这是属于语文课堂教学的结果，是精确性训练始终追寻的目标，这是最后的成功。

四、强化的目标——从课堂教学原点出发

在具体的课堂实践中，教学目标不宜多而杂，应该少而精，遵循“定点突破，一课一得”的原则。在众多的名特优教师的课堂上，为了教学目标的顺利达成，会在学生原有的认知与情感的基础上，采用必要的强化手段，激发学生情感的浪花，消退学生原认知的浅显和缺失，维持学

生主动发展的方向，增强对道德判断及原有基础的认知，使知识的获取在良性循环的轨道上有序生长，造就学生良好的认知品质。

1. 增强，激发学生情感的共鸣

【典型案例】

特级教师王琴老师《我从哪里来》教学片段[①]

为了让学生感受到父母对他们的疼爱，老师安排了亲情互动的活动，让学生走到父母面前，听他们讲自己小时候的成长故事。

师：爸爸妈妈这么爱你们，你想对他们说什么？

生：爸爸、妈妈把我抚养长大很不容易。

生：爸爸、妈妈，谢谢你们把我养大！

生：爸爸、妈妈，你们辛苦了！

生：爸爸、妈妈，我爱你们！

师：是啊，千言万语化成一句话：我爱你。王老师也有一位宝宝，和你们一样大，老师非常爱他。有一天，他生病了，王老师却冲他发了火，这是为什么？请听老师写给孩子的一封信（播放《世上只有妈妈好》的背景音乐）。

亲爱的孩子：

现在正是夜深人静的时分，你已甜甜地进入了梦乡，妈妈的心却久久不能平静，思绪一下子回到了下午……

放学的铃声刚一响过，妈妈便第一个冲出了办公室，一路上自行车蹬得飞快，人在路上，心却早已飞到了家中，因为你正生病在家。妈妈好想早点儿知道你的病情，当我气喘吁吁、一步两个台阶地赶到家中，见你正无力地依偎在阿姨的怀里看着电视，小脸早已没了往日的红润，眼神也无精打采的。妈妈的心一瞬间便痛了起来，再听阿姨说你下午不肯午睡，非闹着要看电视。顿时，妈妈心中所有的爱怜和着急全都化成了火气冲你爆发了出来，声音那么响，语气那么重，还发狠说不要你了。这些一定吓着你了，我亲爱的孩子，要不，你怎么像个受惊的小鸟一样，缩在墙角，还不停地哭泣。

现在，窗外月光如水，妈妈静下心来，真是后悔，我怎么能冲你发那么大的火，毕竟你才四岁，还是个孩子。但妈妈真的是为你而心痛，每次你生病，妈妈都恨不能替你揽上所有的苦与痛，你的平安、健康便是妈妈最大的快乐。但愿，孩子，你能理解妈妈，原谅妈妈。

深爱你的妈妈

4月2日夜

① 王琴，于海琴.《我从哪里来》教学实录[J].小学教学设计，2006(Z1).

师：孩子们，为什么不说话？

生（哽咽着说）：老师，我太感动了。

生：我想起了妈妈，她非常爱我，可我有时还要她操心，我真对不起妈妈。（学生抽泣）

生：我以后也要好好爱爸爸妈妈。

师：其实，我们每个人都拥有一位这样的好爸爸、好妈妈。他们爱你、疼你，当你进步时，他们为你高兴；当你犯错误时，他们为你着急；你饿了，他们给你烧可口的饭菜；你冷了，他们为你穿温暖的衣衫……孩子们，爸爸、妈妈这么爱我们，我们又该怎么去爱他们呢？

生：认真学习，上课积极发言。

生：给爸爸、妈妈捶捶背。

生：给爸爸、妈妈洗脚。

生：经常买爸爸、妈妈喜欢吃的东西给他们。

【教学艺术评析】

古人云："登山则情满于山，观海则意溢于海。"品德教学就是要创设一个个具体可感的情境，让学生置身其中，去感悟，去体会，从而培养学生美好的情感。课堂上，教师充分开发了生活的资源，声情并茂地朗读自己写给孩子的一封情真意切的信，用生动形象、真情实感的话语诠释了一位母亲对孩子无私、温暖的爱，字里行间透出的舐犊情深，增强了学生的心灵体验，深深打动了每一个学生，引起了他们的情感共鸣，学生纷纷产生强烈的表达欲望，述说着自己爱父母的行动。"情深方能意切，感人全在真情。"这样的课堂真情流动，充满生命活力，就像一个弥漫着浓浓亲情的磁场。

2. 消退，修正学生肤浅的一面

【典型案例】

特级教师管建刚《作文评讲课》教学片段①

师：欣赏了比较有趣的、优秀的句子，我要给大家挑挑刺。（出示：我气极了，虽然嘴上不敢说，但是心里一个劲地骂老师）

师：这句话通顺。但我要删掉两个词，会删哪两个呢？（出示：删去"虽然""但是"）

师：这两组同学念原句，"虽然，但是"放着。这两组同学，去掉"虽然，但是"念。

师：通不通？（生：通）

师：顺不顺？（生：不顺）

师：你再念一遍，感觉一下。（生念）

师：通不通？（生：通）

① 管建刚. 一堂别开生面的作文评讲课［J］. 小学语文教师，2009（10）.

师：顺不顺？（生：顺）

师：读惯了加关联词的句子，把关联词抽掉，你会不适应。我们写惯了有关联词的句子，一下子抽掉了，也会不适应。不过你多念几遍，会觉得抽掉关联词的句子，更干净、更利索。干净，利索，简洁，那就是一种美。（出示：由于我运动细胞很差，所以上小学一年级，我最讨厌的课程就是体育）（生念删去关联词后的句子，教师板书："关联"病）

师：语言本身，绝大部分的情况下，是流畅的，像小河里的流水一样流畅。不流畅的时候才要用关联词，"联"一下。这种情况不多。我从大家的作文里看到许多同学使用了许多的关联词，我发现，绝大部分的关联词是不需要的，这是一种病，一种常见的病，叫"'关联'病"。（出示两个句子）

师：这两句是好句子，学了"'关联'病"，你们一定知道删去什么会更好？

师：平时你们做不做一道题，叫"关联词填空"？（生：做）

师：都是这道题害的（众笑）。关联词填空就是考试练习，写作文能不用关联词就不用。关联词是语言的胶水。由胶水胶成的东西不值钱。

（接下来依次学习"我"病、"我想"病）

【教学艺术评析】

作文评讲当以正面指导为主，激励为先，善于发现、肯定学生习作中的优点与进步，使他们尝到习作的甜头，产生将习作改好的强烈愿望。管建刚老师深谙此道，在欣赏了学生作文成功之处后，依次呈现学生作文中出现的病句，以及有待提升的地方，让学生在愉悦的心境中，认识到平时作文中的缺失。本节作文评讲课，在"挑刺"环节，管老师引导学生在读读、想想、议议中发现了三个共性问题，即"关联"病、"我想"病和"我"病。从整个过程来看，面对同学（或自己）习作中出现的毛病、问题，学生讨论得津津有味，解决得顺顺利利。这样做，在具体、真实的语句中帮助学生提高对语言的感受、修正的能力，为以后的写作训练打基础，更有助于他们养成认真严谨的学习态度。

3. 维持，促进知识的层级性渐进

【典型案例】

特级教师宋运来《天游峰的扫路人》教学片段①

师：淡淡的星光下面，作者又静静地打量这位扫路人，哪一段？（第 8 自然段）

生：（读）瘦削的脸，面色黝黑，淡淡的眉毛下，一双慈善的眼睛炯炯有神。

师：一读就知道，这一段是对扫路人什么方面的描写？

生：五官描写。

① 邓启萍．巧用教材让学生能说会道：听宋运来教《天游峰的扫路人》[J]．小学教学设计，2014（10）．

师：那你看第一段是对扫路人什么方面的描写？

生：穿着。

师：既然这两部分都是对扫路人的外貌描写，为什么不把它合二为一呢？同学们动动脑筋，看这两段怎样揉在一起变成一段文字，让人听了舒服？

生：瘦削的脸，面色黝黑，淡淡的眉毛下，一双慈善的眼睛炯炯有神。一位精瘦的老人，他身穿一套褪色的衣服，足蹬一双棕色的运动鞋，正用一把竹扫帚清扫着路面。

师：她颠倒了一下顺序。你的组合呢？

生：一位精瘦的老人。瘦削的脸，面色黝黑，淡淡的眉毛下，一双慈善的眼睛炯炯有神。他身穿一套褪色的衣服，足蹬一双棕色的运动鞋，正用一把竹扫帚清扫着路面。

师：比较一下这两位同学，哪种组合让人听了顺耳？

生：第二种。

师：为什么呢？

生：先总述后分述，显得有条理。

师：你们看，"精瘦"一词，后面哪一个词和它相对应？

生：瘦削。（掌声起）

师：围绕着关键的词句说话，才能表达得有条理。那么作者为什么将扫路人的外貌分开来写，先写穿着，后写五官呢？

【教学艺术评析】

外貌描写，是写人习作教学中的必修课。宋运来老师在教学本课时，围绕知识与能力，突出过程与方法，采用逐层强化的措施，努力维持学生积极向上的生长过程。文本中，对扫路人的两处外貌描写各有侧重，学生联系语句知晓了"五官"和"衣着"的写作方法。宋老师让学生将两处描写进行整合，是帮助学生掌握外貌描写的常用构段形式。难能可贵的是，宋老师还引导学生深入探寻文本语言的表达秘密，两处外貌描写之所以分开，是因为和人的正常认知心理结构有关，对初次见面的人，我们通常首先关注的是对方整体印象，深入了解后，才会关注细节。学生在宋老师的循循善诱之下，不但知其然，更知其所以然，在文本深处走了一个来回，抓住了阅读教学本质，彰显了阅读教学的精髓之所在。

【拓展延伸】

强化教学的目标旨归

教师要善于把教学目标进行具体分解，确定每个步骤所保持行为的强度，以使强化的效果能提高到最大限度。

1. 塑造理想的知识结构，形成序列性

斯金纳是第一位对强化问题做出系统研究的人，在他的理论体系中，强化是主要的自变量，他认为行为之所以发生变化就是因为强化的作用，对强化的控制就是对行为的控制。

行为塑造的方法可以用来学习复杂知识内容，是一种通过强化每一个小的进步来达到预期行为目标的有效方法，在教育领域有诸多应用。如教师可以用行为塑造锻炼学生的胆量。如一位学生害怕在全班同学面前讲话，可以先让他在小组里坐着读一份报告，同时表扬他。当他不再害怕坐着读时，就要求他站着读。最后，让他根据课堂笔记到讲台前给全班的同学做报告。在这个过程中，老师和同学对他的包容和鼓励可能就是最好的强化物。不过，不良的行为习惯不会一下子消除。因此，在教育中，教育者应该保有对学生进行长期行为塑造的观念，有意识地逐步培养和巩固学生的行为习惯。而对于学科知识的教学，教师对学生的强化，则是为了突出本课的知识重点，这样的知识重点既是对学生已有知识的回顾，更是让学生能够跳一跳，够到新的“苹果”。

2. 消退不良心境的影响，养成纠错性

在课堂教学中，正强化就是要通过精神或物质奖励，鼓励那些符合课堂教学目的的学生行为；而负强化和自然消退的目的是为了减少和消除课堂问题行为，矫正学生的不良举动，维持课堂教学秩序。

在现实的课堂实践中，往往看到这样一种景象：课堂和作业中出现的错误，常常被忽略了。叶澜教授在《重建课堂教学过程》一文中提到：“学生在课堂活动中的状态，包括他们的学习兴趣、注意力、合作能力、发表的意见和观点、提出的问题与争论乃至错误的回答等，都是教学过程中的生成性资源。”课堂教学是一个动态生成的过程，学生的学习错误具有不可预见性，学生作业中的错误，则是物化的表现，这样的错误又往往是学生思维的真实反映。对待错误，教师应留给学生充分“审视”的机会，细心呵护学生独特的想法，适时、适度地给予点拨和鼓励，使其真正得到发展。学生的错误也是一种很好的教学资源！

3. 维持知识结构的生长，促进生成性

教师要做好强化的最有效的安排，即教师要把非常复杂的行为模式逐渐精致地做成小的单位或步骤，也就是把教学目标进行具体分解，确定每个步骤所保持行为的强度，以使强化的效果能提高到最大限度。

斯金纳程序教学的基本思想是对小学生的正确学习效果必须给予及时的强化，以鼓励小学生继续进行学习。施行强化教学的过程，必须使小学生始终处于一种积极学习的状态。也就是说，在教学中使小学生产生一个反应，然后给予强化或奖励，以巩固这个反应，并促使学习者作进一步反应。宋运来老师在教学《天游峰的扫路人》一文时，针对学生对外貌描写的已有水平，进行引导、强化，从分散理解，到强化综合，再至分散，明晰文字、文本的表现特点、让学生和文本，与作者进行深度对话，教学也就有了生命成长的高度。

五、强化的方法——量体裁衣，量力而为

强化教学的方法选择，必须联系学生已有的知识和理解水平，以及教师的教学擅长点，进行扬长避短，凸显教学的最优化效果。有时，还得针对强化教学的目标达成需求，对教学内容进行深度挖掘，更好地实现强化教学的价值。不同的教学内容，不同的教师，面对不同的教学对象，采用的强化教学方法呈现不一样的风采。

1. 画面唤醒学生形象思维

【典型案例】

特教师王崧舟《慈母情深》教学片段[①]

师：那是一个瘦骨嶙峋的背。孩子们，这是母亲的背吗？在“我”的记忆当中，母亲的背是怎样的？

生：在“我”的记忆当中，母亲的背是结实而挺拔的。

师：然而，“我”现在看到的却是这样的背。（感情朗读）“背直起来了，我的母亲……疲惫的眼睛吃惊地望着我，我的母亲。”转过身来，你看到了一张怎么样的脸？

生：我看到了一张憔悴的脸。

师：这是我母亲的脸吗？在“我”的印象中，母亲拥有一张怎样的脸？

生：一张红润的脸。

师：可是，此时“我”却看到了一张饱经风霜的脸！

师：（感情朗读）“背直起来了，……我的母亲。”你看到了一双怎样的眼睛？

生：我看到了一双布满血丝的眼睛。

师：这是我母亲的眼睛吗？在“我”的记忆里，母亲拥有一双怎样的眼睛？

生：拥有一双十分美丽的、十分精神的、十分大的眼睛。

师：可是，此时“我”却看到了一双疲倦的眼睛！孩子们，带着你的想象，带着你的记忆，带着你的困惑，带着你的疑虑，再读这一句话。（生有感情地读）

师：母亲啊母亲，你那坚挺的背到哪里去了？你那红润的脸到哪里去了？你那明亮清澈的眼睛到哪里去了？

生：被岁月消磨了。

师：好一个消磨呀！看到母亲这样瘦弱，看到母亲这样憔悴，我的鼻子能不为之一酸吗？为了表达慈母情深，这样的句子能少吗？（不能）这三次“我的母亲”能删改吗？（不能）这就叫——

生：语文意识。

---

① 彭勃．诗意因语文而扎实，语文因诗意而生辉：特级教师王崧舟《慈母情深》教学片段赏析［J］．小学教学参考，2008（10）．

【教学艺术评析】

小学生的形象思维占主导地位。小学语文老师应该充分发挥孩子们的思维优势，引导学生借助文本的形象的描述，走进文本的意蕴世界，和作者、文本，以及文本中的人物进行全方位的对话，在有效的课堂时间之内发挥无限的育人作用。王老师在教学时，引导学生联系生活，想象母亲眼睛的变化，帮助学生认识到生活中的母亲因为生活的重担而变得憔悴，令作者，也令读者为之心酸。体验到文本的情感，那么学生也就理解了“我的母亲”四个字所包含的情感，掌握了字词强化的情感。

2. 体验激发学生直觉思维

【典型案例】

特级教师靳家彦《陶罐和铁罐》教学片段[①]

① 师：先请同学们自己朗读课文，遇到生字词查字典解决，把课文正确、流利地读下来。（学生练习读课文，一会儿读书，一会儿查字典，一会儿交头接耳议论，一会儿发出笑声）

师：可以了吗？请交流一下，你喜欢谁，不喜欢谁，理由是什么？

② 生：老师，我提出一个问题请同学们讨论讨论可以吗？

师：什么问题呀，说出来我们听听。

生：铁罐就没有优点吗？铁罐坚固不易破碎这一点不值得陶罐学习吗？陶罐就没有缺点吗？陶罐虽然比铁罐光洁、朴素、美观，但它很容易破碎，这一点铁罐说得并不错。只是铁罐的态度太骄傲了，所以大家不喜欢它。

师：大家讨论一下，铁罐和陶罐各有什么优点和缺点，各抒己见，别被课文限制住，放飞思路，大胆发言。

③ 师：请同学们根据自己的认识编一则寓言，先想好要告诉别人一个什么道理，然后创编一个寓言故事，说明这个道理，给人以启迪和教益。

（生各自开始创编，大约写了 15 分钟）

【教学艺术评析】

《现代汉语规范词典》对“体验”的解释为：① 亲身经历，实地体会。② 通过亲身实践获得经验。可见体验不仅以身体之，更要以心悟之。体验作为一种学习方式，以接近学生的认知模式，是语言和精神同构同生的土壤。靳老师在教学本课的过程中，分层引领，逐层深入，让学生在体验中习得语言表达的密码。“喜欢谁”是帮助学生从文本的角度，畅谈阅读体验；“铁罐有优点吗？”融合学生的生活体验经验，发展学生的批判性思维；编一则寓言是将体验化为表达，体验也就为表达服务，强化体验的价值。

---

① 王志国. 动人心者情为先 一曲“琵琶”韵味长——靳家彦《陶罐和铁罐》教学赏析[J]. 小学语文教学，2008（4）.

3. 描述展现学生言语思维

【典型案例】

特级教师王红梅《记金华双龙洞》教学片段[①]

① 师：这篇游记最显著的写法就是"移步换景"。你们理解这个词语吗？

生：就是指走到一个地方，看到一处景，再走到一个地方看到另一处景色。换个地方看到不同的景色。

师：叶圣陶先生移步去看"双龙洞"这处景，他一路经历过哪些地方呢？让我们浏览课文，用笔圈画出他去双龙洞"移步"的地方。（生自由读课文，标出文章中"移步"去的地方）

② 师：现在就请你读读课文，说说在某处介绍了什么景？

师：请4位学生到黑板上写下关键词。

师：（总结）走到不同的地方，看到不同的景色，这就是——移步换景。

③ 师：看来我们现在有了两种观点，一种赞成"孔隙"是一处景，一种不认为"孔隙"是写景，那到底孔隙这处算不算是"移步换景"中的一处景点呢？让我们仔细读读课文第5自然段，思考一下，再找出支撑自己观点的理由，然后展开辩论！

师：是的，这就是叶圣陶先生用词的一大特点，准确而平实。移步换景，看来不仅可以是——看到的，还有——感受到的，那还有呢？（听到的）

师：是啊，所以"移步换景"我们也可以叫——"移步听景"，还可以叫"移步悟景"。

【教学艺术评析】

阅读教学不仅仅使学生获得文本信息，获得审美体验，还要提升学生的语言能力。王老师以"移步换景"的写作秘密作为本课的教学重点，让学生一步步理解游记的写作特点，并深入作者的内心世界。学生首先以语言描述移步换景的内涵，接着联系课文内容，从景色的角度认识"换"的不同，最后拓宽移步换景的外延。学生的学习过程，借助描述表现自己的收获，从不同的学习角度，强化着相同的学习目标。学生在课堂上既掌握了写的方式方法，更通过外化的言语活动，提高了言语智能。

4. 拓展丰盈学生组合思维

【典型案例】

特级教师盛新凤《如梦令》教学片段[②]

师：光读懂还不够，还要把这一首词读活、读美。古诗词有时候一个词语就是一幅画，咱们

① 王红梅，宋运来．凸显文体特点渗透语文知识：《记金华的双龙洞》教学［J］．小学教学设计（语文品德版），2015（1）．
② 叶刚．读"胖"读"美"读"瘦"：特级教师盛新凤《如梦令》教学赏析［J］．小学教学设计，2010（31）．

再来读读，看看能从中读出哪些画面？（生轻声读词）

生："藕花深处"，我的理解是有好多好多的荷花，一大片。

师：满池都是。怎么美？你能说得美一点吗？

生：下面是绿绿的荷叶，上面一朵朵荷花含苞待放。

师：你想起怎样的句子来了？我们学过《荷花》吧，把其中优美的句子吟诵一句到两句给大伙听听。

生："这荷花有的才展开两三片花瓣，有的全部展开了，有的在风中舞动。"

师：你们仿佛看到了那满池荷花的美景了，是吧？

生："接天莲叶无穷碧，映日荷花别样红。""小荷才露尖尖角，早有蜻蜓立上头。""荷花入暮犹愁热，低面深藏碧伞中。"

师：这就是写黄昏时候荷花的情景的。这个时候，已经是黄昏了，一切都变得朦朦胧胧，"藕花深处"，那是一个清香四溢、色彩缤纷、幽静而神秘的世界。我想这个时候他们肯定是更加陶醉了。来，一起读读。

师：听你们读得有滋有味的，盛老师也想来读一读，好吗？（师深情朗读）

【教学艺术评析】

古诗词以塑造意象为主要的表情达意的方式。作者的想象只有一部分是来自他的阅读，意象来自他从童年开始的整个感性生活的浓缩。读者则必须借助自己的生活经验，填充诗歌意象的内容。教学的要旨，在于充分调动学生的想象，让其在脑海中再现情境、浮现形象、呈现画面，唯此方能解词意、悟词情。盛老师的教学，将《荷花》引入，让学生理解"藕花深处"的生机与活力，拓展写荷花的古典诗句，把荷花这一意象植入学生的脑海。"藕花深处"的秘密也就只有学生自己知晓了！

【拓展延伸】

强化教学的方法

斯金纳的强化理论对当今的学科教学有着深远的意义。在学校教育中，教师遵循学生成长的节律，在不断强化中，引导其孩子们向积极健康的方向发展。强化教学的方法有以下几种。

方法一：再现文字的画面，让孩子感知文字的形象美。

画面感让我们的语文形神兼备，诗情画意。画面感让我们学起语文来豁然开朗，心领神会。画面感是我们走向所有艺术之路的幽径，更是语文教学艺术之径，既美好又快捷。小学语文教学，就应该还原文字描述的画面，充分调动学生优势思维方式，强化学生对文字所描述的形象的感知，领悟精神实质。

方法二：交流阅读的体验，让孩子分享课堂的思辨美。

语文具有很强的"体验性"。语文教学要从学生体验出发。在体验中感悟，在感悟中充实，在充实中成长。努力让学生在自主学习中日积月累，悟得语文学习的方法，获得语文学习中的积极情感，体验语文学习中的乐趣。语文课堂成为孩子们畅谈体验，分享阅读的快乐的家园。也许小学生的体验并不到位，但是教师作为引导者，应当鼓励学生积极体验，纠正学生体验的不到位之处。

方法三：描述学习的收获，让孩子获得言语智能的发展。

描述又叫描写叙述，运用各种修辞手法对事物进行形象化的阐述。描述分为文字描述和口头描述。语文课程的性质就决定小学语文课堂应该是学生理解和运用语言那文字的场所，学生在课堂上或者口头描述，进行表达训练，或者片段训练，展现文字组合的美丽和神奇。学生和老师都可以运用描述，强化课堂的核心教学目标，达成课时的教学任务。

方法四：拓展语文的内涵，让孩子汲取课堂教学的营养。

拓展教学根据教材要求、文本特点、教学目标、学生基础、教师个性，在课堂教学中适时、适度、适量、适情地引入文本背景和相关内容，整合成读写思的教学策略，促进感悟，促成建构。小学课堂，以拓展的方式丰富学习资料，丰满文本形象，强化学生的课堂所得。有效的教学拓展会使学生的语文素养有新的提升，使学生学习的兴趣有新的提高。

知识链接

教学的强化艺术特点

本章以当下一些名特优教师的成功课例，深入探析斯金纳的强化理论在一线教师课堂实践上的呈现方式、作用效果等。分别从强化的类型、功能、过程、时机、目标、方法、原则七个方面进行以案例为索引，反思分析为支撑，突出强化教学的意义和作用。在各分节的结尾进行适度的拓展延伸，寻求当下前沿的强化理论，或者解释说明强化理论在课堂上演绎行为的理论支点。

强化教学的类型简单分为正强化、负强化、自我强化。而实际情况是从不同的角度进行观照会有不一样的划分方法。例如，从课堂教学强化技能角度来看，还可以分为以下几种类型：语言强化、动作强化、标志强化、活动强化等。课堂教学强化技能的类型多种多样，结合教学实践如何合理使用强化技能调动学生学习积极性，达到教学目标？如果我们在教学过程中能够合理运用，那么将取得意想不到的效果。在教学实践中，语言强化是我们使用的最多的，当学生回答问题时，如果能够得到一个肯定性的评价，也就是正强化，那么将树立学生的自信心，为学生将来发展预设一个美好的春天。

强化的主要功能就是按照人的心理过程和行为规律，对人的行为的导向，并加以规范、修正、限制和改造。它对人的行为的影响，是通过行为的后果反馈给行为主体这种间接方式来实现的。人通过反馈的信息，主动适应客观刺激，以调整自己的行为。行为的强化或消退，其关注物都是强化物，前者是加以关注，后者是移出一个行为的强化物。在中小学教育教学中，采用斯金纳的“行为修正理论”是否会收到良好的教育效果呢？关于这个问题只能从教师的教学实践中去寻求答案。

对于强化的过程，应该体现“浪漫—精确—综合”的教育学规律，这就关乎强化时机的选择。针对学情、教师的预设等因素的考量，强化教学时机的确定有及时应答型，也可以采取递进巩固，专注于一课一得。强化教学的目标，就是为了向学生展现教材中最为美丽的一面，帮助学生沿着文本提供的理想之路走得更远。不同的教学内容，不同的教师，面对不同的教学对象，采用的强化教学方法呈现不一样的风采。学生的思维形态，以及发展阶段是我们选择适切的强化方法进行教学，关注学生的形象思维、抽象思维和逻辑思维的发展水平，科学利用学生的思维优势。教无定法，但是有规则可循。强化教学的形式多样，但是客观性、一致性、效能性、及时性，是我们的课堂实践必须要遵循的不二之法。

在教育心理学中，强化是行为主义学习理论的一个重要部分。教师在课堂教学中采用的强化，可分为外部强化和内部强化，前者是由教师施予学生身上的强化手段，后者则是自我强化，即学生在学习中由于获得成功的满足而增强了学习的成功感与自信心，从而增强了学习动机，有时甚至自觉采用强化手段进行自我强化，巩固所学知识。而强化教学是教师灵活地运用强化物，掌握强化的频率，施予学生身上的强化手段和步骤。如果把强化理论转化为教学理论，运用于教学之中，则有助于教学目标的实现、教学效率的提高和学生行为的塑造。

第九章 特级教师教学的调控艺术

导读

在课堂教学过程中，由于学生个性的差异和其他很多不可控的因素，往往会出现意料不到的情况，这就要求教师根据教学的目标和学生的实际情况，遵循“控制论”的原理，及时灵活地实施有效的调控，使课堂教学环节张弛有度、别有情致，教学过程健康有序。而课堂教学艺术的恰当运用能够起到事半功倍的效果，能够让学生真正地喜欢学习，走进课堂，融入课堂。课堂教学的有效调控有利于提升教师的课堂理念，完善自我的知识架构；有利于激发学生的学习兴趣，提高课堂互动的热情；有利于优化教学的各环节，提升课堂教学质量。

教学前的设计能力、教学中的调控能力和教学后的评估能力，是教师从事教学必不可少的三大能力，而最难把握的是教学中的调控能力。现代教育不仅要求一名教师会备课还要自觉运用控制论原理组织课堂教学活动，即要求一名教师要学习一定的课堂教学的调控技巧，实现“以学生为主体，教师为主导”的课堂教学。那么特级教师在课堂上是如何运用课堂教学调控艺术的呢？本章探讨的教学调控艺术主要有教学目标的把握、教学节奏的控制、教学结构的调整、教学信息的重组等。

一、教学目标的把握——让课堂教学有本可依

教学目标的准确把握是实现有效教学的决定性因素。读霍懋征、于永正等名师的一个个课例，他们对教学目标的准确把握，让我们看到语文教学也可以是“清清爽爽一条线”。

1. 开门见山，统照全文

【典型案例】

特级教师霍懋征人教版四年级上册《桂林山水》教学片段[①]

师：今天我们学新课（板书：看图学文）看图学文，首先要学习看图。应当怎样看图呢？

生：要仔细观察。

师：对。先要仔细观察，然后把看到的写成文，也就是学习怎样看，怎样写的问题。

师：今天要看这样一幅图（指图“桂林山水”）大家读标题。

生：桂林山水。

【教学艺术评析】

霍老师在教学《桂林山水》一课时，开门见山，直奔主题。课始即奠定了这节课学习的基调：学习“看图学文”的方法，接下来的每一个环节，孩子们则按照这样的思路，学习按照一定的顺序观察图文，在文本的熏陶下学习表达。教学目标开门见山，即统照全文。

2. 目标引领，凝神聚气

【典型案例】

特级教师霍懋征人教版六年级上册《我的伯父鲁迅先生》教学片段[②]

师：刚才同学们讲了《我的伯父鲁迅先生》，这课是写鲁迅先生的几件具体事情，咱们先听听第一件写的是鲁迅先生的什么事。

（听录音：课文的第一段）你们说说第一段主要写的什么事？

生：主要是说周晔的伯父鲁迅先生逝世了，许多人都给他送了花圈和挽联，周晔再也得不到伯父的抚爱了，所以眼泪一滴一滴地掉下来。

生：主要讲的是作者很小的时候，他的伯父鲁迅先生逝世了，他觉得鲁迅先生非常受人爱戴。

师：还有别的吗？

生：周晔同志的伯父鲁迅先生逝世以后，他和广大群众一样，心情非常沉重。

---

① 李少萍编．见证小学语文教学：名师　名课　名主张［M］．太原：山西教育出版社，2014.

② 同上。

师：现在把书打开，读一遍，想一想，这一小段里作者在回忆鲁迅先生时重点讲了一件什么事情。齐读第一段。

师：作者在这段里表达了他自己思想感情的变化，开始以为伯父跟任何人的伯父一样，后来难过了，她为什么有了这个变化？她看见了什么？想到了什么？这段重点讲的是什么事呢？谁从第二句开始读一读？

（生读“伯父去世了，……为什么伯父得到这么多人的爱戴”）

师：停。这段说的是什么事？体会体会。

生：作者看到伯父死后有这么多人给他吊丧，感到十分惊异。

师：来吊丧的人多，你从哪儿看出的？从课文中找一找，读一下。

生：“我呆呆地望着来来往往吊丧的人。”

师：好，来来往往代表人多，还从什么地方看出来人多？

生：“数不清的挽联挂满了墙壁，大大小小的花圈堆满了整间屋子。”

师：哪个词表示来的人多呢？

生：“数不清”“堆满了”这两个词表示人多。

生：“送挽联花圈的人有工人，有学生，各色各样的人都有。”各色各样的人都有，表示来吊丧的人多。

生：“伯父死了，他的遗体躺在万国殡仪馆的大礼堂里，许多人都来向他致敬。”“许多人”说明人多。

师：好，你们都找对了。下次看书应该这样看，你们把这段再读读。（生齐读）

师：停。从这段的重点部分看，这段主要写了一件什么事情？用一句话说出来。

生：鲁迅先生逝世以后前来吊丧的人非常多。

师：对了。第一件事情告诉我们鲁迅先生逝世以后，前来吊丧的人很多。

师：（板书：吊丧的人多）再考虑除了人很多还有什么？

生：送挽联花圈的有工人，有学生，各色各样的人都有，说明来的人不仅多，而且范围广。

师：不但多和广，你们再考虑人们的表情怎样？

生：有的人甚至失声痛哭。

师：那说明对鲁迅先生的感情怎么样？

生：感情深。

师：好。这是说来的人，不仅人数多，范围广，而且感情又很深。想想，这件事说明什么问题呢？

生：说明了鲁迅先生在世时深受人们的爱戴。

师：受哪些人的爱戴呢？

生：受所有人的爱戴。

生：受很多人的爱戴。

生：受许许多多人的爱戴。

师：把许许多多用两个字表示。

生：受无数人的爱戴。

生：受广大人民的爱戴。

师：好，都行。简单地说鲁迅逝世后前来吊丧的人很多，说明了鲁迅先生在世时受到广大人民群众的爱戴。（板书：受爱戴）

【教学艺术评析】

这是一篇记事写人的文章，通过五件事描写了鲁迅的高尚人格。霍老师对这节课的教学目标把握非常清楚：让学生了解五件事的梗概，通过品词析句了解文中人物的心情、品格等，并流畅地表达出来，达到工具性和人文性的完美结合。霍老师带领学生逐个故事进行品读，师生对话轻松自然。只有教者对目标准确地把握了，才能做到“咬定青山不放松”，一以贯之进行课堂教学。

3. 含而不宣，指向长远

【典型案例】

特级教师于永正苏教版四年级《“番茄太阳”》教学片段[①]

师：板书课题，同学们跟着书空。

师指导：（写到茄时）要注意“口”上宽下窄；（写到阳时）注意耳朵旁的写法。

师：对于老师的板书有意见吗？

生：要加引号。因为番茄太阳不是真正的太阳，所以要加引号。

师：谢谢你的提醒。（师加引号）

师：预习了吗？预习得很充分吗？那看老师写一个字。

（生看老师写“戚”字）

生：读“戚”。

（师强调第一声）

师：如果在“戚”前面加一个字，（师加“亲”）读音就要变化了，读轻声。

生：读“亲戚”。

师：把“亲”读重，亲戚自然就亲了。

师：谁也没读含有“亲戚”的一句话。

师：过年时你去过哪些亲戚家？

生：我到过姑妈、大姨家。

师：像姑妈、大姨等就是亲戚。

---

① 于永正，李兴举，仝伟伟.《“番茄太阳”》课堂实录及评析[J]. 小学语文教学，2012（15）.

……

师：下面请同学们读课文。读课文最重要，特别是朗读。

……

师：刚才你们读时我很认真地听，把你们的优点都记下了，不足也给你们提出来了。你们也要像我听你们朗读一样，认真听我读课文。

……

师：此时，你就是作者卫宣利，替她表达，替她说话。

（生自由练读）

师：（读的过程中，于老师指着一个女生说：她的表情太丰富了，读得太投入了，请给她一个特写）慢慢读，欣赏着读，用心读。书中有无限的风光，只有好好读才能读出味道来。

【教学艺术评析】

于永正老师在《“番茄太阳”》的教学中，从课题板书开始，一直到结束，没有明确地说，教学目标是什么，但是他以自身为表率，和学生一起练习读准音，写好字，理解义，读出情。将学生语文素养的提升落实在课堂的每一个环节，长期在这样的语文课堂中，学生也必将打下坚实的语文功底，受益终身。

【拓展延伸】

教学目标的把握

布鲁姆指出：有效的学习始于准确地知道要达到的目标是什么。教学目标的模糊性，会导致课堂教学行为的无方向性。如果把教师上课比作大海航行的话，那么，有着明确的航向，舵手则有的放矢，更容易达到理想的彼岸。教学目标就是课堂学习的最终航向目的地。

教学目标的把握体现了特级教师们对文本解读的深度，对人才培养的方向，以及对教育生成的灵活应对。

首先，目标定位要准。针对目前教学目标设定和表述上存在的内容复杂化的倾向，我们提出目标定位要“准”的要求。比如，王晓春老师将《田园诗情》第一课时教学目标制定为①：

（1）学会描写草原和动物的生字词语，能有感情地朗读课文第 2～4 自然段。

（2）借助文本语言，依托画面展开想象，能按一定顺序介绍草原美景，感受荷兰草原的美丽。

（3）通过抓关键词的方法体会草原上牲畜的自由、快乐。

三个目标分别在一课时的三个教学板块中完成，因为目标明了，教学过程亦清爽干净。

其次，目标定位要稳。在一堂课中，会有很多的教学环节，如果目标定位不稳，则可能导致教学目标无意间的错位。所以，有了准确的目标定位后，教学环节要紧紧围绕教学目标，不能“处处留情”，而处处不着力。比如，王晓春老师在以上的教学目标定位后，设计了以下三

① 王晓春．简约课堂为语文教学全方位“瘦身”：苏教版《田园诗情》教学例谈［J］．中小学教学研究，2015（3）．

个教学环节：一是“预习检测，初识田园”。意在通过检测预习任务，让学生读准描写草原和动物的词语或短语。从而让学生初步感受荷兰草原的美、荷兰动物的悠闲。二是“走进草原，品读景美”。意在通过文本语言的朗读学习，让学生能根据画面展开想象，将文本语言重组，并按一定顺序介绍草原，感受草原大而美。三是“走近牲畜，感悟悠闲”。意在教会学生通过抓关键词的方式来感受草原上牲畜的自由快乐。三个教学环节对应三个教学目标，前后一致，方向明了。

再次，目标定位要远。有一种课，看似平淡，没有精巧的构思，没有夺人的亮点。但是，听、说、读、写，步步到位。学生在这样的课堂上，或者在这一类的课堂上，不知不觉地形成了变化，既有知识技能上的提高，也包括精神意识上的变化。他们渐渐地被“熏”得有底气，有素养。像于永正、贾志敏等老一辈特级教师们，不论在哪一节课上，都在向我们呈现着这样的教学目标，这样的教学目标是面向未来的，面向学生终身发展的。

二、教学节奏的控制——让课堂教学充满美感

节奏是一种与韵律结伴而行的有规律的变化，自然、社会和人的活动都是有节奏的。合理控制课堂教学节奏，将使课堂教学不仅有效而且充满美感。很多特级教师善于控制教学节奏，使课堂张弛有度，与学生学的节奏合拍振动。

1. 节奏体现在时间长短处

【典型案例】

特级教师郝玉梅《青蛙看海》教学片段[①]

师：就在青蛙失望的时候，第三个人出现了，它就是——松鼠。松鼠是怎么带着青蛙一级一级跳台阶的呢？想不想读？

生：想——

师：（神秘地）接下来我们举行抢读比赛吧。

生：（很好奇）怎么抢读？

师：怎么抢读呢？这儿有七个自然段，我们自己先练读一下，把松鼠和青蛙说话的语气和跳的样子读出来。待会儿，你确定哪一句读得最好就抢读哪一句。

（生积极准备）

师：谁确定读好松鼠的话。

生：（抢读第 4 自然段）

师：听了他的朗读，你们看到了一只什么样的松鼠？

生：一只热情、爱鼓励人的松鼠。

① 郝玉梅，王树华．让儿童用喜欢的方式学习——《青蛙看海》教学录评［J］．语文教学通讯，2016（30）．

师：你的朗读让别人听出是一个什么样的角色，说明你读得很成功哦！

师：青蛙怎么说的？谁来读！

生：（抢读第 5 自然段）

师：此时，这是一只什么样的青蛙？

生：失望的青蛙。

师：松鼠又是怎么说怎么做的？

生：（抢读第 6 自然段）

师：松鼠多会鼓励人啊！“阶”是个生字你也读对了，小朋友们一起读一遍。

生：齐读“阶”

师：“阶”左边的偏旁像不像一层一层的台阶？对，“左耳刀”就表示“台阶、小山”的意思。

师：谁确定读第七节？

生：（抢读第 7 自然段）

师：现在青蛙心情怎样？

生：有信心了。

师：自信满满地再读一遍。

师：第八小节，谁来读？

生：（抢读第 8 自然段）

师：松鼠真会鼓励人。第九小节！

生：读。

师：难不难？

生：不难！

师：还有一节，大家一起读！

生：（兴奋地）齐读。

【教学艺术评析】

40 分钟的课堂如何合理调控？时间的安排非常重要。针对《青蛙看海》这篇童话故事的语言特点，郝老师对 4～10 自然段中人物的对话采用“抢读比赛”的游戏朗读法，既缩短这部分的教学时间，又激发起学生积极参与的兴趣，课堂节奏张弛有度。

2. 节奏体现在目标的主次处

【典型案例】

特级教师郝玉梅《台湾的蝴蝶谷》教学片段[①]

师：小蝴蝶们，你们是怎么到蝴蝶谷去的呢？

① 郝玉梅．这里非常迷人：《台湾的蝴蝶谷》教学实录［J］．小学教学设计，2015（13）．

生：我们是飞过花丛，穿过树林，越过小溪，赶到山谷的。

师：那就让我们一起飞向蝴蝶谷吧。

（大屏幕分别出示蝴蝶飞过花丛，穿过树林，越过小溪，赶到山谷的 Flash 画面。师生一起随着画面的变换表演动作）

师：这是花丛，我们怎么过去啊？

生（齐说）：飞过去的。

（师生一起做“飞过花丛”的动作）

师：哦，我们飞过花丛。

师：这是哪里呀？

生：树林！

师：树林里的树木可茂密了，小蝴蝶们可要注意美丽的翅膀哟！我们怎么过树林呢？

生：（有的把翅膀向身后收缩，有的则侧过“翅膀”）穿过树林！

师：来，我们一起做做“穿”的动作！对，这就叫“穿过”。

师：现在到哪里了？

生：小溪。

师：小溪里的水可凉了，可小心别掉下去哟！怎么过小溪呢？

生：越过。

师：越过小溪是什么样子？我们一起做做越过的动作。

（师生一起做“飞越”的姿势）

【教学艺术评析】

该着力处，重锤出击。学积累描写蝴蝶不同飞行姿势的词语，感受大自然的美丽与神奇，是文章的重点。郝老师在此处舍得花工夫，引领孩子读、说、演、议，充分走进了文字，走近了台湾的蝴蝶谷。

3. 节奏体现在语言变化处

【典型案例】

特级教师王崧舟《普罗米修斯》教学片段①

师：很好，孩子们你们一定已经发现，其实刚才你所读的正是这个故事的大概、梗概、主要内容，是吗？但是（声音延长），假如（略带思索）我们这个神话故事真的写成这个样子，你还愿意读吗？你还喜欢读吗？你还能够充满想象、身临其境地读吗？（每一个问都稍停会，等生给出反应后再问）为什么？

生 1：如果这样写的话，不生动了。

① 王崧舟，张卫其．钟声出寒山，经典传千年［J］．江苏教育，2010（1）．

师：不生动了！为什么？（轻轻地问）

生2：如果这样写的话就不真实了。

师：好，为什么？

生3：如果这样写的话那就不具体了。

师：它就不生动；它就不真实；它就不具体了。（音调上扬，语速快）看来要想充满想象，身临其境地读还得读那个原文。（再次放慢，重音停顿重点在原文二字上）读那段生动具体、原汁原味的故事，是这样吗？

【教学艺术评析】

语速的快慢，语调的高低，声音的长短，在这样有节奏的变化中，孩子们随之思考，随之沉吟，随之激动，随之驶向青草更青处，这样的语言的变化，充分拨动起孩子们情感的浪花，也给听课者一种艺术的享受。

4. 节奏体现在师生互动处

【典型案例】

特级教师王崧舟《枫桥夜泊》教学片段①

师：请大家打开课文，读一读这首诗，自由读，反复读，一直读到清爽了、顺口了为止。

（生自由反复朗读诗歌）

师：读得很专心、很投入，很好！读书要的就是这种状态！谁来读一读这首诗？清清爽爽地读。

（生朗读全诗）

师：读得不错！字字有交代。比如，"愁眠"的"愁"是翘舌的，"寒山寺"的"寺"是平舌的，真是读得一丝不苟！谁再来读一读，不但清清爽爽地读，而且有板有眼地读。

（生朗读全诗）

师：有味道！不用我说，大家一定听出了这首诗的节奏和韵律。来！我们一起读！怎么读呢？每句诗的前四个字你们读，后三个字我来读。

（师生合作朗读完全诗，全场掌声）

师：好！味道出来了。我们再读一次，现在，前后顺序调换一下，我读前四字，你们读后三字。

（师生再次合作朗读全诗）

师：味道更浓了！我们连起来读，我读题目和作者，你们读诗歌，注意那个节奏，那个味道。

---

① 王崧舟，刘敏威．千年的钟声，千年的文化：《枫桥夜泊》教学实录及评析［J］．黑龙江教育（小学文选版），2010（5）．

（生齐读诗歌）

师：读诗，不仅要读出节奏、读出味道来，更要读出感觉、读出情绪来。如果请你用一个词来表达你读完这首诗的感觉，你想到的是哪个词语？

生1：愁绪满怀。

师：好！这是你的感觉，你可以把这个词写在课文边上。

生2：孤独。

师：孤独，写下来。还有不一样的感觉吗？

生3：静。

师：静？与众不同。什么"静"？

生3：安静。

师：比安静更准确的一种"静"？

生4：宁静。

师：我建议用"寂静"，寂寞的"寂"。行吗？好的，我们继续用词语捕捉自己的感觉。

【教学艺术评析】

互动的课堂摒弃了教师"一言堂"所造成的枯燥、沉闷，在指导学生读出诗人的心情时，王老师充分尊重"诗"的特点，引导学生反复朗读。首先让学生自由朗读，把诗读"清爽"，读通顺，再通过师生互动朗读的方式朗读：学生读前四个字，老师读后三个字，再由老师读前四个字，学生读后三个字，最后，师生一起读。在老师参与下的一遍遍朗读中，诗中所传达的情绪跃然纸上，萦绕在课堂上，师生关系也在这一遍遍的合作朗读中融洽起来。

【拓展延伸】

教学节奏控制的艺术

教学是一门艺术，而教学节奏是教学这一门艺术中，比较显性的艺术。教学节奏把握得法，一堂课就会像一个孩童，活泼地，自然而快乐地生长。所以，教学节奏必须是符合人的生命节奏的。比较常用的有时间的节奏、目标的节奏、语言的节奏、互动的节奏等①。

时间的节奏。即一节课中，教学时间长短的合理分配。根据儿童心理学，小学生集中注意的时间很短，所以，教者必须把时间进行分割，概括性的，或者难度较低的教学内容所用时间要短，而教学重点，难度较高的教学内容所安排的时间需长。比如，王崧舟老师在《普罗米修斯》一课的教学中，时间的节奏就非常明显，概括课文内容的板块，快速浏览、反馈，而在品味人物形象，产生共情的板块，浓墨重彩，而在情感升华，读写结合的板块，又用了介于前两者之间的时间。

① 纪大海．论教学节奏［J］．中国教育学刊，2000（4）．

目标的节奏。如果说时间节奏是显性节奏，那么目标节奏则应该是隐性节奏。它是在教者充分把握教学目标的基础上，根据教学目标对基础目标、核心目标和情感目标等进行合理的划分后，辅之以不同教学时间和教学环节，使课堂节奏张弛有度，有秩序行进。比如特级教师的课例中，他们都舍得花大量的时间，带领学生想象、补白、交流、朗读、感悟……在目标的主要着力处停一停，切磋琢磨，虚心涵泳，使教学目标主次分明，课堂节奏张弛有度。

语言的节奏。是教学过程中教师语言的抑扬顿挫，语调的高低起伏等所形成的变化。小学生的形象思维占优势，变化的东西更容易吸引他们的注意力。特级教师在不同的课例中，所展现的特有的语音、语调、语速的变化时时牵动着学生的心，而这样的变化，因为与教学内容的合拍，而使课堂呈现出一种共振的协调感。

互动的节奏。即教师和学生在教学过程中教学形式的变化。在特级教师的课堂上，有教师引导下学生个体的冥思默想，有教师和学生亲密无意的合作朗读，有针对教学难点的步步追问，有情感升华处，学生的情感生发。课堂上师生互动的变化，使课堂不会因为一种形式而使学生产生审美疲劳，反而，师生不同形式的互动，往往使学生手脑并用，使课堂更显生命的活力。

三、教学结构的调整——让课堂教学更有童味

教学有法，但无定法。特级教师们一般有着自己鲜明的教学思想，他们的课堂教学结构会随着学生、教材等因素的不同而适时变化调整。

1. 以生为本的结构，课堂有生气

（1）来自学生的质疑，吸引力强。

【典型案例】

特级教师朱乐平《点与点的位置关系》教学片段[①]

（师出示问题：小明家离学校 350 米，小红家离学校 550 米，小明家与小红家之间有多少米？要求每个同学独立思考，安静地解决问题。学生先独立尝试解决问题）

师：这个问题有好多同学已经很快解决了，谁来汇报你的解决方案？

生：550−350 = 200（米）。

（学生用手势表示学校和小明家在一条线段上）假如左端是学校，右端是小明家，中间相距 350 米，这是学校，这是小红家，又相距 550 米，550 米减去 350 米就是两家之间的距离。

（学生没有说明三个点在同一条直线上）

生：我有疑问。我觉得刚才同学的想法可能不对。也可能是 550+350=900（米）。

（说着开始画图）

师：大家觉得这种想法有道理吗？

① 俞军 . 妙用“三疑”以“疑”激“思”——赏析特级教师朱乐平经典课例中的启迪艺术［J］. 小学教学（数学版），2016（12）.

生：有！

师：太好了！这个同学真棒！

生：我也有疑问。我觉得刚才两位同学的想法可能都不对。也可能既不是 200 米，也不是 900 米，而是另一个距离。

（说着也开始画图）

师：大家听懂他说的了吗？说得对吗？

生：听懂了，很有道理！

师：的确有道理！这个同学棒极了！

（经过一番互动讨论，师生共同得到“小明家与小红家最近相距 200 米，最远相距 900 米”。得到这样的结论后，学生一时没有什么分歧意见了。师出示新的问题，让学生准备解决下一个问题。这时一个学生又开始疑惑了）

生：朱老师，我觉得还是有可能小于 200 米的，（学生在黑板上板书）因为这里是学校，这里是小明家，然后小红家去学校的路可能是弯的。（如下图）

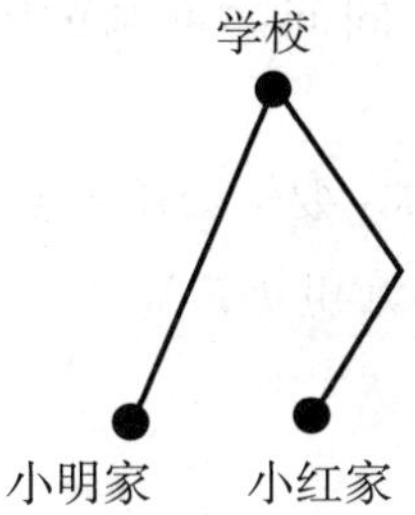

这样子的话小红走的路就要比小明走的路多，如果它们（指两家）很靠近的话，也有可能是小于 200 米的。

师：这个有道理吗？

生（齐）：有。

师：这个同学很会思考！如果原题中给出的“离学校 550 米”不是指直线距离，而是有转弯的，是指折线的长度，那么这个同学所说的情况就有可能会发生。而我们通常情况下所说的“离学校多少米”“相距多少”指的是“直线距离”，也就是两点之间的距离。好，这位同学很厉害，他不断地在思考可能的情况，咱们都应该向他学习！

【教学艺术评析】

在思维的分歧处鼓励“质疑”。以上教学片段，有力地印证了巴尔扎克曾说过的一句话：打开一切科学的钥匙，都毫无疑义的是问号，我们大部分的发现，都应归功于“为何”。因此，朱老师总是紧扣学生意见的分歧处、思维的矛盾处，抓住最佳教学时机，“开其意，达其辞”，真正强化了学生学习的内驱力，适时地点燃起学生求知的火花。一句话，来自学生的质疑，教学内容才会紧紧吸引学生。

（2）基于学情的调整，趣味性浓。

【典型案例】

特级教师张勤坚小学信息技术三年级《初识画图》教学片段[①]

师第一问：谁用电脑画过画？（孩子们齐刷刷举起了自己的小手）

师第二问：你们能自己找到（打开）画图软件么？（巡视发现：约三分之二的孩子迅速打开画图软件，并马上开始尝试画画了）

师补充要求：还没找到画图软件的小朋友，可以看看旁边同学是怎么找到的？也可以主动问一下同学。（一分钟之后，所有孩子都顺利打开了画图软件）

师任务落实：现在就请开始画一画你最想画的东西吧！（学生自由绘画 20 分钟，老师巡回个别指导）

教师行动：巡视过程中把优秀作品用手机抓拍并即时传输到教师电脑。

展览交流：随机打开学生作品，问问："谁画的呀？""画的什么呀？""用什么工具画的呀？""为什么要这么画呀？"

结束上课，并提出下一堂课的要求：要学会用更多的绘画工具画出更好看的画，还要学会保存，并自己把作品传给老师（学会交流和分享）。

【教学艺术评析】

课前备课，是严格按照教材进行设计的，因课上的第一问而做出重大调整，"临时起意"改为"大家随意画"（随意不是随便，仍需要教师的有效引导），这是基于儿童学习现状的灵活改变。

这种即时改变，一是基于学生的学习现状——几乎所有的孩子都在电脑上涂鸦过，说明"数字土著"对数字化学习工具的认知，已经远远走在了教材的前头；二是基于对教材的深刻理解——教材所呈现的教学内容必定是完整和有序的，但学习的历程却绝非只有唯一路径；三是基于教师对目标、内容和学情的整体把握——孩子们有如此表现，老师又何必拘泥于教材，因此，像"怎么打开画图和关闭画图软件"，"怎么用铅笔和刷子绘画"等简单的技术性问题，完全可以大胆"忽略"。

调整之后的课堂，孩子们用各自的画笔任意发挥，他们的"画作"可以说是精彩纷呈、趣味十足。

---

① 2016 年度苏州市名师发展共同体教学研讨活动示范课．

2. 教师参与，更上层楼

【典型案例】

特级教师周卫东《认识百分数》教学片段[①]

师：清楚了百分数和分数的关系，我们来研究第三个问题——有了分数，为什么还要有百分数？大家互相说一说。

出示任务三：哪一种罐头的质量好？

	抽查箱数	合格箱数
甲牌	50	43
乙牌	60	52
丙牌	70	60

师：我发现好多同学在皱眉头，为什么？

生：不好算。

师：先说说应该怎么来解决这个问题。

生：算合格的占抽查箱数的几分之几，然后比较三个分数的大小。

师：在比较时你有什么感觉？

生：太难了。

师：是的，看得出，你们都是在硬通分，还有更好的方法吗？

生：统一成百分数。

师：统一成百分数有什么好处？

生：好比较，分母都是100。

师：怎么把这样的分数化成百分数呢？

生：用分子除以分母，把分数转化成小数，确认保留几位小数位后，乘以100，得数加上%就变成百分数了。

师：我们经历了复杂的、不好比较的过程，更好地体会到了百分数的作用。现在谁来说说，为什么有了分数还要有百分数呢？

生：在分数不好比较时，先统一成相同的计数单位，然后再比较。

师：太了不起了！为大家点赞！此时，这个统一的计数单位是什么？

生：百分之一。

① 方芳．让数学学习向纵深处漫溯——特级教师周卫东《认识百分数》一课的教学赏析[J]．江苏教育，2018(81)．

【教学艺术评析】

为什么有了分数，还要学习百分数呢？不学习不可以吗？在突出百分数相较于分数的优越性时，无论是人教版教材还是苏教版教材，使用的例题看似不同，但内在本质都是一样的：化成分数进行比较时，公分母恰巧就是100，这样的题材太过巧合，人为的痕迹过重，不能把学生置于一个矛盾冲突之中，从而不易使他们感受到百分数“不可替代”的作用。

试想，通分后公分母如果是300，是不是也要创造一个三百分数？此环节中，周老师创设了一个趋于真实的情境，让学生在冲突、悱愤的状态中皱眉、苦思，从而顿悟到百分数产生的必然，一个新知在教师的导引下就这样诞生了。

3. 师生共进，引发共鸣

【典型案例】

特级教师魏洁《9加几》教学片段①

师：看老师在黑板上是怎样操作的，把你看到的说出来，并且能提一个数学问题。听懂了吗？

生：盒子里有9个苹果，盒子外有4个苹果，一共有13个苹果。

师：有意见吗？

生：我觉得他算得很好，4借一个1给9，所以4还剩3，9就变成10，10加3等于13，所以算成13。

师：在座的能听懂的小朋友举手。我好像听不懂，所以我不举手。

生：听不懂。

师：但是我听懂了第一个小朋友说的，她说盒子里有几个苹果？（9个）盒子外面有几个苹果？（4个）然后她说一共有几个苹果？（13个）有人认为有13个，有人认为有14个，没关系。实际上她给我们提了一个问题，问我们一共有多少个。要解决她提出的问题，你用什么方法能算出来？

生：加法，9+4=13。

师：哎呀！你喊出了一个答案，让我糊里糊涂的，因为我不知道这个答案对不对。9+4是不是等于13呢，我得打个“？”这个算式能看懂吗？

生：能。

师：对，是将两个部分合起来。那你们说结果等于13是怎么算的呢？

生：因为我在家里学过。

① 王远庸.数学是思维的体操——听特级教师魏洁执教“9加几”的教学感悟［J］.小学数学教育，2016（24）.

师：那你将在家里学过的方法讲给我们听，你也来教教我们。

生：……

师：9+4 等于 13，你是硬记下来的，你的记忆力真好。可是魏老师记不住，谁来教教我，有什么好的方法呢？

生：先算 9+4，得 13。

师：我想问这 13 是怎么得来的。待会儿我们想出来再说，好吗？

【教学艺术评析】

数学思维并不是不可捉摸的东西，而是实实在在地渗透于具体的数学活动之中，这具体的数学活动既包括“问题解决”，也包括基础知识与基本技能的学习。在结合教材情境图了解实际问题之后，魏老师引导学生观察自己摆放苹果的实际操作，尝试提出一个数学问题，激活学生思维。面对 9+4 这一新的内容，绝大部分学生对如何计算觉得困难。魏老师首先放低自己的身段，“我好像听不懂，所以我不举手”，让学生感到老师也有学习困难需要自己的帮助，从而增强思维的动力。“你喊出来一个答案，让我糊里糊涂的”，魏老师及时表达自己的“疑惑”，激发学生思考的内驱力。“你也来教教我们”则是教师鼓励学生表达自己对于这一计算方法的初步认识和理解，以更好地掌握学生的认知起点。上述教学，教师在一步步“后退”，学生在一步步“前进”，教师一直在向学生寻求“帮助”，学生学习的主动性得到激发，激起数学思维的兴趣。

【拓展延伸】

教学结构调整的艺术

教学结构是指在一定的教育思想、教学理论和学习理论指导下的，在某种环境中展开的教学活动进程的稳定结构形式，是教学系统四个组成要素（教师、学生、教材和媒体）相互联系、相互作用的具体体现①。

传统的教学结构往往有两个极端，一种是教师为中心的教学结构，教师“一讲到底”，忽视学生的主观能动性。一种是学生为中心的教学结构。缺乏教师的点拨，导致学生只能在一个水平面上滑行。我们在当代很多特级教师的课堂上，可喜地看到了“教学并重”的教学结构。

以学定教的结构。我们应该永远记住学生是学习的主人。课堂教学应该起始于学生的兴趣点，学生的疑问处。上面的课例中，老师们从梳理学生对课文的疑惑处入手，课堂以学生的问题为中心展开教学活动，因为学着的，讨论着的，是自己提出问题，所以，学生的注意力时时跟着老师，跟着问题。

以教导学的结构。教师虽隐居于幕后，但是，由于学生的年龄特征和认知水平的限制，教

① 詹慧芳．课堂教学结构新探讨[J]．教育教学论坛，2015(16)．

师因时时关注课堂。在问题无进展时，"推"一把，在学生有疑问时，"点"一下，在课堂进程需深化时，"挖"一下。

总之，课堂教学结构的优化、调整，需要在教师深入把握教学重点，合理安排各教学环节的基础上，针对教师、学生、教材、媒体等多方因素，有序进行。

四、教学信息的重组——让课堂教学开放自如

说到薛法根，人们就会想到他如"邻家大哥"一样的亲和力。其实，看他的多个课例，不仅仅是教学结构的不急不慢，更有他面对不同教学信息时处理的淡定和智慧。如在他的经典案例苏教六年级上册《爱如茉莉》一课中，他对生成的教学信息的灵活应对和巧妙转化，使我们看到他的课堂开放自如，充满生命的质感。

1. 转化不利信息，体现真实过程

【典型案例】

薛法根苏教六年级上册《爱如茉莉》教学片段[①]

板书：

平淡无奇　　洁白纯净

缕缕幽香　　袅袅清香　　爱如茉莉

弥　　漫　　诗　　意

师：这些词语哪些同学来读？

（指名读，齐读）

师：这三组词语都和茉莉有关，茉莉是什么样的？在同学们心中是什么样的？用上一两个词语来描述，说一句话或者两句话。

生：我心中的茉莉，平淡无奇，开出的花缕缕幽香。

师：开出的花散发出缕缕幽香，要不别人听不懂，再说一遍。

（一学生描述，用了三个词）

师：词语在运用中才能会用，才能变成自己的语言。还能说吗？

（生用上了平淡无奇、洁白纯净、诗意）

师：谁能说得更具体一些，更丰富一些。

（生用上了六个词语，师表扬）

师：能说两句话吗？只要开口说话，老师就高兴。

（学生反应不积极，沉默了一会）

生：富有诗意的茉莉，平淡无奇，但散发出缕缕幽香……

① 薛法根，李怀源．课如茉莉——《爱如茉莉》课堂实录及点评［J］．黑龙江教育（小学文选版），2007（6）．

师：学课文时可以看到很多词语，不但会记，还要会用，学会用自己的方式表达出来。

【教学艺术评析】

“只要开口说话，老师就高兴。”这就是薛老师让人感动的地方。由于学生基础不同，或者前任教师的教学方法不同等原因，往往在我们实施课堂教学中，学生不能跟上现任教师的节奏。薛老师在他的课上不慌不忙，针对学生实际情况，循循善诱。在第一个学生说出“开出的花缕缕清香”时，他轻轻的一句“开出的花散发出缕缕幽香，要不别人听不懂，再说一遍”打消了学生的尴尬，于是，第二个学生开始用三个词，接着是六个词，渐入佳境。当他提出更高的要求“能说两句话吗？”时，学生又陷入了沉默，他又幽默地调侃道：“只要开口说话，老师就高兴。”在这样一步步地练习中，他不忘教给学生语言文字运用的方法：学课文时可以看到很多词语，不但会记，还要会用，学会用自己的方式表达出来。很多时候，对不良信息的转化，更能看出教师的调控功夫，真实地体现学生的学习过程。

2. 发现有利信息，推进学习进程

【典型案例】

特级教师戈向红《A new student》教学片段①

T：Introduce these rooms. If you can introduce one sentence，you can get one star，two sentences，two stars，three sentences，three stars. The more you can introduce，the more stars you can get.（根据个人能力，能介绍几句就介绍几句）

S1：There are 24 classrooms. Nancy’s classroom is on the second floor.

T：Very good.One star for you.

S2：（举手）

T：How many stars do you want to get?

S2：Two.

T：OK. Please have a try.

S2：Nancy’s classroom is on the second floor.The computer rooms are on the third floor.

T：You can get two stars. But do you want to three stars?

S2：（迟疑了一会儿，决定）Yes.（尝试再说一句）The library is on the third floor.

T：（带领学生鼓掌表扬这位学生）Very good try！ Now do you want to get four stars?

S2：（非常乐意地）OK.The music room is on the first floor.

T：What about five stars?

① 戈向红教学案例《A new student》入选教育部“2016年名师谈教学”系列课程：全国中小学教师继续教育网（2016）.

S2:(自信地)The table tennis room is on the first floor too.

【教学艺术评析】

初步学完课文之后，戈老师请学生介绍一下Nancy的新学校，一共有五句话，用“There is/are... on the first/second/third floor.”来表述。原文是对话形式，现在要求进行教学信息的重组，用陈述句表达，并且要把学校处室的名称和所楼层放在一句中表达，这对学生来说有一定的难度，所以戈老师作了弹性要求，她提出学生可以根据个人能力来说，可以只介绍一句，也可以全都介绍完。第一个男孩子站起来只想挑战一颗星。第二个小男孩说他只想得两颗星。于是她在第二个孩子说完之后，鼓励孩子愿不愿意再多说点，孩子一开始有点犹豫，但是说完之后就得到了老师和同学们的肯定。最后的结果是：这个孩子说完了五句话，戈老师的调控方式也很是逐步推进的，就是在学生每说完一句话后问他，还想不想再说一句？你能再说一句话？你可以再说一句？孩子就这样一步一步达成了他自己的最大值。

3. 捕捉生成信息，升华文本情感

【典型案例】

特级教师薛法根苏教六年级上册《爱如茉莉》教学片段①

师：同学们眼前，在现在的年龄，如果让你打一个比方，你认为爱如什么？每个人的感受都不一样，各自写一句话。

(学生写，教师巡视。汇报交流)

生1：爱如百合，我看到一个动画片上，一个女孩特别白，被比喻成“白百合”。

生2：爱如玫瑰，听别人说玫瑰是爱情的象征。

师：爱如玫瑰，轰轰烈烈，也不要忘记爱如茉莉。

生3：爱如柠檬糖，有酸也有甜。爱如卡布基诺，带泡沫的咖啡……

师(笑)：什么东西？

生3：卡布基诺，苦中有甜。

生4：爱如荷花，出淤泥而不染。

生5：爱如康乃馨，温馨而祥和。

生6：爱如一把火，给汽油就燃烧，给空气就灿烂。

(全场笑声)

师：要有热烈的爱，爱也要有理性。

生7：爱如阳光，可以温暖别人和自己。

---

① 薛法根，李怀源．课如茉莉——《爱如茉莉》课堂实录及点评[J]．黑龙江教育(小学文选版)，2007(6)．

生 8：爱如繁星……

生 9：爱如空气，无所不在，无微不至。

……

师：人生不同阶段，对待爱情的看法也不同。生活中需要爱，除了爱情，更需要同学、老师的爱，这些爱可以使我们更有力量，更温暖。

【教学艺术评析】

此时的课堂气氛是一节课中最热烈的时候，学生都在争相表达自己对“爱如什么”的感受，此时的薛老师没有像一般老师一样，笑等下课哨声的响起，而是用心聆听学生的发言，捕捉其中的不同信息，使学生的情感不断升华。当学生说到“爱如玫瑰”时，他及时回应：“爱如玫瑰，轰轰烈烈，也不要忘记爱如茉莉。”当学生说到“爱如一把火，给汽油就燃烧，给空气就灿烂”时，薛老师在全场的笑声中，不忘提醒：“要有热烈的爱，爱也要有理性。”在学生对“爱如什么”的表达渐趋理性时，薛老师深情地诉说：“人生不同阶段，对待爱情的看法也不同。生活中需要爱，除了爱情，更需要同学、老师的爱，这些爱可以使我们更有力量，更温暖。”至此，在薛老师与学生的不断互动中，学生对“爱如茉莉”的深沉情感达到了升华。

【拓展延伸】

教学信息重组的艺术

叶澜教授在《教师——精神上的长途跋涉者》一书中指导出：“课堂应是向未知方向挺进的旅行，随时都有可能发现意外的通道和美丽的风景，而不是一切都必须遵循固定线路而没有激情的行程。”因为学生的生动性，所以，课堂永远是生成的。及时发现教学中生成的信息，合理地重组教学信息，将进一步促进课堂教学的活动的进行。①

1. 不利信息的转化

由于受知识、经验、思维能力的影响，我们在课堂上常常遇到答非所问，或者干脆不回答的情况，从而产生很多不利的，甚至是错误的信息。如果，教师缺乏智慧的处理艺术，强行纠正，则会造成教师和学生之间的对立，使课堂气氛僵化，不利于课堂教学的进展。许多特级教师在课堂教学中，都能够正视课堂生成的不利信息，耐心地等待，用心地指导，将不利信息巧妙地转化为有用的学习指导过程。比如，贾志敏老师在教学《掌声》一课时，面对全班学生唱读的现象，以身示范，一遍一遍指导学生“像平时说话一样读书”。我们看到，他不仅是在教学一堂公开课，更是教给学生一生有用的读书方法。

2. 有利信息的使用

只要我们善于倾听，还会发现很多有利的信息。而往往这些信息，将是课堂教学往纵深处

① 刘仁增．让学生的课堂信息成为教师的教学资源［J］．福建教育，2002（03A）．

发展的切入点。比如，特级教师刘仁增老师在教学《美丽的小兴安岭》“春季”一节时，大部分学生认为这一段主要抓住“树木”“春水”“小鹿”等景物写出了小兴安岭春天的美，但是，有个学生补充说：“我认为这一段还写了人。”这是出乎一般人意料的回答，但是刘老师敏锐地发现这一有利信息，紧紧追问：“你的根据呢？”这个学生有理有据地进行了阐述，说明了“人”对春天之美的不能替代的作用。交流并没到此结束，刘老师进一步追问：“既然写人，为什么不直接明白地写出来呢？”激发学生发现文章的写作重点：写景。至此，学生不仅知道文章写了什么，还知道了为什么这么写的。这就是紧抓有利信息的可喜收获。

3. 即时信息的捕捉

当今的课堂，是师生、生生双向互动的课堂，因为互动的增加，学生的思维随之灵动，视野随之开阔，发言的内容也往往不囿于常规，很多是教师预设不到的，而教师即时的捕捉其中的闪光信息，将使课堂走向一个更加明朗的通道。比如张祖庆老师在《和时间赛跑》一课教学的最后阶段，学生的情感不断升华，在表达对“所有时间里的事物，都永远不会回来了”的感受时，一个学生说道：“今天，张老师给我们上课，明天可能也会有其他老师上，但这次是这一个老师，下次可能不会是同样的老师了。”这句话，是学生的真实感受，也是存在的事实，似乎没有研究的必要，但是张老师在略一沉吟后，敏锐地抓住这个信息，进行了回应：“我明白了这位同学这句话中包含的意思：即便你站在同样的舞台上，上同样的课，也永远不会是今天的课了。今天的课是永远不会回来了。”这是多么了不起的教学智慧，一个似乎不起眼的信息，被他升华到了又一个高度。

4. 生命信息的关注①

“教育就是一棵树摇动一棵树，一朵云推动一朵云，一个灵魂唤醒另一个灵魂”的过程，在教育的过程中，主体永远是学生。无论是教师的预设，还是课堂的生成，对学生生命的关注与唤醒应该是永恒的话题。我们看到，有的课堂上，教师讲得眉飞色舞，天花乱坠，但是，学生目光呆滞，甚至呵欠连天。教师应该对这些来自于生命真实反应的信息，进行认真的反思，是教学内容难了，还是教学方法单调了，需要及时地进行调整。而有时课堂气氛过于热闹，学习只在水平面上滑行，我们也应该及时改变策略，设计有智力挑战的问题，引领学生向思维更深处漫溯。很多特级教师不仅教学技艺高超，师德更加崇高，他们关注的不仅仅是教学技艺，更是学生的生命状态，因此他们的课堂是具有生命质态的，也是值得我们学习的。

知识链接

教学的调控艺术

一堂好课，就像一首优美的曲子，一部动人的电影，会有起承转合，会有缓急交错，也会冒出很多意想不到、扣人心弦的环节。而很多时候正是这样意想不到的环节，给人留下深刻的

① [德]雅斯贝尔斯.什么是教育[M],邹进译.北京：生活·读书·新知三联书店，1991.

印象。课堂也是这样。课堂评价有共同的标准，但是更有他的不同复制性。比如，我们的老师常常遇到这样的情况：感受着特级教师教学设计的精彩，感动着特级教师课堂的生动，回去后自己拿着特级教师的教案去上课，却怎么也上不出同样的效果。当然，其中的原因是多方面的，但是很重要的一个原因是，特级教师对课堂的调控艺术是需要用心体会的，这不是一朝一夕的功夫，这其中更多的是教师个人的素养和育人的理念。比如，课堂情绪的调控。我们看到，斯霞、于永正、支玉恒等著名特级教师的课堂，无论何时，他们给我们的状态都是轻松的、亲和的，正如于永正老师说的"人即是课，课即是人"，"课不一定要太像课"。有好的情绪，能控制自己的情绪，任何时候，走进课堂，自己就与课，与学生融为一体，课堂一定是圆融的。比如课堂结构的调整。我亲身经历过薛法根老师在一个地方上课时，学生预习不充分，课前书都没读熟，老师的课堂教学无法进行。薛老师在课堂上保持着他永远的"邻家大哥"的亲和，降低教学难度，从读正确、读流利开始，陪着孩子们慢慢进入，渐渐融合。

现代社会的多元化发展，同时影响到我们的课堂评价观。当下的课堂评价标准也可喜地呈现出多元性。其中，最突出的一点就是对"人"的关注。当下的课堂不再是完全能根据事先预设的教案按部就班的课堂，人们关注的是课堂上教师对学生的关注。有的教案在此地上可能效果很好，换了一个地方，学生可能就不接受，同样的教案，第一次，老师可能上得行云流水，换了一个地方，可能步履维艰。所以，研读这些著名特级教师的精彩案例，我们还发现，特级教师们的一节课，不论是在什么地区，给什么样的孩子上，都能给人以深深的启迪。我们还看到，同样一节课，在不同的地方，随着不同学生的不同表现，教师应对的细节在悄悄地变化，或者环节有了增减，或者设计有了调整。课堂因他们的调控而不断放射光彩，因为调控，我们更加看到的是"以人为本"的教学思想。在这样的教育思想的统照下，我们也看到不同教学的不同风格。比如，于永正、贾志敏等老一辈特级教师，"读好书，写好字，说好话，作好文"的朴素而深沉的教学思想，王崧舟老师的充满感性和哲学意味的"诗意语文"，薛法根老师"组块教学"背景下的智慧语文，"数学小王子"张齐华的"让每一节课不一样"的代表着新生代特级的新锐思想……他们的课在他们的不同的教学思想的统照下，有着不同的精彩。也因为有着自己的教学思想，不论何时，他们的课都能紧扣教学目标迂回前进，根据学情延伸起伏，根据现场生成适时调整……他们像在海上航行的舵手，把握着扬帆远行的方向。

所以，我们在学习特级教师调控艺术的同时，更要学习他们对教育教学的深入理解，学习他们对儿童生命的尊重，学习他们对教育的真挚的爱……课堂教学需要精心设计，也需要合理调控。调控的艺术来自教者对课堂目标的整体把握，来自他们对儿童特点的深入了解，来自他们对生成情况的智慧应对……

第十章 特级教师教学的结课艺术

导 读

一堂完美的课，犹如一首动听的交响乐，不仅要有“序曲”——引人入胜的“开讲”，还应有“终曲”——淋漓酣畅的“收尾”。从表面上看，结课是课堂教学的终结，但从本质上看，它是课堂教学的总结、升华和延伸，是后续学习的基础和准备。因此，精心设计结课这一教学环节，对于良好课堂教学效果的巩固，有着举足轻重的作用。

俗话说：编筐编篓重在收口，这句话运用于课堂教学也同样适用。在日常教学中，要根据学生实际，根据具体的课型、教材内容等情况，灵活地、创造性地设计好结课。的确，一堂好课离不开一个点睛之笔的结尾，成功的结课，对教学内容起梳理概括、画龙点睛和提炼升华的作用，会进一步提高课堂的实效，点燃儿童智慧的火花。结课艺术是构成课堂教学艺术的一个重要因素，而特级教师们深谙此道。那么特级教师在课末是如何结课的呢？本章探讨的教学结课艺术主要有总结归纳、自然收束、意犹未尽、练习巩固等。

“凤头豹尾”，是一篇精妙文章之追求，一堂好课又何尝不是呢！综观各学科特级教师的精妙课堂，不乏“尾”音绕梁之作，让人回味无穷。结课的艺术在于“课已尽而趣不尽”，或自然收束，画龙点睛；或总结提升，拓展延伸；或游戏活动，妙趣横生；或意味深长，回味无穷……

一、总结归纳——在交流中提升

总结式结课，用准确简练的语言，提纲挈领地把课堂所学内容、方法等进行概括归纳，总结提升，从而让学者对课堂所学有一个比较系统、完整的印象，加深对课堂所学的理解和记忆。特级教师以其高超的教学技艺和独特的教学智慧，让总结式结课不拘形式，富于变化，呈现出别样的精彩。

1. 规律，在总结中升华

【典型案例】

特级教师李烈《能被 3 整除的数》教学片段

师：想一想刚才我们打捆的情况，5169 中的 9，可以打成整捆吧；5169 中的 6 也可以打成整捆吧，这样我们就可以不考虑它们了。只有 5 和 1，把它们合起来也可以打成整捆，所以 5169 能被 3 整除。这样就是更巧妙地运用规律了。

这节课学的是什么？

生：（齐）能被 3 整除的数。

师：这节课你有什么收获？

生：通过这节课，我懂得了能被 3 整除的数的特征，以后我再见一个数目，就能很快地判断出它能不能被 3 整除。

师：还有别的吗？

生：如果我遇到一个大数，我可以见 3 的倍数就消，然后把余下的数相加，相加的和要能被 3 整除，这个数就能被 3 整除。

师：也就是运用谁的方法？

生：×× 同学的方法。

师：对，有“×× 法”。

运用规律，形成能力，这也是我们的收获。还有问题吗？没有啦，我们留一下作业。（略）下课。

【教学艺术评析】

有人评价李烈老师的课是“实而不死、活而不乱、易中求深、情理交融”，从这个片段可见一斑。李老师先结合前面例题对所学规律做了一个总结，简单明了。接着以“你有什么收获”这个问题引导学生回顾本节课的学习。在学生仅仅能够发现被 3 整除的数的规律的时候，李老师及时渗透“运用规律，形成能力”，引导学生在学习中要总结发现规律，在实践中不断运用规律，继而形成能力。就如李烈老师撰文所说：学习本身就是一个建构的过程，知识是内化了的东西，是学生认识的逐步升华。

2. 感悟，在激情中飞扬

【典型案例】

特级教师窦桂梅《秋天的怀念》教学片段[①]

师：史铁生的人生态度从此完全改变了。他带着对生活这样的理解，走过了33年，前两天我们采访了他，问他您现在对“好好儿活”又怎样的理解呢？他说，你让孩子们去读读《病隙碎笔》吧。

（出示：生病也是生命体验的一种，算得一项别开生面的游历……终于醒悟，其实每时每刻我们都是幸运的，生病的经验是一步步懂得满足……

——《病隙碎笔》）

师：史铁生明白了人每时每刻都是——

生：幸运的。

师：即使生病也要懂得——

生：满足。

师：这就是他对生活的理解。这是怎样的一种超然，这是怎样的一种对活着的敬重，怎样的一种对生命的敬畏！我们再来读读最后一段：“又是秋天……”

现在我们理解“秋天的怀念”，怀念的究竟是什么呢？

生：怀念的是母亲说的“好好儿活”。（掌声）

生：我认为怀念的是母亲对他的爱。

师：大爱无形啊！秋天的怀念化作了两个字——

生：母爱。

师：“好好儿活”，母亲的话借了我一生，给了我一生，影响了我一生，成就了我一生啊！“我”怎能不怀念？（生读《秋天的怀念》）

这两堂课，我们走进了文字，读出了人生的滋味！读出了自己的思考。这样的语文学习才是深刻的。（掌声）两节课的生命体验，面对未来的人生你还有什么思考呢？

生：我觉得人不管遇到什么困难都要自强自立，不被挫折所打倒。

师：我的思考是什么呢？30多年的人生体验是，世界上有看得见的残疾，也有看不见的残疾，身体的局限自己改变不了，但是可以改变的是我们的心灵。作为健康的人面对未来，我们要“好好儿活”，活出自己，活出尊严，活出烂漫！（掌声）

---

① 周成平编．新课程名师精彩课堂实录（小学语文卷）[M]．北京：中国科学技术出版社，2005.

【教学艺术评析】

窦桂梅老师的课总是那么激情澎湃，而每一处对文本的解读又无不闪现着智慧的光彩。结课同样如此，窦老师从作者的人生体验出发，引导学生阅读《病隙碎笔》片段，进一步走进作者内心，深化对文章主题的理解，对秋天的怀念的理解。窦老师热情洋溢的结语，发自肺腑的“人生思考”，感染着每一个听者；那“超越教材，超越课堂”的智慧与魅力，影响着每一个学生。学生的思维与感悟在激情中飞扬。

3. 写法，在实践中提炼

【典型案例】

特级教师赵瑞景《空气》习作教学片段①

师：回顾刚才的学习过程，你们知道我们今天学习的写作方法是什么吗？

（师引导学生看板书，思考发现）

空　气
- 嘴、腮——吹、拍
- 塑料袋——吹、兜、放
- 纸　条——吹、抖
- 树　叶——产生
- 鱼——吐泡

生：用别的事物写空气。

师：这就叫“以此写彼”。（板书：以此写彼）

生：让空气动起来，就看见了。

师：对！这就叫“以动写静”。（板书：以动写静）

【教学艺术评析】

这节作文课，要求写一个片段，题目是《空气》。对于看不见、摸不着的空气，赵瑞景老师让学生“在体验中明理”，“在交流中提高”。整节课通过学生的亲身体验与表演，让学生在欢声笑语中实实在在地感受到了空气的存在，充实了习作材料。课末，赵老师让学生看板书回顾课堂所学，在热烈的交流之后，静静地思考如何来写空气，总结归纳写作的方法，在回味中感受习作课堂的趣，在反思中感悟习作的写法。“以此写彼”“以动写静”，赵老师的概括，是学生发言的补充与提升，给写法以理性的总结。这样的结课，不仅仅让学生“能”写，而且让学生逐步“会”写。

① 雷玲编. 小学语文名师教学艺术［M］. 上海：华东师范大学出版社，2008.

【拓展延伸】

总结式结课艺术

总结式结课，顾名思义，就是对整节课所学的一个概括、归纳、总结、提升。德国心理学家艾宾浩斯遗忘曲线揭示了人类大脑对新事物遗忘的规律。在课末对整节课进行总结，无疑是利用大脑对新事物遗忘的循序渐进的规律，不仅加深对整节课所学的印象，还能提升学者的记忆能力，同时也能培养其综合概括能力。特级教师的结课艺术千变万化，巧妙无痕，但都体现出他们对教学内容的准确把握，对教学方法的巧妙运用，对学生能力提升的悉心关注。

画龙点睛。结课，是整节课的“点睛之笔”，既要简洁明了，又要紧扣主题，“精”“当”，方可让学生明晰。因而在教学中应该有充分的预设，可引导学生总结，教师适时地补充修正；亦可教师自己总结。李吉林老师在《海底世界》第一课时结束前，有这样一段结语：“这节课，结合补充材料，我们初步学习了《海底世界》。我们知道了这篇课文的写法是，先提出问题：‘你可知道，大海深处是怎样的吗？’然后在后面的课文中做出回答。学习补充材料和课文前面的三个自然段，我们知道了地球上三分之二的地方是海洋；海洋最深的地方超过一万米；海底有许多光点，是深水鱼发出的；它们在海底还发出各种声音。”教师当堂用简练的语言对学习的内容及方法进行概括，学生所学更加清晰、有条理。

学起于思。结课阶段引导学生思考，给学生带来的将不止于课堂内的学习。当然，这需要教师在课前的充分预设。李吉林老师在《海底世界》第二课时结课阶段有这样一段结语：“海底是一个景色奇异、物产丰富的世界，是一个生气勃勃的世界，是一个神秘的世界，是一个令人向往的世界。但是对于海底，人类还没有完全认识它，我们还要想办法去打开这个秘密的仓库，这就需要科学，需要勇气。你们是不是这样想的呢？你们的想法，《人类的秘密仓库》的最后一段给你们写出来了。”李老师引导学生朗读这段话，进一步激励学生争做“征服大海的勇士”。

这样的结课，不止于课堂，是课堂学习的延展，引导学生对课堂学习进一步思考，对海底这个神秘世界进一步探究。

最后，李老师引导学生进行创造性的复述，三种方式，任选一种：

第一种：你从海底考察回来，总说（　　），分说（　　），总说（　　）。

第二种：两个人在海底，报告海底的一种景象。

第三种：简要地说明海底是怎样的世界。

创造性的有选择的复述，引导思考，既是对课堂学习的回顾，也是对所学内容的内化与提升。

情动于中。白居易说：感人心者，莫先乎情。教师在结课阶段的热情，将如一把火，点燃学生心中学习的热情，进一步激起学者、教者与作者的情感共鸣，从而收到令人欣喜的教学效果。孙双金老师的《走近李白》，在结课阶段与学生有这样一段精彩对白：

师：只有仙人的眼中、心中，才能有那么长的白发啊！同学们，李白作为一位诗仙、一位伟大的浪漫主义诗人，他写了九百多首诗。在他的身上，更有许多动人的传说。……那种高傲，那种不屑一顾，尽在诗中。你们喜欢李白吗？

生：喜欢。

生：我也喜欢李白。因为李白有超凡的想象，而且他的诗很豪迈，所以我喜欢他的诗。

师：你喜欢吗？

生：喜欢！我喜欢他诗里的韵味。

师：韵味！李白是酒仙，李白是诗仙。我说（示意板书）：李白是仙。李白是一座高山，如果你们还想学习的话，下次我再给你们上一课——'李白是人'，他也是常人。下课！

孙老师结课阶段热情洋溢的话语，既是对全课的总结，也点燃了学生内心学习的欲望，对于李白其人其诗的探究，学生心中有着多少期待啊！

苏联教育家达尼洛夫和叶希波夫认为："一节课的结束工作做得认真、合理而灵活，就会使学生感到这一节课的完整性。"总结式结课是教学艺术中的常用结课法，特级教师匠心独运的结课艺术给课堂一份明媚，给教师几多启迪。

二、自然收束——在简洁中显智

我们往往羡慕这样的教学：课堂所讲的最后一个问题最后一句话落地，下课铃声正好响起。我们为教师的精当的教学内容、结构的设计和精准的教学进程和实践的把握而叹服。这样自然式结课，看上去轻松潇洒，干净利落，却需要课前充分的预设和教师纯熟的教学技艺，如此方可驾驭。在特级教师的课堂上不乏这样的结课。

1. 兴趣，在激励中滋长

【典型案例】

特级教师贾志敏《记一件________的事》教学片段

片段1（第一课时）：

师：写得不错，形象、具体。

生：太阳光火辣辣地照着大地。

师：把"光"字删去。

生：太阳火辣辣地照着大地，风伯伯好像跟我们捉迷藏似的，不知躲到哪儿去了。

师：这句话写得妙！指什么？

生：没有风。树叶纹丝不动，知了在树上不知疲倦似的拼命叫着，好像在说"什么时候装空调？什么时候装空调？"

师：想象十分丰富，有时代气息，我估计作家也写不出这样的句子来。

（众大笑）

生：大黄狗趴在树荫下伸着舌头，大口大口地喘着粗气。尽管我使劲地摇扇子，可是额头上的汗珠仍然像断了线的珍珠一个劲地往下流。难怪妈妈直唠叨。

师：妈妈还年轻呢，能用“唠叨”吗？

生：直埋怨“我活了那么多年，还没见过这样的鬼天气”！

师：（带头鼓掌）写得太精彩了，如果让我写，我也写不出，即使是作家爷爷，也不过是这么写的呀！

片段2（第二课时）

师：后生可爱，后生可畏，写得一个比一个好。文章写好了，就等于生下了一个孩子。孩子得取名字，文章也得定题呀。定什么题好呀？定题也有规律可循，这篇文章主要写青蛙，那么围绕青蛙可以定什么题？

生：救青蛙。

生：救救青蛙。

生：拯救青蛙。

师：“救青蛙”与“救救青蛙”这两个题目是不是一样的意思？

生：“救青蛙”是指某个人的个人行为；“救救青蛙”是指向社会呼吁，希望大家要这样去做。

师：你讲得既准确又深刻。那么用“一元钱”做题目呢？

生：（七嘴八舌）珍贵的一元钱、有价值的一元钱、一元钱的价值、一元钱救了一只大青蛙……

师：老师平时用“记一件________事”作题目让我们写作文，那么，我们写了这一件事，可以定什么题？

生：一件小事。

生：一件难忘的事。

生：一件发生在夏天的事。

生：一件我应该做的事。

……

师：作文写好了，题目也有了。你看，作文就是那么有趣。只要肯动脑，只要会想象，人人都能写出好作文来。

【教学艺术评析】

《记一件________的事》，两节课完成一篇习作的作前指导、当堂习作、作后讲评。结课，自然收束，简洁清爽。贾老师主张作文“要学习把话写得通顺，简明，还要力求写得生动的本领”。贾老师的作文课亦是如此。两节课的结课阶段均为自然收束却又不乏语言的智慧，在学生汇报自己的当堂习作时，贾老师一边听，一边适时点拨，及时修正，字斟句酌，毫不含糊。而教师的充满激情的激励性评价，给学生自信的鼓舞！“即使是作家爷爷，也不过是这么写的呀！”“作文就是那么有趣！”学生的习作兴趣，就是在这样恰当的赏识与激励中慢慢地滋长。

2. 思维，在“学”“问”中发展

【典型案例】

特级教师邱学华《神奇的数字编码》教学片段①

师：课前请大家调查商品和图书上的条形码，请把自己带来的商品和图书上条形码相互看一看，并把编码写到黑板上。

（教师利用多媒体课件，在屏幕上映出录像：超市收银员用读码机逐一在商品的条形码上照一下，最后电脑计算出总价；图书馆管理人员用读码机在图书的条形码上照一下，登记借书记录）

师：大家看到条形码的用处很大。你们还有什么问题吗？

（学生纷纷举手提出问题）

生：有了条形码为什么上下还有两排数字码？

生：上下两排数字码同条形码之间有什么关系？

生：条形码有粗条有细条，各表示什么？

生：条形码上下两排数码表示什么？

生：下面一排数码最后还有一个大于号表示什么？

……

师：同学们提出很多问题，说明大家在积极思考，学问学问，要学要问。这些问题要靠你们自己去解决，可以请教别人，查阅书本，也可上网查询。

【教学艺术评析】

邱学华老师的这节课把数学和生活联系起来。课前的调查、课中的探索、课后的查找，正是精当的教学内容选择和轻松愉悦的教学互动，充分调动了学生学习的热情，激活了学生的思维，才会有课堂最后“认识条形码”环节中学生思维的发散，提出了很多的问题。邱老师并不急于解答，因为在课堂上已经引导学生共同探究了电话区号的规律、邮政编码的规律、身份证编码的规律，学生应该具有了自主学习的能力，所以，邱老师只提供了常见的几种查找方式。

① 周成平编．新课程名师教学100条建议［M］．北京：中国科学技术出版社，2005.

3. 热情，在情趣中点燃

【典型案例】

特级教师张万化《吃西瓜》习作教学片段①

师：好，每个人请你找自己一处或两处修改一下，也改得像他们一样具体。给你们5分钟修改。行不行？

生：行。（学生修改自己的作文）

师：谁第一个读自己修改的文句？

生1：张老师发令"大家可以吃西瓜了"。同学们手舞足蹈，因为他们等的就是这句话。

生2：同学们看着张老师手里的西瓜，一个个眼睛都直勾勾的。他们等的就是这句话，拿起西瓜，一口气把西瓜吃了一大半。

师：啊！真好。时间不多了，今天回家，把你的草稿写成一篇完整的作文，题目由你自己选。哪些题目呢？

生3："天热盼瓜、想瓜看瓜、吃瓜赞瓜……"

师：这些都是题目，用黑板上的，可以，但没有你个人的特点。

生4：一节特别的作文课。

生5："抢"瓜的美味。

师："抢"瓜的美味，"抢"西瓜够爽。会写吗？还有"一堂特殊的作文课"，你感觉到张老师特殊，本来以为来的是英俊潇洒的小伙子，却原来是个胖墩墩的老头。给你们上了一堂特殊的作文课，感觉怎么样？

生：好！

【教学艺术评析】

虽是短短的结课片段，却让我们感受到张万化老师语言的诙谐、点拨的智慧。课堂上，张老师带着学生谈西瓜、看西瓜、分西瓜、抢西瓜、品西瓜、写西瓜，情趣盎然。无论是吃瓜的甜蜜，抢瓜的开心，还是张老师妙趣横生的语言，都让这节习作课成为一种享受。正是有了课堂上丰富的体验，有了课堂上片段的描写和及时修改与反馈，才会有结课阶段的简洁、轻松。一个整齐的"好"字，道出了学生对这篇习作的信心，常见的对习作的恐惧荡然无存。张老师精妙的课堂设计，愉悦的生活体验，点燃了学生心中对写作的热情。

① 周成平编．新课程名师精彩课堂实录（小学语文卷）[M]．北京：中国科学技术出版社，2005.

【拓展延伸】

瓜熟蒂落，水到渠成

所谓“瓜熟蒂落，水到渠成”。教师所讲一堂课的最后一个问题的最后一句话落地下课的这种结课方式看上去顺理成章、自然而然，好像不讲究任何技巧就可使用，这种自然式结课方式要求教师精于设计课堂教学的内容和结构，准确把握课堂教学的进程和时间，才能有效地达到预期的结果。往往只有那些教学艺术技巧纯熟的教师，才能驾驭这种结课方式，并使之达到艺术的境界。

三、意犹未尽——回味亦甘甜

明人谢榛在《四溟诗话》中指出：“凡起句当如爆竹，骤响易彻；结句当如撞钟，清音有余。”其虽针对文章而言，而小学课堂又何尝不是如此呢！结课，余音绕梁，言虽尽而意无穷，令人遐想。细细品嚼特级教师的课堂结课，更是回味甘甜。

1. 认识，在故事中提升

【典型案例】

特级教师吴正宪《分数的初步认识》教学片段

师：接着刚才的故事说下去。师徒四人在去西天取经的路上，又热又渴，唐僧师傅派八戒去找个西瓜解渴。不一会儿，八戒汗淋淋地抱来一个大西瓜。悟空说：“咱们把西瓜分成四份，每人分到四分之一，怎么样？”八戒一听就急了，什么，我找来的西瓜，只能得到四分之一，太少了、太少了。不行，不行，我得要八分之一，最少也得分到六分之一。听了八戒的话，悟空笑得前仰后合。“你这个贪吃的八戒啊，聪明反被聪明误啊！”悟空的话有道理吗？这个问题留给你们课后思考。

【教学艺术评析】

很喜欢吴正宪老师这节课的教学，虽是一堂数学课，却在理性中充满了情趣。课堂伊始，吴老师就用唐孙师徒四人西天取经，路过桃园分桃子的故事，引出了分数的概念。课末，吴老师又用了唐僧师徒四人分瓜的故事，听来笑痛肚皮，却又渗透了分数大小的概念，引起学生的思考。课尽，笑声犹存，学生对分数的兴趣与思考继续。

2. 境界，在阅读中启蒙

【典型案例】

特级教师闫学《我的伯父鲁迅先生》教学片段[①]

① 雷玲编．小学语文名师教学艺术［M］．上海：华东师范大学出版社，2007.

师：鲁迅先生离开我们已经有70年了，一个伟大的身影越去越远，但是鲁迅先生留给我们的有太多太多。鲁迅先生留给了我们什么呢？

生：鲁迅先生留给了我们一些含义深刻的散文，还有他那种坚强不屈的精神！

生：他给我们留下了宝贵的精神财富！

师：是的，鲁迅先生留给我们的不仅是众多的作品，更有一种精神，一种可贵的鲁迅精神！这种精神，已经逐渐融入到我们民族的血液之中，成为我们中华民族的精神！1949年，著名诗人臧克家，曾经写下了一首诗——《有的人》，纪念鲁迅先生。现在我们来看看诗人眼中的鲁迅精神。

（出示《有的人》这首诗，教师范读，学生再读）

师：他活着，是为了多数人更好地活，群众把他抬举得很高，很高！所以，我们今天，在鲁迅先生逝世已经70多年的今天，还是不能不说鲁迅；所以《亚洲周刊》把鲁迅先生的作品评为20世纪亚洲最有影响力的作品第一名；所以，《影响中国历史的100人》一书，鲁迅占据了其中一个重要席位。随着历史的发展，可能还会有更多的所以……因为鲁迅先生留给我们的太多太多！

师：（大屏幕出示阅读书目，师推荐阅读）《社戏》《从百草园到三味书屋》这两篇文章回去就可以阅读，《鲁迅全集》、许广平《欣慰的纪念》、林贤治《鲁迅的最后十年》《人间鲁迅》留在今后的人生中慢慢读。

师：现在请同学们再看看文章的结尾，当你了解了这么多，你觉得这句话能不能概括出一个完整的、立体的、全面的鲁迅先生？

生：（略加思索）不能！

师：是的，周晔的文章早已写完，可我们对鲁迅先生的认识才刚刚开始。

【教学艺术评析】

课已尽而思犹存，这是闫学老师这节课结课给人的最深刻的感受。课堂伊始，闫老师告诉学生，“试着用自己的大脑去思考，用自己的眼睛去发现，这样得出来的结论才是自己的结论。”课堂上，闫老师引导学生个性化阅读，去探究周晔眼中的鲁迅，去发现别人眼中的鲁迅，引导学生走进鲁迅的精神世界。课末，闫老师以“鲁迅先生留给了我们什么呢？”引起学生的思考，进一步能引导学生课后阅读相关书籍，进一步走近鲁迅，感受他的崇高。“对鲁迅先生的认识才刚刚开始”，仿佛给这节课画上了一个省略号。相信，阅读鲁迅，将为这些孩童的精神世界开启另一扇窗。

3. 情感，在推进中升华

【典型案例】

特级教师王琴《隔海相望》教学片段①

① 王琴．望尽天涯盼梦圆：《隔海相望》教学设计及反思［J］．小学德育，2010（13）．

师：可是，由于历史的原因，台湾至今也没能回到祖国的怀抱，这是中华民族最大的伤痛，两岸人民渴盼团圆却不能团圆，台湾和大陆同胞还只能隔海相望，这是所有华夏人民心头深深的乡愁。

师：台湾著名诗人余光中曾经满怀深情地写下了这首脍炙人口的名诗《乡愁》。（课件出示诗句，用箫演奏的背景音乐响起，教师配乐朗诵）

师：这一湾浅浅的海峡，阻隔了你，阻隔了我，也阻隔了大陆和台湾同胞的空间联系，让我们一起饱含深情地朗读这首诗！

（生齐读《乡愁》）

师：空间的距离虽然有点遥远，但两岸人民的心灵没有距离。看，台湾前国民党主席连战出访大陆，让我们看到了两岸血浓于水的亲切感情。（播放录像）

（生观看录像）

师：（《明月千里寄相思》的背景音乐）多么激动人心的画面，多么铿锵有力的话语，它充分表达了千千万万华夏儿女的共同心声。此时此刻，作为大陆同胞，（板书：大陆）面对海峡对岸的宝岛台湾，你最想说些什么？（出示台湾地图）

生：宝岛台湾，愿你能早日回到祖国的怀抱！

生：回来吧，宝岛台湾！

生：台湾，我们日夜思念着你！

生：台湾，你和大陆本是一家，我们期待你早日回家，到那时，我们将再也不分离。

生：台湾，我们的另一半，希望你早点回来！

……

师：是呀，浅浅的一湾海峡（师在“台湾”与“大陆”之间画水的图形），把大陆和台湾分在了两边。隔海相望，望不尽祖国宝岛台湾的历史沧桑；隔海相望，隔不断两岸同胞的骨肉情深。如果有一天，台湾能真正地回归到大陆的怀抱（板书箭头），那将是世界上最美的时刻。（播放《天涯共此时》的音乐）

你我天涯共此时，我们相隔并不遥远，你我天涯共此时，我们千里共婵娟。就让我们在这首《天涯共此时》的歌声中共同期盼我们祖国统一的那一天！

【教学艺术评析】

《隔海相望》这一教学片段，教师用直观的录像、感人的音乐、诗意的语言、丰富的情感和抑扬顿挫的语调把学生的爱国之心、民族之情一次又一次地向前推进、推进，最后达到了高潮！课堂，犹如一个巨大的情感磁场，那里面充满了浓浓的爱国之情、深深的思亲之情，真是“乐声、语声、心声，声声入耳；思亲、思乡、思国，思思关情”。

【拓展延伸】

言尽而意无穷

黄政枢说："好的结尾，有如咀嚼干果，品尝香茗，令人回味再三。"回味式结课，即在一堂课结束时，注意增添浓郁的色彩、艺术的含蓄，使学生感受到"言尽而意无穷"，课后引起咀嚼回味，展开丰富想象。如特级教师吴老师课末用唐僧师徒四人分瓜的故事，引发学生对分数的兴趣与思考继续。回味式结课以含蓄隽永、耐人寻味的特点，受到学生的欢迎。它能有效地增强学生的学习兴趣，培养并提高其鉴赏能力和思维能力。

四、练习巩固——在实践中内化

课末练习巩固，是一种简便常用的结课方式。教师设计精当的练习，对本节课的学习情况进行检查，巩固所学内容。虽是简简单单的练习，特级教师的设计匠心独运。

1. 能力，在细微处求实

【典型案例】

特级教师于永正《小稻秧脱险记》教学片段①

师：通过刚才的表演，这些词语都读懂了。现在再读，就会读得更好。下面我们找一个读书最好的同学来读。

（推荐出来一名女生，到前面配乐朗读。该生读得很有感情，同学们听得入了迷。读完，同学们热烈鼓掌）

师：还记得第三题的要求吗？"小稻秧遇到了什么危险？后来怎样脱险的？"请大家简单地说一说。

生；小稻秧刚搬到稻田来不久，它就被杂草抢营养。（师插话：这句话应该这样说：杂草就来抢营养）后来喷雾器大夫喷了一些化学除草剂，把杂草消灭了，小稻秧这才脱险。

生：小稻秧刚搬到稻田来不久，就被一群杂草团团围住。那些杂草抢去了它的营养。后来，喷雾器大夫来了，把杂草给消灭了；小稻秧终于脱险了。

师：说得好，一个比一个好。书读通了，问题也就解决了。

下面，请大家把课堂习字簿拿出来，我们来完成最后一项任务——正确、规范地写生字。注意，一要正确，二要规范。每一个字描红、仿影、临写各一遍。自己检查一下写字姿势，"三个一"做到了没有？（放古筝曲）好，先描红一遍。

（学生描红，教师巡视指导，并提示保持一定的速度）

师：哪些字的笔顺需要老师帮助？

生："杂""欺"这两个字的笔顺我拿不准。

① 周成平编．新课程名师精彩课堂实录（小学语文卷）[M]．北京：中国科学技术出版社，2005.

（教师写“杂”和“欺”）

师：还有哪些字？

生：器。

师：（范写后）一起把“器”字书写一遍。

师：写字课再把仿影、临写两项任务完成。

【教学艺术评析】

《小稻秧脱险记》是于永正老师的经典课例，于老师妙趣横生的语言和生动有趣的表演给大家留下了深刻的印象。课末，于老师用了三个练习巩固课堂所学：有感情朗读课文、概括课文内容、练习写生字。于老师认为，语文教学最要紧的是读书、写字、作文。课末练习，于老师就在这三个方面扎实语文的学习，激发了学生朗读的兴趣，锻炼了他们的概括能力。对“三个一”是否做到，于老师都关注到了，将对学生能力的锻炼与习惯的养成联系起来，并落实在细微处。

2. 潜能，在点拨中激发

【典型案例】

特级教师靳家彦《陶罐和铁罐》教学片段[①]

师：大家讨论一下，铁罐和陶罐各有什么优点和缺点，各抒己见，别被课文限制住，放飞思路，大胆发言。

（生议论归纳，教师板书）

铁罐　优点：坚固；缺点：丑陋

陶罐　优点：美观；缺点：易碎

师：我们共同改写这则寓言，赞扬铁罐，批评陶罐，赋予它们相反的性格，题目就叫《铁罐和陶罐》。

（生边议边改，集体创作）

陶罐很骄傲，看不起铁罐，常常奚落它：“铁罐子，你敢和我比美吗？丑陋的东西，就知道你不敢！”铁罐回答：“人们用我们盛东西，不是让我们比美……”

一天，突然发生了大地震，陶罐摔得粉碎，而铁罐却安然无恙。

① 周成平编. 新课程名师精彩课堂实录（小学语文卷）[M]. 北京：中国科学技术出版社，2005.

师：这样学习，课文的语言就融入了你的语言仓库，就变成你能运用的活的语言了。请同学们根据自己的认识编一则寓言，先想好要告诉别人一个什么道理，然后创编一个寓言故事，说明这个道理，给人以启迪和教益。

（生各自开始创编，大约写了15分钟）

师：请停笔。介绍一下你编的寓言题目。

生：《墨水和钢笔》。

生：《鲜花和绿叶》。

生：《鹦鹉和老鼠的故事》。

生：《兵马俑和航天飞机》。

生：《大树和小草》。

生：《石头和棉花的对话》。

生：《黑猫和白猫》。

……

师：请这位同学读一读你创作的寓言故事《黑猫和白猫》。

生：（读）邻居家的老奶奶养了两只猫：一只是黑猫，一只是白猫。骄傲的白猫看不起黑猫，常常奚落它："你敢和我比一比谁长得白吗？"白猫昂着头，喵喵地说。黑猫和蔼地回答："不敢，主人养我们不是让我们比黑白的呀！"白猫愤怒地大吼一声："喵呜，住嘴！你这黑不溜秋的东西，快到墙角躲着去吧！"黑猫不在说什么，悄悄躲到墙角去了。天黑了，一只偷粮的小老鼠鬼鬼祟祟地溜出来，一眼就看见了那只大白猫，老鼠"嗖"地一下蹿到了墙角。万万没想到，隐藏在暗处的大黑猫一下子就把它捉住了，小老鼠还真纳闷，我怎么就没注意到大黑猫呢？

师：完了吗？

生：完了。

师：我给你一点提示，你继续编下去。过了几天，老奶奶决定把其中一只猫送给别人……

生：（接下去编）白猫想：凭我的美丽洁白，主人一定舍不得让我走，对！一定把黑猫送给别人。结果呢？结果大出白猫所料，主人把白猫送给了别人。临别时，白猫问老奶奶："我这么洁白，为什么不留我呢？"老奶奶笑着告诉它："我不管是白猫还是黑猫，捉到老鼠的才是好猫！"（全场老师大笑，热烈鼓掌）

师：篇末是神来之笔，妙不可言。

生：老师，我读读我写的这篇，可以吗？

师：可以，题目是什么？

生：《梅花和雪花》。

生：（读）美丽的小花园里，种着几株梅花。梅花不畏严寒，静静地开放。飘过阵阵幽香。下雪了，晶莹的雪花飘飘洒洒，那么洁白，那么可爱。梅花看了看，傲慢地问雪花："你有我香吗？"雪花也不服气，讥笑梅花："等你变得像我一样洁白再和我说话吧！"这时，走过来一只大狗熊……

师：这么美妙的意境，怎么出来个大狗熊呢？我建议你改成“这时，一位诗人踏雪寻梅而来……”

生：这时，一位诗人路过这里，听到他们的对话，听了下来，对梅花说：“你有雪花白吗？”梅花说：“不如她白。”诗人又对雪花说：“你有梅花香吗？”雪花说：“没有她香。”诗人说：“不要用自己的长处去取笑别人。”

师：结尾不太好，我建议你用这首诗结尾，你看好不好？（板书）

雪 梅

梅雪争春未肯降，
骚人搁笔费评章。
梅须逊雪三分白，
雪却输梅一段香。

（生热烈鼓掌）

【教学艺术评析】

靳家彦老师的《陶罐与铁罐》一课，大胆的练习设计，巧妙的点拨引导，激发出孩子无限的潜能。四年级的学生，在练习反馈阶段能够及时补充修正自己的习作，才有了“我不管是白猫还是黑猫，捉到老鼠的才是好猫”的神来之笔。叹服于靳老师的“还课于生”，15 分钟的当堂练笔，从改到编，大胆地给学生创编故事，让学习的语言真正融入学生的语言仓库；叹服于靳老师对学生的尊重，从课末亦能清晰地看到靳老师“以学生为主体，以教师为主导，以掌握方法、形成能力为主线”的“三主”思想；叹服于靳老师的扎实的功底和敏捷的思维，对学生的适时点拨恰到好处，结尾续的宋代卢梅坡的《雪梅》令人鼓掌叫好。

3. 批判，在对比阅读中质疑

【典型案例】

特级教师宋运来《少年王冕》教学片段①

师：无论怎样说，我们都要学会举例子。落在纸上写出的文章才生动、具体。《少年王冕》故事是从这本书里选出来改编的——（出示《儒林外史》封面）在书中找到这篇故事，你会发现另外一个王冕。

① 宋运来．一个自学成才的打工仔——《少年王冕》教学实录［J］．七彩语文（教师论坛），2014（12）．

只要是经过改编的文章，相信一定有改得好的地方，也有不到位的地方。建议你，对照《儒林外史》原文，看课文里有没有改得不到位的地方，你也可以动手给《少年王冕》课文改一改。这才是读书的最高境界。

【教学艺术评析】

读书不应匍匐在地顶礼作者，膜拜名家，神话教材，学生应该有自己的独立思考，批判力。而这需要每位语文教师有意识地渗透进教学中。结课涉及内容不能只局限于课堂本身，还要注意课内外的互动，这样有助于拓宽学生知识面，培养学生辩证看问题的能力。同时，教师要有意给学生留出思考的余地，以激发他们的学习兴趣，培养批判思维能力。

【拓展延伸】

课堂教学是一门艺术，在教学中，不仅要设计“凤头式”的导课，也要设计“豹尾”式的结课。一个好的结课应该能够引导学生总结和回顾一堂课所学的知识，并在这个过程中启发思维、发展能力，培养良好的学习情感。要把握好课堂教学的结束部分、最后环节，使之成为“精彩之笔”，应突出“四大功能”。

第一，总结功能。教师通过对这节课学习内容的总结，帮助学生加深对课文的理解，便于他们从整体上把握课文的深刻内涵。巩固练习教学中的一个重要环节，是课堂教学的重要补充和延伸，也是对教师教学信息的反馈途径。一堂课讲完了，学生掌握得怎样，教师心中往往是没有底的。因此，在课堂教学结束时，抓住一堂课的教学重点、难点，设计一些精巧的练习，通过学生的动脑、动口、动手，强化和巩固所学内容，以实现知识和技能的迁移。

第二，检测功能。教师通过设计一些有层次性、代表性、针对性的练习，帮助学生巩固课堂学习内容，了解教学的效果。

第三，纽带功能。结课是既往教学过程和未来教学过程的连接点，是本节课与下节课之间知识的纽带，具有课断思在、言尽意存之作用。

第四，导行功能。通过学生活动或教师的语言，激发学生的情感，使他们与学习内容产生共鸣，从而帮助学生将所学知识内化为信念，外化为行动。

知识链接

教学的结课艺术

古人写文章讲究设计一个坚强有力、发人深思的结尾，形象地称作豹尾。教学也应注意课堂教学结尾的设计，做到善始善终，而不要“其兴也勃，其收也羸”，虎头蛇尾，草草收场。结尾好坏，也是衡量教师教学艺术水平的标志之一。一位高明的教师，常把最重要的，最有趣的东西放在“末场”，越是近“终场”，学生的注意力越是被情节吸引。有时，教室在片刻时间里笼罩着一阵“喧嚣的寂静”，悬挂在寂静之上的是一个巨大的问号，突然，问号又变成一个更大的惊叹号，并伴随着学生，教师的欢呼声！特级教师们都很讲究恰到好处的结果，或归纳总结，强调重点；或留下悬念，引人遐想；或含蓄深远，回味无穷，或新旧联系，铺路搭桥；等等。他们都显示了各自精湛高超的教学艺术。

1. 画龙点睛，突破时空

一条龙画完了，最后是"点睛之笔"，最后这一笔点好了，整条龙才活灵活现。课堂教学的结尾也是整堂课的"点睛之笔"，是很重要的。正像演戏很讲究演透而不演绝，只有演透，思想内容才能发挥得淋漓尽致，人物的性格、情感才能刻画得尽其精妙，但若一演绝，就断送了艺术。因为有余味正是艺术的魅力所在。课堂教学艺术也是一样，不能讲绝，讲绝就失去了"启发"想象的效果。这就要求教师的教学以"不全"求"全"，在有限中追求无限，突破课堂教学的时空局限。即在一堂课结束时，注意浓郁的色彩、艺术的含蓄，使学生感到"言已尽而意无穷"，课后咀嚼回味，展开丰富想象。特级教师于漪的经验是用点睛之笔，把文章的精髓鲜明地突现在学生面前。唯其如此，教学才能收到画龙点睛，突破时空的艺术效果。

2. 首尾呼应，相对完整

课的结束应当紧扣教学内容，使其成为整个课堂教学艺术的有机组成部分，做到与导课遥相呼应，而不要游离主题太远。特别是有些课的结尾实际上就是对导课设疑的总结性回答，或是导课思想内容的进一步延续和升华。如果导课精心设疑布阵，讲课和结课中却无下文，或结果又是悬念丛生，另搞一套，则易使学生思路紊乱，无从获益。同时，教师的结课还应注意结在横断面上，即讲授内容告一段落，或讲完了一个问题时，以使教学内容显得系统连贯，相对完整。而不要结束在一个问题还没讲完的"半山腰"上，否则，势必会使教学显得支离破碎，影响效果。

3. 干净利索，适可而止

所谓"常行于所当行，止于所不可不止"。不要在内容上画蛇添足，在时间上"拖堂"，打"疲劳战"。教师要养成准时上课和准时下课的习惯，不可提前，也不可"拖堂"，否则将会降低教学效果。有人曾对拖堂问题调查过学生的看法，结果是48.04%的学生同情老师的拖堂行为，认为老师是出于对工作负责，但不赞同拖堂，有26.47%的学生怨恨老师拖堂，这部分学生措辞尖刻，反应强烈，特别是对放学前一节拖堂的老师，常用一些动作声响或表情暗示老师；因课后有上厕所等事情而不满的学生占20.59%，没反应的占4.9%。可见，拖堂既不符合学生的生理特点，又对学生造成思维惰性、心理疲劳等有害的影响。作为教师，如果不是万不得已，就应该按时下课。

主要参考文献

一、专著类

［1］ 于永正．于永正课堂教学实录Ⅰ：阅读教学卷［M］．北京：教育科学出版社，2014.

［2］ 贲友林．现场与背后——“以学为中心”的数学课堂［M］．南京：江苏教育出版社，2014.

［3］ 李如密．教学艺术论［M］．北京：人民教育出版社，2011.

［4］ 薛法根．薛法根教阅读［M］．郑州：文心出版社，2014.

［5］ 周成平编．新课程名师精彩课堂实录（小学语文卷）［M］．北京：中国科学技术出版社，2005.

［6］ 詹明道编．名师课堂经典细节：品读名师课堂 100 个经典魅力［M］．南京：江苏人民出版社，2007：1.

［7］ 于永正．于永正课堂教学教例与经验［M］．北京：人民日报出版社，1995：10.

［8］ 徐祥林．小学语文课程与教学论［M］．北京：教育科学出版社，2014.

［9］ 雷玲．好课是这样炼成的［M］．上海：华东师范大学出版社，2006.

［10］ 李振村，陈金铭编．小学语文名师新秀大辩课［M］．福州：福建教育出版社，2011.

［11］ 李力加．名师如何炼就名课（美术卷）［M］．重庆：西南师范大学出版社，2010.

［12］ 张俊平．名师的教学主张［M］．南京：江苏科学技术出版社，2011.

［13］ 刘显国．课堂提问艺术［M］．北京：中国林业出版社，2000.

［14］ 李如密编．中学课堂教学艺术［M］．北京：高等教育出版社，2009.

［15］ 赵国忠编．中国著名教师的课堂细节：决定名师精彩教学的 100 个课堂细节［M］．南京：江苏人民出版社，2007.

［16］ 雷玲编．名师教学机智例谈（语文卷）［M］．上海：华东师范大学出版社，2007.

［17］ 李如密等．课堂教学艺术新论［M］．福州：福建教育出版社，2014.

［18］ 祝智庭编．现代教育技术——走向信息化教育［M］．北京：教育科学出版社，2002.

［19］ 义务教育语文课程标准［M］．北京：北京师范大学出版社，2012.

［20］ 邵瑞珍编．教育心理学［M］．上海：上海教育出版社，1997.

［21］ 章益．新行为主义学习论［M］．济南：山东教育出版社，1983.

［22］ 郭本禹．心理学经典人物及其理论［M］．合肥：安徽人民出版社，2005.

[23] 刘儒德编．教育中的心理效应［M］．上海：华东师范大学出版社，2006.
[24] 吴庆麟编．教育心理学——献给教师的书［M］．上海：华东师范大学出版社，2003.
[25] 杨鑫辉编．西方心理学名著提要［M］．南昌：江西人民出版社，1998.
[26] 张厚粲．行为主义心理学［M］．杭州：浙江教育出版社，2003.
[27] 李少萍．见证小学语文教学：名师　名课　名主张［M］．太原：山西教育出版社，2014.
[28] ［德］雅斯贝尔斯．什么是教育［M］．邹进译．北京：生活·读书·新知三联书店，1991.
[29] 王德清编．教学艺术论［M］．成都：四川大学出版社，2010.
[30] 汪刘生，白莉．教学艺术论［M］．南昌：江西教育出版社，1996.

二、期刊类

[1] 彭小明．教学板书设计论［J］．教育评论，2005（6）.
[2] 游淑真．高效课堂的因势利导教学之研究［J］．福建基础教育研究，2014（1）.
[3] 余江敏．斯金纳的强化理论及其在教学中的运用［J］．曲靖师范学院学报，2001（1）.
[4] 毛淑萍．试论暗示在教学中的运用［J］．宿州教育学院学报，2004（4）.
[5] 周益民．无法预约的精彩［J］．人民教育，2004（1）.
[6] 徐秀珍．把握预设生成，演绎精彩课堂［J］．基础教育研究，2010（22）.
[7] 刘永康．课堂教学辩证法之动与静：注意动静结合　优化课堂教学［J］．四川教育，2008（11）.
[8] 李冲锋．教师如何应对教学失误［J］．上海教育科研，2011（7）.
[9] 程云．教学机智　成就“不可预约的精彩”［J］．现代教学，2014（10）.
[10] 王九红．教学机智从哪儿来？——基于学科教学知识视角的案例分析［J］．江苏教育研究，2015（1）.
[11] 王晓红．强化理论在教学实践中的应用［J］．社科纵横，2000（4）.
[12] 邓方．建构主义与语文教育［J］．语文教学与研究：教研天地，2002（01S）.
[13] 谢应宽．B·F·斯金纳强化理论探析［J］．贵州师范大学学报（自然科学版），2003（1）.
[14] 王统军，季红．论强化理论在学生教育管理中的应用［J］．云南财贸学院学报（社会科学版），2005（6）.
[15] 张全民．浅析斯金纳的强化理论及其在学校教育中的作用［J］．和田师范专科学校学报，2009（1）.
[16] 兰继军，李磊．论新行为主义强化理论与教师的行为［J］．社科纵横，2004（3）.
[17] 李媚，李艳红．斯金纳的强化理论在教育实践中的应用［J］．科学与管理，2008（1）.

后记

本书是由当代著名教育艺术专家——南京师范大学李如密教授主持研究编写的教学艺术丛书之一。本书的特点之一是“案例经典”，涵盖国内不同时期、不同风格、不同类型、不同学科的特级教师的经典教学作品；特点之二是“视角独特”，由特级教师、学科名师担纲各章节的编写工作，名师看名师，15位特级教师领衔，5位学科带头人参与，别有一番欣赏情趣；特点之三是“通俗晓畅”，呈现教学实例，对全新教育理念透视下的教学艺术进行再赏析，通过对一个个经典教学片段的品读，感悟名师教育教学的深层理念。特点之四是“体例新颖”，只对名师一篇篇经典教学作品进行剖析还不够，还要向“类”的方向归纳，感悟教学艺术的奥秘。

这是一部众人智慧结晶之书，由笔者统稿并任主编。各章节撰写人员如下：第一章，刘咏春；第二章，朱国忠、王树峰、陈李娟；第三章，李勤、钱志新；第四章，王祥连；第五章，宋运来；第六章，杨海波；第七章，巫新秋；第八章，刘国军；第九章，郝玉梅；第十章，李树华。数学、英语、体育、信息技术、美术、道德与法治等学科教学案例分别由特级教师王少平、戈向红、倪晨瑾、王琴、汪云、王倩等专家编稿，顾瑞杰、郭晓棠老师也对本书颇有贡献。

南师大出版社的编辑老师为该书出版付出了辛勤的劳动，在此真诚地道一声“谢谢”！本书参考了一些学者的著作资料和观点，引用了特级教师们的经典教学课例，在尽可能的情况下注明了出处，若有遗漏之处，还请海涵，在此致以深深的感谢！

宋运来

2018年10月